网络暴力的法律治理研究

李怀胜　主编
夏　杰　沈赞欢　副主编

Research on the Legal Governance of Cyber Violence

法律出版社
LAW PRESS·CHINA
北京

图书在版编目（CIP）数据

网络暴力的法律治理研究 / 李怀胜主编 ；夏杰，沈赞欢副主编. -- 北京 ：法律出版社，2025. -- ISBN 978 -7 -5197 -9985 -4

Ⅰ. D922.174

中国国家版本馆 CIP 数据核字第 20257AM436 号

网络暴力的法律治理研究
WANGLUO BAOLI DE FALÜ ZHILI YANJIU

李怀胜 主 编
夏 杰 副主编
沈赞欢 副主编

策划编辑 张 珺
责任编辑 张 珺
装帧设计 汪奇峰

出版发行 法律出版社
编辑统筹 法商出版分社
责任校对 王语童
责任印制 胡晓雅
经　　销 新华书店

开本 710 毫米×1000 毫米 1/16
印张 18.75 **字数** 272 千
版本 2025 年 6 月第 1 版
印次 2025 年 6 月第 1 次印刷
印刷 北京虎彩文化传播有限公司

地址：北京市丰台区莲花池西里 7 号（100073）
网址：www.lawpress.com.cn
投稿邮箱：info@lawpress.com.cn
举报盗版邮箱：jbwq@lawpress.com.cn
销售电话：010 - 83938349
客服电话：010 - 83938350
咨询电话：010 - 63939796

书号：ISBN 978 -7 -5197 -9985 -4　　**定价**：75.00 元

凡购买本社图书，如有印装错误，我社负责退换。电话：010 - 83938349

本书撰稿人

(以姓氏拼音为序)

曹　智　中国政法大学

郭　丰　中国政法大学

宫赵雅　中国政法大学

李怀胜　中国政法大学

李嘉裕　上海市人民检察院

沈赞欢　浙江天册律师事务所

王春晓　中国政法大学

吴俊婷　中国法学会知识产权法学研究会

席子怡　中国政法大学

夏　杰　中国社会科学院大学互联网法治研究中心

袁珺卿　中国政法大学

袁卓然　北京市两高(上海)律师事务所

朱军彪　江苏省高级人民法院

前　言

随着我国网络信息技术的迅速发展,网络用户的数量也呈现逐年增长的趋势。然而,互联网时代为众多的网络用户带来了更广阔的信息接收渠道以及更多元的表达途径的同时,也导致了网络空间中出现无序的情绪宣泄和肆意的网络暴力。近些年来,从“浙江女子取快递造谣案”到“寻亲少年遭舆论攻击自杀案”等,频繁出现的网络暴力事件不仅给当事人带来了巨大的精神创伤以及不可挽回的损失,也使得网络空间本身的环境遭到污染毒化。

中央网信办多次展开“清朗·网络暴力专项治理行动”,旨在对网络暴力问题进行有效防范和处理,这也充分彰显了网络暴力治理的重要性和紧迫性。想要实现网络暴力的溯源治理和全流程治理,既要通过法律法规的出台以及解释提供治理的良法基础,也要明确网络暴力治理中各主体的责任边界。一方面,网络平台是网络暴力治理的第一责任主体,只有赋能网络平台的治理权力和压实网络平台的治理责任,才能及时完成网络暴力的预防、处理以及善后工作。另一方面,广大网络用户是网络暴力的直接实施者,也是网络暴力防治的主力军,只有通过“教惩结合”的手段,在通过教育引导提高网络用户网络道德和网络素质的同时,也通过平台处罚、民事追责、刑事制裁相结合的全方位惩戒体系实现针对网络暴力的一般预防。然而,在网络暴力的治理过程中还存在相当程度的困境。对于网络暴力实施者,由于“法不责众”的惩戒观念以及当事人取证困难、成本高昂等情况容易导致对其惩治“雷声大雨点小”的结果;对于网络暴力的受害者,由于网络舆论传播的滚雪球效应以及侵权成本与维权成本之间的失衡等原因容易导致其受到多次伤害,进而出现不可挽回的结果。如何通过法治红线切实规制网络暴力实施者以及通过权利边界保护网络暴力受害者是网络暴力法治化治理中的核心问题,尝试解决上述问题从而提高网络暴力治理的成效,为营造风清气正的网络空间交出一份自己的答卷是本书编写的初衷。

本书聚焦网络暴力治理的理论与实践问题,通过填补网络暴力治理中理论研究与实践现状的漏洞,力求实现网络暴力治理的法治化。在编纂过程中,本书立足于新近出台的有关网络暴力的法律法规,解读网络平台的权利义务,明晰网络暴力所涉条文的设置内涵,剖析网络暴力规制的程序与实体问题,构建网络暴力疑难问题的理论出路。

本书27余万字,共分10章,涵盖网络暴力法治化治理中的各类理论与实践问题。第一章为网络暴力的概念特征与现实成因。该章主要对于网络暴力的概念特征以及现实成因进行研究,厘定网络暴力的概念界限与行为特质,为网络暴力的法治化治理提供概念基础。第二章为网络暴力法律治理的介入正当性与边界。该章进一步讨论网络暴力作为一个涉及公民言论自由等私领域的问题法律法规介入治理的正当性以及介入的边界。第三章为网络暴力的法益侵害和类型划分。该章指出厘清网络暴力的治理路径首要的便是厘清网络暴力所侵犯的法益类型与法益层级,通过对于侵犯法益的类型可以将网络暴力行为分为多种类型,从而归入不同的规制路径。第四章为域外网络暴力的法律治理现状与经验启示。该章通过对域外的网络暴力治理的模式进行梳理从而为我国的网络暴力法治化治理提供宝贵经验与启示。第五章为民事行政视野下的平台责任。该章旨在梳理作为第一责任主体的网络平台在网络暴力治理各环节中的责任边界以及目前网络平台的治理实践情况。第六章为我国网络暴力的刑法治理现状与现实困境。该章一方面对网络暴力的立法沿革和执法情况等治理现状进行呈现,另一方面则分析出现这种治理现状背后的原因与困境,提出网络暴力刑法治理的现有问题。第七章为公民网络暴力的刑法治理路径。该章明晰公民网络暴力的刑事构罪与公民的言论自由之间的区分界线,并结合之前章节对于网络暴力类型的划分确定公民实行的网络暴力行为的罪名认定与适用。第八章为公民网络暴力犯罪的公诉标准和程序转换。该章对公民实施网络暴力行为涉及的程序问题展开研究,包含自诉、公诉区分标准,举证责任划分,司法机关相互衔接等问题。第九章为拒不履行信息网络安全管理义务罪的适用展开。该章明晰网络平台在刑法意义上的作为义务,同时解决网络暴力的危害后果与平台的不作为之间的因果关系认定问题以及本罪中情节严重的认定问题。第十章为网络暴力的平台刑事免责制度构建。该章主要研究网络平台通过合规治理免责的可能,以及通过拒不履行信息网络安全管理义务罪中“拒不改正”这一行政前置要件出罪的可能,同时探讨网络平台对于特殊人群保护机制的构建。本书整体上的研究进路大致呈现为从网络暴力的概念定义到网络暴力治理的法律法规解释、从网络暴力的治理困境到网络暴力的治理出路、从网络暴力的民事行政规制到网络暴力的刑事规制这三大研究脉络。

本书是我主持的2022年国家社科基金一般项目“人工智能时代算法安全的刑法保障研究”(项目号:22BFX048)的阶段性研究成果。本书由我本人担任主编,夏杰、沈赞欢分别担任副主编,本书撰稿人还包括曹智、郭丰、宫赵雅、李嘉裕、王春晓、吴俊婷、席子怡、袁珺卿、袁卓然、朱军彪等人(以姓氏拼音为序)。

本书能够出版,法律出版社张珺女士为本书出版付出了大量心血,对此我们表示衷心的感谢!

李怀胜

中国政法大学网络法学研究所所长,教授,博士生导师

2025年4月6日

部分司法解释、规范性文件名称（全称、简称）对照表

全称	简称
2013 年最高人民法院、最高人民检察院《关于办理利用信息网络实施诽谤等刑事案件适用法律若干问题的解释》	《网络诽谤解释》
2017 年最高人民法院、最高人民检察院《关于办理侵犯公民个人信息刑事案件适用法律若干问题的解释》	《公民个人信息罪解释》
2019 年最高人民法院、最高人民检察院《关于办理非法利用信息网络、帮助信息网络犯罪活动等刑事案件适用法律若干问题的解释》	《非法利用信息网络、帮信犯罪解释》
2019 年国家互联网信息办公室《网络信息内容生态治理规定》	《网络信息内容生态治理规定》
2021 年最高人民法院《关于适用〈中华人民共和国刑事诉讼法〉的解释》	《刑事诉讼法解释》
2022 年中央网信办《关于切实加强网络暴力治理的通知》	《关于切实加强网络暴力治理的通知》
2024 年国家互联网信息办公室、公安部、文化和旅游部、国家广播电视总局《网络暴力信息治理规定》	《网络暴力信息治理规定》
2023 年最高人民法院、最高人民检察院、公安部《关于依法惩治网络暴力违法犯罪的指导意见》	《网暴指导意见》

目　录

第一章

网络暴力的概念特征与现实成因

随着信息技术的飞速发展,网络已深入人们生活的各个角落,它极大地提升了生活的便捷性。然而,网络的匿名性、开放性和即时性等特点也为网络暴力的滋生提供了温床。网络暴力已经成为一种日益凸显的社会问题,其对个人的心理健康、社会的和谐稳定乃至国家的安全均造成了严重影响。为了有效遏制和治理网络暴力,我们需要首先明确网络暴力的定义、特性及其产生的根源,从而对其进行全面深入的分析。

第一节　网络暴力的概念界定与发展态势

一、网络暴力的概念界定

暴力,作为一个多维度且复杂的概念,在现实生活场景中通常体现出人类情感的复杂性,例如恐惧、愤怒、亢奋等。这些情感的释放常常与传统道德观念相悖,并通过武力、威胁、恐吓等手段侵犯他人的身体、财产和精神。暴力行为的表现形态和严重程度各异,既可能局限于个人间的恩怨纠葛,也可能演化为涉及整个社会群体的冲突和动荡。

在个体层面,暴力行为可能以身体暴力的形式出现,比如殴打、伤害等,这些行为给受害者带来直接的肉体痛苦。同时,心理暴力亦不容忽视,比如威胁、恐吓、精神虐待等。这些行为虽未直接造成身体上的伤害,却给受害者带来深重的心理创伤，这些创伤可能长期存在，影响受害者的心理健康和日常生活。从社会层面来看，暴力行为可能升级为更为严重的群体冲突，比如战争、恐怖袭击、暴动等。这些行为不仅给个人带来伤害，更对整个社会的稳定和安全构成严重威胁。此外，社会结构性的暴力亦不容忽视，比如制度性暴力、经济剥削等。这些形式的暴力虽然相对隐蔽，但其对个体的压迫和剥削同样严重，甚至可能对整个社会结构造成破坏。

网络暴力特指在网络空间内发生的暴力行为。鉴于网络空间的独特性，我们在界定"网络暴力"这一概念时，不宜简单地将传统意义上的"暴力"定义直接应用于此。将线下社会的所有施暴行为笼统地归类为"网络暴力"，无疑是对其内涵的泛化，这种处理方式缺乏准确性。因此，有必要对网络暴力进行更为精确和细致的定义，以确保其真正揭示网络环境中特有的暴力现象。

目前，学术界对网络暴力的概念尚未达成共识，但诸多学者从不同角度对网络暴力的概念进行了界定。有学者基于风险社会的视角，将网络暴力定义为一种网络失范行为，这一系列行为缘起于网络技术风险和网下社会风险通过网络行为主体的行为发生的交叠，有可能损害当事人的名誉、隐私等人格权益。[①]有学者基于网络舆论和公共决策的视角，认为"网络暴力"是指一定规模的有组织或者临时组合的网民，在"道德、正义"等"正当性"的支撑下，利用网络平台向特定对象发起的群体性的、非理性的、大规模的、持续性的舆论攻击，以造成对被攻击对象人身、名誉、财产等权益损害的行为。[②] 而从刑法学和犯罪学的角度出发，有学者认为"网络暴力"是针对网民对受害者施加心理压力以迫使被害者屈服达到自己目的的此类互联网攻击行为的总称[③]；也有学者将"网络暴力"界定为个人或群体有意识地通过网络传播违法信息，以针对特定个人或群体反复、持续实施侵害的违法犯罪行为[④]；还有学者对网络暴力行为进行定义，认定

① 参见姜方炳：《"网络暴力"：概念、根源及其应对——基于风险社会的分析视角》，载《浙江学刊》2011 年第 6 期，第 181 ~ 187 页。

② 参见张淑华：《网络民意与公共决策：权利和权力的对话》，复旦大学出版社 2010 年版，第 168 ~ 169 页。

③ 参见陈代波：《关于网络暴力概念的辨析》，载《湖北社会科学》2013 年第 6 期，第 61 ~ 64 页。

④ 参见敬力嘉、胡隽：《网络暴力法律规制的完善路径》，载《中国人民公安大学学报(社会科学版)》2021 年第 5 期，第 142 ~ 149 页。

其是指网络行为的施方主体利用黑客技术、网络诽谤、网络谣言等网络攻击手段侵犯他人人身权利、财产权利，危害国家公共安全和社会管理秩序，具有社会危害性的行为。① 学术界对网络暴力概念界定的切入角度各有不同，但都将网络暴力的概念指向了以网络媒体为载体、以当事人的名誉隐私为客体的侵害行为。

在我国，对于网络暴力概念的界定在法律、法规层面仍有待完善，但值得肯定的是，近年来已有显著进步。众多规范性文件频繁采用“网络暴力”这一术语，这说明在法律层面网络暴力问题正日益受到重视。2022 年 11 月，中共中央网络安全和信息化委员会办公室（以下简称中央网信办）发布《关于切实加强网络暴力治理的通知》，其中首次对网络暴力进行了列举式定义。根据该通知，网络暴力是指通过网络平台对个人进行集中发布侮辱、谩骂、造谣、诽谤、侵犯隐私等违法及不友善信息的行为。这些行为不仅侵犯了个人的合法权益，还扰乱了正常的网络秩序。2024 年 6 月正式发布的《网络暴力信息治理规定》以同样的方式定义了“网络暴力信息”，该规定指出网络暴力信息“是指通过网络以文本、图像、音频、视频等形式对个人集中发布的，含有侮辱谩骂、造谣诽谤、煽动仇恨、威逼胁迫、侵犯隐私，以及影响身心健康的指责嘲讽、贬低歧视等内容的违法和不良信息”。② 此种定义方式是从网络暴力侵害的客体出发，详细列举了多种行为类型，并强调了其对个人权益和网络秩序的负面影响。但该定义仍停留在网络暴力的具体表现形式上，无法涵盖后续可能出现的新型网络暴力行为。并且网络暴力要求构成信息的集中发布，这要求相应信息达到一定的频次以及具有时间上的连续性才能够构成网络暴力，并非任何的相应不良信息均需按照网络暴力进行规制。

尽管网络暴力尚未有明确的官方定义，在学界也尚未形成一个较为统一的行为模型，但诸多已有定义方式都能够反映网络暴力的行为主体、表现形式、主要特征和危害后果等核心内容。以学界现有的概念界定以及规范性文件中的官方定义为基础，本书将网络暴力定义为“一定数量的网民在网络环境中采用

---

① 参见施鑫：《犯罪场视域下网络暴力行为的控制路径》，载《哈尔滨工业大学学报（社会科学版）》2018 年第 1 期，第 31～38 页。

② 《网络暴力信息治理规定》第 32 条。

具有侮辱、诽谤、威胁性质的语言、图像、音视频等形式、集体对特定个体或群体进行攻击、侵犯其人身安全、名誉尊严以及财产权益的群体性行为”。

二、网络暴力的发展态势

伴随着新技术的快速发展和广泛应用,网络暴力的手段、模式也不断迭代,网络暴力事件表现出利益驱动化、组织产业化、分工精细化、群体对立化的发展态势。

(一)利益驱动化

经济利益是网络暴力发展的重要驱动力之一。在互联网时代,流量意味着商业价值,而网络暴力往往能够迅速吸引大量关注和讨论,从而带来可观的流量。一些不法分子或机构为了获取更多的流量和利益,会故意制造或传播网络暴力事件,通过煽动情绪、制造争议来博取眼球。他们可能利用社交媒体平台发布虚假信息、恶意攻击他人,甚至操纵舆论,以达到其获取经济利益的目的。此外,一些自媒体、网红等也借助网络暴力事件来提高自己的知名度和影响力,从而获取更多的商业机会和收益。他们往往会在网络暴力事件中扮演煽动者或传播者的角色,通过发表极端言论、制造话题等方式来扩大事件的影响范围,进而提升自己的商业价值。

除了经济利益,网络暴力还受到社会利益的驱动。在一些情况下,网络暴力可能成为某些人或组织实现特定社会目标的手段。例如,一些人可能通过网络暴力来打击竞争对手、破坏对手形象,从而维护自己的社会地位或利益。这种行为虽然违背了道德和法律,但在某些特定社会环境下,却可能成为一些人实现目标的有效方式。

网络暴力也可能反映出一些社会问题和社会矛盾。在一些社会热点事件或争议话题中,网络暴力往往成为不同群体之间表达意见和情绪的一种方式。这些事件或话题往往涉及公众利益、价值观等深层次问题,因此容易引发广泛的关注和讨论。而网络暴力作为一种极端化的表达方式,也往往能够迅速点燃公众情绪,加剧社会矛盾。

网络暴力的利益驱动化发展态势给个人和社会带来了严重的负面影响。

首先,它侵犯了他人的合法权益,包括名誉权、隐私权等。网络暴力的受害者往往遭受到来自网络的恶意攻击和诽谤,这些将导致他们的名誉受损、心理压力增大。其次,网络暴力破坏了网络空间的秩序和文明。它使得网络空间充满了负面情绪和仇恨言论,从而影响网络环境的健康发展。最后,网络暴力还可能引发社会不稳定因素,加剧社会矛盾。在一些极端情况下,网络暴力甚至可能引发线下冲突和暴力事件,对社会造成极大危害。

(二)组织产业化

随着技术的快速发展,网络暴力不再仅仅是个人行为或偶发事件,而是逐渐演变为一种有组织、有策划的产业化行为。

首先,网络暴力专业化程度不断提高。随着网络暴力活动的不断升级和复杂化,一些专门从事网络暴力活动的团队或组织应运而生。这些组织内部有着明确的分工和协作机制,成员之间往往具有较高的专业素养和技能水平。他们熟悉网络空间的运作规律,能够熟练运用各种网络技术和工具进行网络暴力的策划和实施。

其次,规模化趋势明显。网络暴力组织产业化的发展使得网络暴力活动不再是小打小闹的个人行为,而是逐渐形成了具有一定规模和影响力的群体行为。一些大型的网络暴力组织甚至拥有成百上千的成员,其能够在短时间内发动大规模的网络暴力行动。

再次,产业化链条完善。网络暴力组织产业化的发展已经形成了一个相对完善的产业化链条,包括策划、实施、传播等多个环节。在这个链条中,各个环节之间相互依存、相互促进,共同推动着网络暴力活动的发展。

最后,影响范围广泛。网络暴力的组织产业化发展使得其影响范围不断扩大,不仅涉及个人名誉、隐私等方面的问题,还可能对社会的稳定和发展造成严重影响。一些网络暴力事件甚至可能引发线下冲突和暴力事件,对社会造成极大危害。

(三)分工精细化

网络暴力不再是简单的个体行为,其分工精细化的特点也愈发显著。网络暴力的分工精细化主要体现在行为主体、技术手段以及内容制作和传播策略等多个方面。

首先,从行为主体来看,网络暴力的分工精细化体现在不同角色的明确划分和合作上。在网络暴力的发起阶段,有一类人扮演着“领头羊”的角色,他们可能是出于某种个人目的或情绪,对特定对象进行攻击或诋毁。这些人通常是网络上的活跃分子,其具有较强的影响力和号召力。他们可能通过发布恶意言论、造谣传谣等方式,煽动其他网友的情绪,从而引发网络暴力的发生。随着网络暴力的蔓延,传播者的角色逐渐凸显。这些传播者可能是普通网友,也可能是专业的网络推手或水军。他们通过转发、评论、分享等方式,将攻击言论或信息迅速扩散到更广泛的范围。传播者们可能利用社交媒体、论坛、微博等平台,通过构建话题、制造热点等手段,进一步推动网络暴力的升级。除了发起者和传播者,参与者也是网络暴力分工精细化的重要一环。这些参与者可能原本对事件并不了解或没有明确的立场,但在网络暴力的氛围下,他们可能受到情绪的影响,会加入攻击或谩骂的行列中。参与者的数量庞大,他们的言行往往能够进一步加剧网络暴力的影响力和破坏力。网络暴力事件发端于源头行为人,经过传播者的转发、评论等行为,迅速扩大影响力,随后普通参与者开始聚集并参与,并最终造成不良后果。①

其次,从技术手段来看,网络暴力的分工精细化体现在先进技术和工具的应用上。在信息收集阶段,攻击者可能利用爬虫技术或黑客手段,获取目标对象的个人信息、隐私资料等敏感信息,为后续的攻击行为提供“弹药”。这些技术手段使得攻击者能够更加精准地锁定目标,增加攻击的有效性和针对性。在传播阶段,分工精细化主要体现在自动化脚本和机器人账号的广泛应用。攻击者可能通过编写自动化脚本实现批量发布、转发和评论等操作,迅速扩大攻击言论的传播范围。同时,机器人账号或水军团队也可能被用于制造虚假的舆论氛围,通过发布虚假信息、刷量刷赞等方式,误导公众的判断和认知。此外,随着人工智能技术的发展,网络暴力行为还可能借助智能算法进行精准推送和扩散。这些算法能够根据用户的兴趣、行为等信息,推送相关的攻击言论或负面

---

① 参见涂欣筠、李政达:《环境犯罪学视阈下网络暴力行为研究》,载《中国人民公安大学学报(社会科学版)》2023 年第 3 期,第 16～29 页。

信息,进一步加剧网络暴力的影响。

除了技术手段的应用,网络暴力的分工精细化还体现在内容制作和传播策略的精心策划上。攻击者可能针对不同的目标对象,制定不同的攻击策略和内容。他们可能编造虚假信息、捏造事实,通过夸大其词、歪曲事实等手段,制造舆论热点和争议。同时,他们还可能利用舆论场的特点,通过制造话题、煽动情绪等方式,引导公众的关注点和讨论方向。在传播策略上,网络暴力的分工精细化体现在对传播渠道的选择和利用上。攻击者可能选择具有广泛影响力的社交媒体平台或新闻网站作为传播渠道,通过发布攻击言论或负面信息,迅速引起公众的关注和讨论。他们还可能利用论坛、微博等互动性强的平台,通过发布话题、引导讨论等方式,进一步推动网络暴力的升级。值得注意的是,网络暴力的分工精细化还可能涉及跨平台、跨领域的合作。攻击者可能利用多个平台之间的联动效应,通过在不同平台上发布相同或类似的攻击内容,实现信息的快速传播和扩散。不同领域的网络暴力行为也可能相互交织、相互影响,形成更加复杂和难以应对的局面。

此外,网络暴力的分工精细化还表现为攻击行为的持续性和升级性。攻击者往往不会满足于一次性的攻击行为,而是会持续关注目标对象的动态,并根据情况进行调整和优化攻击策略。他们可能通过不断升级攻击手段、扩大攻击范围等方式,增加对目标对象的压力和伤害。

(四)群体对立化

如今,网络暴力的群体对立化趋势也十分突出。首先,网络暴力常常导致不同群体之间的对立和冲突。在网络空间中,人们因为观点、立场或利益的不同,形成了各种群体。当某个事件或话题引发争议时,这些群体便会迅速集结,展开激烈的辩论和攻击。由于网络空间的匿名性和距离感,人们更容易释放情绪,进而使用偏激的言辞和攻击性的行为。这种对立化的表现使得原本可以理性讨论的问题变得情绪化,进一步加剧了群体之间的对立和冲突。具体来说,在某些有关社会热点的事件中,不同立场的网友会迅速形成对立的阵营。他们会在网络上展开激烈的辩论,甚至演变成谩骂和人身攻击。例如,在一些政治事件或社会议题中,不同政治倾向或利益诉求的群体往往会在网络上展开针锋相对的争论。这些争论往往伴随着情绪的宣泄和攻击性的言辞，使得网络环境变得紧张而充满火药味。

其次，网络暴力群体对立化还表现为对异见者的排斥和打压。在网络暴力事件中，往往会出现一方对另一方进行无端的指责、谩骂和人身攻击的行为。这种攻击行为不仅针对个人，还常常上升到对整个群体的否定和贬低。异见者往往被视为“异类”，受到群体的围攻和打压。这种排斥和打压的行为进一步加剧了群体之间的对立和仇恨，使得网络环境变得更加紧张和恶劣。在网络暴力事件中，异见者往往成为被攻击和打压的对象。他们可能会因为表达了不同的观点或立场而遭到群体的围攻和谩骂。一些人甚至会受到人身威胁和恐吓，这使得他们不敢再公开发表自己的观点。这种对异见者的排斥和打压，不仅剥夺了他们言论自由的权利，也阻碍了社会的多元化和进步。

此外，网络暴力群体对立化还表现为信息的极端化和片面化传播。在网络暴力事件中，不同群体往往会选择性地传播和接受符合自己立场和观点的信息，而忽略或否定与自己意见不符的信息。这种信息的极端化和片面化传播导致了群体之间的信息隔阂和误解加深，使得对立和冲突更加难以调和。

在网络空间中，信息的传播往往具有极高的速度和广度。这也为信息的极端化和片面化传播提供了便利。一些群体为了维护自己的立场和观点，往往会选择性地传播那些符合自己利益的信息，而忽略或歪曲那些对自己不利的信息。这种信息的选择性传播使得群体之间的信息隔阂越来越深，误解和偏见也越来越严重。这种信息的极端化和片面化传播还加剧了网络暴力的恶性循环。当某个群体只接受符合自己立场的信息时，他们更容易对异见者产生敌意和仇恨。而这种敌意和仇恨又会进一步推动他们进行更加激烈的网络攻击和谩骂，形成了一种恶性循环。

第二节　网络暴力的典型特征

在虚拟的网络世界中，网络暴力参与者往往披着匿名的外衣，肆无忌惮地发泄个人情绪，对他人进行辱骂、威胁和攻击。这些恶意言论和行为在网络空间中迅速扩散,如同野火燎原难以控制。更为严重的是,网络暴力往往针对特定个体或群体,通过精心策划的舆论攻势,实施有目的的打压和抹黑。这种暴力的影响不仅局限于网络世界,更可能渗透到现实生活,给受害者带来深重的心理创伤和社会压力。因此,深入剖析网络暴力的典型特征,对于我们认识其危害、预防其发生以及有效应对其挑战具有重要意义。

一、参与主体范围广泛

网络暴力的参与主体范围广泛主要表现为参与人数众多且不确定。当下各类智能设备的普及大大扩展了互联网用户的年龄范围。同时,互联网的接入与使用是毫无门槛的,由于网民的素质参差不齐,其对事实真相、是非曲直的辨别能力亦是参差不齐。在此种意义上来说,无论是年轻人还是老年人,无论是城市居民还是乡村居民,无论是学生还是职场人士,只要是互联网的使用者,其都有可能成为网络暴力的参与者。例如,在杭州发生的女子取快递被造谣案件中,虚假信息在极短的时间内相继扩散至110余个微信群、7个微信公众号及1个网站,参与转发的人数众多,甚至有不少人在原有谣言基础上添油加醋,导致不实消息进一步传播。① 微信群、公众号、网站3种媒介的受众不尽相同,对该名女子的网暴具备了极其广泛的参与度。这种广泛的参与性,使得网络暴力的影响力和破坏力大大增强。

在行为主体方面,根据其在网络暴力实施过程中参与程度和发挥作用的不同,可以将网暴行为主体分为"源头行为人""有影响力用户""普通参与群体""网络水军"4个层次。作为侮辱、诽谤信息的起始点,源头行为人的行为通常带有明确的主观恶意和人格贬损的意图。他们故意将侮辱性、诽谤性的言论发布至网络,意图让这些信息在网络空间中迅速传播,进而诱导广大网友进行攻击。② 在网络社会中,有一部分用户因拥有较高的关注度和广泛的传播力而被视为有影响力用户,比如微博"大V"、网络红人等。这些用户分散于不同的网

---

① 参见朗某、何某诽谤案,最高人民检察院第34批指导性案例检例第137号(2022)。

② 参见涂欣筠、李政达:《环境犯罪学视阈下网络暴力行为研究》,载《中国人民公安大学学报(社会科学版)》2023年第3期,第16~29页。

络社区,因其流量优势而具备了显著的影响力,并能对舆论产生实际的导向作用。他们在传播信息时,往往缺乏深思熟虑,这种不加甄别的传播行为很容易使事件成为公众关注的焦点,并通过产生的热度迅速吸引大量其他用户的关注,从而为网络暴力的升级提供了强大的推动力。普通参与群体则是由源头行为人发布的话题或是有影响力用户引发的热度所聚集而成的。这个群体内部的人员素质参差不齐,他们常常基于主观判断或忽视事实真相,直接发表煽动性的言论。这种情绪化的参与方式进一步加剧了网络暴力的发生和发展。此外还存在不少伪装成普通参与群体的"网络水军",这类行为主体往往是有组织的规模性群体,其影响力主要是通过大量利用发布、回复和转发等手段对正常用户产生影响。

二、参与主体的主观动机存在差异性

网络空间作为与现实社会平行的虚拟空间,给予了网民高度的自由,同时又由于参与到网络暴力中的主体数量众多,因此,网络暴力行为主体往往持不同的主观动机。在这里,以上文中对主体类型化分析为基础对网络暴力参与主体的主观动机进行探究。

网络暴力行为主体的主观动机主要包括侵害他人、牟取利益、宣泄情绪等。在网络暴力发生的初期,源头行为人往往具有较为明确的恶意,其想通过侮辱、诽谤等对他人进行人格贬损,从而引起不知情的网民的情感共鸣,对被害人进行攻击,以达到侵害目的。在这一阶段也有部分源头行为人想通过不实信息博人眼球从而引流以达到牟取利益。在网络暴力发展的中间阶段,当有影响力用户参与进来时,主观动机变得更为复杂,这主要可分为两个方面。一方面,大部分的有影响力用户为了保证自己的账号有持续的曝光度,会追逐热点以图增加流量,此时获取的是间接性的利益。这些用户在尚未了解事情的全貌时便贸然发表自己的观点,而且这些观点有很大可能为错误观点,会对舆论产生不良引导。另一方面,有些有影响力用户在传播不实信息时收取费用,获取直接性利益。而绝大多数普通参与群体针对网络暴力受害人往往并无侵害意图,也不能通过发表相关言论而牟利,其往往只是为了宣泄情绪打着"言论自由"的旗号针对相关事件、相关当事人发表恶意评论，或者基于对事实的不正确认知而发表错误言论，或者进行道德审判。这类群体在主观上并没有侵害意图，而更多的是满足情绪宣泄的需要。“网络水军”的主观动机则十分明确，其就是通过制造虚假热点、负面攻击等来牟取个人利益。

分析诸多网络暴力事件可以发现，不同的参与主体往往有其不同的主观立场与动机。但值得注意的是，大部分网络暴力的参与者对网络暴力造成的诸如被害人自杀、抑郁、无法正常生活等的严重后果，在主观上并无明确的意图。尤其对于网络上的在短时间内热度急剧上升的事件，大部分网民并不具有辨别是非、探究真相的能力，其只是选择支持主流观点从而成为网暴的“帮凶”。

三、暴力行为产生心理层面的强制力

暴力犯罪作为一种危害社会的行为，其表现形态多种多样，受到行为方式和针对对象的不同，其对被害人的强制与伤害也呈现出明显的差异。在物理空间中，这类犯罪往往以直接的身体接触和物理手段为特点，对被害人的身体施加强制和压迫，造成其身体上的直接伤害，甚至导致其失去生命的严重后果。这种暴力行为往往伴随着血腥与残忍的过程，给被害人及其家庭带来无法弥补的痛苦。然而，随着科技的进步和网络的迅速发展，暴力犯罪的形式也在悄然发生变化。在网络空间中，暴力犯罪不再局限于实体中对被害人身体的伤害，而是更多地通过言语信息、图片视频等数字化的虚拟手段来实施。这种形式的暴力犯罪虽然没有直接的身体接触，但其对被害人的伤害却更为深重。在“刘学州案”中，网民对当事人刘学州寻母的动机产生怀疑后，直接在其社交平台下发表谴责和攻击的言论；在“杭州快递案”中，网络暴力的实施者是通过拍摄视频、捏造虚假聊天记录的方式贬损被害人谷某的人格；在“江秋莲诉谭某侮辱、诽谤案”①中，谭某是通过发表与事实不符的系列文章与漫画对江秋莲、江歌母女2人进行侮辱，吸引公众眼球，从而牟利；在“德阳女医生案”②中，加害人常某

---

① 参见江秋莲诉谭某侮辱、诽谤案，上海市第二中级人民法院(2020)沪02刑终672号刑事裁定书。

② 参见最高人民法院:《常某一等侮辱案——依法惩治网络暴力违法犯罪典型案例之二》，载威科先行・法律信息库网，https://law. wkinfo. com. cn/case-analysis/detail/MkExMDAwMzAyMDg% 3D，最后访问时间：2024 年 4 月 8 日。

主动曝光被害人安某的个人信息,并对安某的视频进行负面信息标注和虚假描述,意图引发网民对安某的网络暴力。由此可见,不同的行为方式共同指向了一个结果,就是对被害人形成心理压迫。

网络上的言语攻击、恶意造谣、诽谤辱骂等行为,往往给被害人施以心理层面的强制力,导致被害人在精神层面受到压迫,导致其出现焦虑、抑郁、自卑等心理问题,还可能进一步损害被害人的社会声誉和人际关系,引发"社会性死亡",对其生活和事业造成长期的负面影响甚至可能引发自杀等极端行为。例如,"杭州快递案"中的被造谣女子谷某,长时间的无故谩骂与谴责严重影响其正常生活,即便是在辟谣之后其也依然要接受社会公众审视的目光,这些最终导致其重度抑郁。① 更有不幸的网暴受害者因不堪重负选择结束自己的生命。

与传统的物理空间暴力相比,网络暴力犯罪的暴力属性在实质上应当属于心理层面的强制。这种心理层面的强制性不仅直接作用于被害人的内心世界,还与其个人的人身权益和现实生活紧密相连。②

四、暴力事件的发展具有迅速性

在如今信息高度发达的时代,网络已经成为人们获取、交流信息的主要渠道。而网络暴力的发生,正是利用了这一渠道的快速传播特性。

首先,网络信息的传播速度极快,这为网络暴力事件的迅速蔓延提供了条件。在如今的网络时代,信息传播的速度几乎可以说是瞬时的。一条包含攻击、谩骂或谣言的信息,通过社交媒体的转发、分享功能,可以在极短的时间内被大量用户接触到,并迅速传播开来。这种高速传播的特性使得网络暴力事件能够在短时间内迅速扩大影响范围。一旦某个事件或言论成为网络暴力的焦点,其传播速度就如同野火燎原,迅速蔓延至整个网络空间。恶意信息能够在极短的时间内被大量用户接触和传播。这种传播速度远远超过了传统媒体,使得网络暴力行为能够在短时间内产生巨大的社会影响。

其次,网络空间的匿名性和虚拟性为网络暴力提供了温床。在网络世界

---

① 参见朗某、何某诽谤案,最高人民检察院第 34 批指导性案例检例第 137 号。

② 参见周立波:《网络暴力犯罪的刑事法治理》,载《法治研究》2023 年第 5 期,第 38 ~ 51 页。

中,人们可以隐藏自己的真实身份,而以虚拟的身份进行交流和表达。这种匿名性使得一些人在网络上更加肆无忌惮地发表攻击性言论,甚至对他人进行恶意诋毁和造谣。由于难以追踪和确认身份,这种网络暴力行为往往难以得到有效遏制。

网络暴力的传播和发展速度快,不仅加剧了对受害者的伤害,也使得网络空间的秩序和道德底线更容易受到冲击。一旦网络暴力事件开始发展,信息的传播就已经远远超出了个人甚至是平台的控制范围,事态往往会发酵至不可控的地步。

五、危害后果具有严重性

网络暴力事件的危害后果的严重性远超过我们最初的想象。当人们置身于虚拟世界,看似只是文字、图片和视频的交流,但其中所隐藏的恶意以及造成的后续伤害,却足以摧毁一个人的精神世界,甚至影响其整个生活轨迹。

就个体层面来讲,网络暴力会对受害者造成极其深重的心理创伤。在网络空间中,受害者可能会遭受来自四面八方的恶意攻击和谩骂。这些言论可能极尽挖苦、嘲讽之能事,将受害者的自尊和自信一点点消磨殆尽。网暴受害者可能会长时间陷入自我怀疑、自卑、恐惧等负面情绪中,甚至对现实生活失去信心。他们可能会反复回想那些恶意的言论,自我怀疑的声音在脑海中挥之不去,这导致他们无法正常地与他人交往,甚至影响到其日常的工作和学习。对于某些心理素质较差的人来说,网络暴力可能成为压垮他们的最后一根稻草,甚至导致他们选择极端的方式结束生命。此外,网络暴力不仅会对受害者的身心造成了伤害,还会直接侵扰他们的现实生活。网络暴力中的非理性群体攻击不仅限于语言文字或图像的方式,更可能通过人肉搜索等手段从网络虚拟社会渗透到现实社会,对受害者的正常生活进行骚扰。受害者往往因为网络暴力而面临名誉受损、社会孤立等严重后果。在网络暴力的攻击下,受害者的个人信息可能被泄露、扭曲甚至恶意传播。这不仅会导致受害者在现实生活中遭受他人的误解和排斥,还可能影响到其家庭、朋友和同事的声誉。受害者可能会失去原有的社交圈子,被孤立和边缘化,甚至“社会性死亡”。人类是群体性动物,而网暴造成的社会隔离和排斥后果将对受害者的心理健康和生活质量构成极大的威胁。

从社会层面来看,网络暴力的危害后果不容小觑。首先,网络暴力混淆了真假,使得原本就难以辨识的“真善美”与“假丑恶”在网络这一虚拟空间中变得更为难以区分。事实真相在传播的过程中被歪曲混淆,网络暴力事件的发展历程往往成为真相被曲解的过程。在这个过程中,是非善恶变得难以区分,这会给社会的道德伦理带来严重冲击。其次,网络暴力事件会影响网民的价值观。正确的价值观念是人类社会秩序正常运行、美好和谐社会得以构建的保障。然而,网络暴力行为的频繁发生会扭曲原本符合社会伦理、道德意识的价值观。这种冲击可能进一步影响个体的行为方式,对社会的和谐稳定构成威胁。

此外,网络暴力还可能引发更广泛的社会问题。一方面,网络暴力事件往往能迅速引发社会舆论的关注和讨论,如果处理不当,可能会激起更多的不满和愤怒情绪,加剧社会矛盾。比如原本只是一起普通的网络纠纷,可能因为处理不当而演变成社会事件,引发大规模的抗议和示威活动。另一方面,网络暴力也可能成为极端主义和仇恨言论的温床。一些心怀不满或思想极端的人可能会利用网络暴力来传播其极端观念,煽动仇恨和分裂情绪,对社会稳定和谐构成潜在威胁。这些极端言论和暴力行为可能会引发社会的对立和冲突,破坏社会的和谐与稳定。

第三节 网络暴力的现实成因

网络暴力的生成和发展是由诸多因素共同导致的,具体应当包括社会心理层面、个体行为层面、网络环境层面的多层次原因。要深入认识网络暴力,并实现对网络暴力的根本性治理,应当对其现实成因进行深度解构与剖析。

一、个体行为层面

(一)个体认知机制的简化

网络暴力的频发,往往源于某些网民对事件涉及的个人行为或观点存在误解或偏见。这种误解可能源于对信息的片面理解、对事实形成的差异认知、基于自身认知不足形成的刻板印象,或者是因身份差异造成的观念冲突。同时,一些为追求商业利益而故意误导网民的言论,也加剧了网络暴力的发生,这构成了网络暴力产生的社会认知机制。

与读书、读报等获取信息的传统方式相比,互联网用户在面对浩如烟海的信息时,往往显得缺乏足够的耐心去仔细阅读。他们更倾向于采用快速浏览的方式,即便是对完整的事件或故事,也只会根据个人兴趣和主观理解,提取出点状或片状的认知结果。这种点状认知结果,往往只是一个符号或简化的结论,其无法形成全面深入的认知。

在与人面对面交流时,我们可以直接观察并感知对方的身份、地位、言谈举止等多维度信息。然而,在互联网社交中,则主要依赖简化的符号和文字,网民判断信息真实性的依据变得单一化,加之网络信息浩瀚如海,这就显著增加了探寻事件真相的成本。网络群体在对信息多重表征时,往往会过度强调某一特征,并在简化其他特征的过程中将对方归类,贴上比如“渣男”“海王”等批判性标签。这种标签化不仅为攻击行为提供了所谓的合理性,还可能激起更多人的共鸣,形成群体性的攻击。信息的简化不可避免地导致事实变得模糊,甚至被歪曲,进而导致个体认知的简化。以“杭州粉发女孩被网暴事件”为例,除了她引人注目的粉色头发,其他特质都被忽视,这一非传统特征使她轻易地被贴上了叛逆的标签。尽管后来她在校的优秀表现得以传播,但网络群体已经形成的偏见却难以消除,对她学历、保送资格及身份的种种猜测,大多基于她那一头粉色的头发。“寻亲男孩刘学州案”亦是如此,部分媒体仅选择该事件中一些较为吸引人眼球的部分进行简化展示,从而为网民获得简化信息、形成简化认知提供了方便。

(二)个体道德约束的失序

个体行为层面的道德失序主要表现为道德约束的缺失与“假”道德。这里所提的“道德约束的缺失”是指传统道德规范在网络空间中约束“失灵”。每个文明人的内心都潜伏着一只野兽,“野性”沉睡在每个人的内心深处,并会在人们的不经意之间苏醒。网络空间的匿名性与信息传播的快速性正是给了这种“野性”苏醒的机会,给人们创设了缺少秩序的“道德假期”①,网络暴力由此产生并开始蔓延。现实社会中的道德与规范对个体行为进行控制与约束,从而确保了现实社会的稳定良性运行。现实中的道德规范通过对个体的言论、行为做出好坏、善恶等价值评价来对个体行为进行约束,这些价值判断也精准对应到相关个体身上。但网络空间则缺少这种控制与约束,其也就成了道德规范发挥作用的真空地带。同时,网络空间的匿名性赋予了个体自由表达的机会与空间,使得其能够在群体中完美隐身,但在缺乏约束的情境下,个体的言论、表达乃至行为都会比现实生活中更为激进,现实生活中的“绅士”“淑女”在网络空间中有可能化身为“网络喷子”,甚至极有可能成为施暴者。

个体道德的失序还体现为“假”道德。事实上,诸多网络暴力的实施者惯常站在道德的制高点来审判他人以及他人的行为,尤其是那些与施暴者自身观点相悖或者价值观两立的人,而施暴者本人并不受这些较为严格的道德标准的约束,他们时常处于道德的真空之中。网络暴力的发起者、参与者常将不同的态度区别和观念分歧过度道德化,对与自己态度或者观点不合的个体或事件作出极其主观的道德评价,并以此为由展开道德审判。这些所谓的道德评价与道德审判往往并非基于事实,而是基于施暴者的臆想。随后,他们便通过网络暴力手段实施所谓的“惩罚”。回顾过去发生的网络暴力案例可以明显看出,网络施暴者常常站在自诩的道德高地对个体进行片面的审判,其自身俨然成为正义的化身,并突破行为的界限演变成网络暴力。“道德审判与宣泄式的攻击动机下,

---

① 参见王俊秀、云庆:《条件与机制:网络暴力的社会心态透视》,载《探索与争鸣》2023 年第 7 期,第 80 ~ 87 页。

网络群体容易参与到网络暴力事件中”[①],施暴者的自洽的所谓“道德”成为其堂而皇之突破行为界限的理由。网络为公众讨论社会议题提供了便捷的途径,然而由于缺乏明确的网络言论和行为规范,网络空间中个体的言论和行为长期以来并未受有效约束,网络空间成为暴力的温床。长期以来对这种恶习的纵容和姑息,导致失序和失范现象成为网络环境中的常态。在这种错误认知的驱使下,语言暴力、人肉搜索、侵犯隐私等网络暴力行为逐渐变得司空见惯,甚至被视作理所当然。

二、群体心理层面

(一)群体压力下从众心理的作用

群体压力实质上是群体对其内部成员施加的一种无形影响力。当群体中的某个个体的思想观念或行为举止与整个群体的主流意见或既定规范产生矛盾或冲突时,单个个体往往会感受到一种强烈的心理压力。这种压力源于个体对维持自身与群体之间的和谐关系的渴望,因此,持有不同观点的个体不得不调整自己的态度或行为,以符合群体的意见或规范。这种心理驱使着群体中的成员倾向于做出那些被群体所接纳或赞赏的反应,以此来避免被孤立或排斥。简言之,群体压力是推动成员顺应群体意愿、维护群体一致性的重要心理力量。

勒庞将临时聚集的、松散的、在事情刺激下易产生情感冲动并会转变为攻击行为的群体称为“群氓”。[②] 这一群体现象的典型特征在于个体自我特征与意识的淡化乃至消失。在群体心理的强大影响下,个体往往受到群体心理同一律的支配,即趋向于与群体整体保持一致,从而在一定程度上丧失了个人的独立性和差异性。这种心理现象使得群体行为呈现出一种趋同性和一致性,个体的独立思考和判断能力在群体氛围中受到抑制。

在网络暴力事件中,个体往往被情绪所驱使,失去了对自身行为的理性反

---

① 侯玉波、李昕琳:《中国网民网络暴力的动机与影响因素分析》,载《北京大学学报(哲学社会科学版)》2017 年第 1 期,第 101 ~ 107 页。

② 参见[法]古斯塔夫·勒庞:《乌合之众:大众心理研究》,陈昊译,法律出版社 2017 年版,第 15 ~ 16 页。

思。点赞、转发、评论等网络行为不再是基于客观事实和理性判断,而是被情绪所支配,成为情感宣泄的出口。网络暴力中的群体情绪往往表现为愤怒,这种愤怒源于认知的扭曲。当个体被某种观点或事件所触动,其愤怒情绪会在群体中得到放大和传染。群体的聚集不仅为愤怒情绪提供了滋生的土壤,更使得这种情绪在相互感染中不断升级。在这种情况下,原本可能只是某部分个体的不满或愤怒,在群体的共同作用下,迅速演变为一场网络暴力的风暴。这种情绪的放大和升级不仅加剧了网络暴力的程度,也使得受害者承受了更大的压力和伤害。

在群体压力作用之下,个体往往选择放弃独立思考,转而跟随大多数人的观点或行为,从众心理便由此产生。在网络暴力的语境中,从众心理更是被放大,并成为推动网络暴力不断升级的重要推手。在网络环境中,由于信息的快速传播和匿名性的特点,从众心理的作用更为显著。一条信息在短时间内就能被大量网友看到并传播,进而形成舆论热点。在这种情况下,个体往往容易受到群体观点的影响,因为大多数人都在讨论和关注同一件事情。这种信息传播机制使得从众心理在网络暴力中更加凸显。网络暴力事件往往伴随着大量网友的围观和评论,形成了一种特殊的群体氛围。在这种氛围下,个体很容易受到群体情绪的影响,从而放弃自己的独立判断,转而跟随大多数人的观点或行为。此外,网络空间的匿名性和距离感使得个体在表达观点或实施行为时更加自由和无拘无束,网络匿名化的特性为无需对个体本身的言行负责提供了可能。这种匿名性和距离感增加了个体从众的可能性,使得网暴参与主体在表达观点或实施行为时更加肆无忌惮。由于缺乏现实生活中的约束和压力,个体更容易被群体情绪所感染,从而加入网络暴力的行列。

(二)公众情绪的宣泄与引导不足

社会公众的情绪化是导致网络暴力的一个重要原因。在网络技术和自媒体爆发式发展的当下,公众身边充斥着大量来源各异的信息,即使是权威媒体,也难以保证其报道的信息完全真实、信息传播的立场完全客观,其对事实真相的权威式报道和客观中立的解读正不断被消解,“后真相”时代悄然来临。网民作为信息的被动接受者,其天然地处于真伪辨别的弱势地位。大多数网民难以区分来源于外界的各类信息的真实性。“后真相”并不意味着事实真相本身发生变化，而是意味着社会公众舆论对于事实真相的态度发生了变化。人们上网不再追求事实真相，而是将网络当作找寻刺激、宣泄情绪、获取利益的工具和媒介。“情感有限的道德评判模式，导致了人们依据直觉好恶推论行为的道德价值，从而诱发了网络舆论泛道德化的滋生”。[①] “后真相”时代中网络环境为事实真相的消解提供了沃土。虚假信息的传播、真相的被操纵、舆情事件的持续反转等，共同加剧了个体道德情感的弱化。借助技术赋能，人们开始能听到远方的哭声，看到远方的苦难，这使得人类之间情感道德纽带的加强成为空前的可能。但同时，在无良媒体、黑公关等的恶意引导下，媒体所报道的话题一旦激发了受众群体的所谓“同理心”“道德感”，这些网民就极容易在不明事实真相的前提下，站在道德的制高点上对受害者口诛笔伐，在舆论上为受害者定罪。不明真相的网民处在情绪化的状态下，极容易成为网络暴力的助力。

（三）群体性攻击行为的转化

互联网的兴起极大地促进了个人信息的流通与分享。同时，与他人分享知识、见解，进而形成对世界的共同认知，已然成为人们内心深处的基本渴求。值得注意的是，在某些网络暴力事件中，部分人对他人积极分享的内容并未产生积极的情绪共鸣，反而由于观念和态度的差异，对这些分享内容产生了消极的情绪，进而演变为恶意的攻击行为。

在群体压力之下，个体的独立思考和判断能力往往受到挑战。从众心理和情绪化的倾向相互交织，使得攻击性行为在网络空间中更容易滋生。群体心理的核心特质往往表现为“非理性”[②]，这种非理性状态在网络暴力的蔓延中起到了推波助澜的作用。当个体置身于群体之中，其行为往往受到群体情绪的强烈影响。在群体情绪的感染下，个体可能不再对自己的行为进行深入反思，而是盲目地跟随大多数人的观点或行为。这种状态下，人性中的恶往往被最大限度

---

① 崔聪：《网络舆论泛道德化的审思与治理》，载《中共山西省委党校学报》2022 年第 3 期，第 122 ~ 128 页。

② 参见夏倩芳、原永涛：《从群体极化到公众极化：极化研究的进路与转向》，载《新闻与传播研究》2017 年第 6 期，第 5 ~ 32 页。

地激发出来,导致个体更容易对他人做出恶意攻击、谩骂或造谣传谣等不负责任的攻击性行为。

三、网络环境层面

(一)网络空间价值追求的畸形发展

互联网信息的碎片化与无序性,使得公众在探寻事件真相时面临着前所未有的挑战。在“后真相”时代中,我们不难发现,情感和观点在网络空间中的传播速度往往超越了事实本身。当真相被情感与观点所遮蔽时,公众对于事件的认知便容易偏离轨道。这不仅是一个信息真实性的问题,更是一个涉及公众理性思考和判断力的问题。

与此同时,一个更为严峻的现实展现在公众面前:流量已经成为网络平台生存与发展的核心驱动力。它不仅是衡量一个平台影响力的重要标准,更是商业变现的基石。在这个“流量为王”的时代,无论是大型媒体机构、自媒体创作者,还是普通用户,都在竞相追逐更高的关注度与点击量。这种趋势的形成,既有网络平台自身发展的内在需求,也有社会心理和文化背景的深刻影响。随着互联网的普及和发展,人们获取信息的方式越来越多元化,但同时也变得越来越碎片化和无序化。在这种背景下,网络平台为了吸引用户、留住用户,不得不将流量作为核心竞争力进行打造。而用户也在这种信息海洋中迷失了方向,更容易被那些能够迅速抓住眼球、引发情感共鸣的内容所吸引。

然而,这种“流量为王”的趋势却带来了诸多负面影响。首先,它导致信息生产者在内容创作上更加倾向于迎合大众的口味和情绪,而非追求事实真相。为了在短时间内吸引眼球、赚取流量,他们可能会选择将原有的故事情节打乱、重新剪辑,甚至不惜制造虚假信息来误导观众。这种做法不仅扭曲了信息的真实性,也损害了媒体的公信力和社会的信任基础。其次,“流量为王”的趋势加剧了网络暴力的发生。在追求流量的过程中,人们往往基于片段化的信息形成观点,其话语容易走向极端。当遇到与自己观点不符的信息时,他们可能会选择采取攻击、谩骂甚至人肉搜索等极端方式来表达自己的不满。这种网络暴力行为不仅侵犯了他人的权益,也破坏了网络空间的和谐与稳定。最后,“流量为王”的趋势还导致了信息泡沫和过度娱乐化的现象。在网络平台追求流量的过程中，大量低质、肤浅甚至恶俗的内容充斥着网络空间。这些内容虽然能够迅速吸引用户的关注，但却缺乏深度和内涵，无法为用户提供真正有价值的信息。同时，这种过度娱乐化的倾向也削弱了人们对社会现实问题的关注和思考，使网络空间成为一个充满虚幻和浮躁的世界。

（二）网络空间舆论场域的极化趋势

网络暴力与群体极化之间存在着紧密的关系。群体极化是指人们在群体决策时，往往比个人决策更容易走向极端，结果远离了最佳决策。这种现象在网络舆论中尤为显著，它常常与网络暴力相互交织，共同推动着网络空间的负面发展。群体极化是传播学中的理论，其是指在形成群体观点和态度时，经过群体的讨论之后形成的群体性态度往往比单独形成的成员个体性态度更趋向于极端化。①

首先，议题性质是群体极化的一个重要因素。不同议题引发的公众关注与讨论的强度不同，越是关系公共利益的议题，越容易成为网络舆论的焦点。一些敏感议题，比如道德、法律、公共秩序或个人权益维护等，因其本身就带有“极化”风险，更容易在情绪代入中产生情感共鸣，进而引发极端化的意见表达。其次，群体结构也对网络舆论的群体极化趋势产生影响。在移动互联网时代，网民的参与往往以“群体主体”的形式出现，具有较强的群体认同感和一致性。这种群体认同感使得个体更容易受到群体意见的影响，从而在群体讨论中逐渐走向极端。最后，传播媒介的作用同样不可忽视。网络空间的匿名性、虚拟性和即时性等特点，使得个体在表达观点时更加自由和无拘无束。同时，网络信息的快速传播和广泛覆盖，使得极端观点更容易在网络空间中扩散和放大。这种传播方式加剧了网络舆论的群体极化趋势。

在网络舆论的群体极化趋势下，对立矛盾逐渐加剧。不同群体之间因信息碎片化和情绪化倾向导致的对立矛盾，在网络舆论中逐渐加剧。这种对立矛盾表现为言辞激烈、立场偏激，直至演变成网络暴力，造成网络社会的分裂和

---

① 参见夏倩芳、原永涛：《从群体极化到公众极化：极化研究的进路与转向》，载《新闻与传播研究》2017 年第 6 期，第 5～32 页。

纷争。

网络舆论的群体极化趋势还受到从众心理的影响。在群体讨论中，个体往往受到群体意见的影响而放弃自己的独立判断，选择跟随大多数人的观点。这种从众心理使得极端观点更容易在群体中得到传播和认可，从而加剧了群体极化的趋势。

在网络空间中，最初可能是少数人对某一事件或人物发表煽动性言论。然而，随着这些言论的传播和扩散，它们逐渐引发了更多人的关注和参与。在群体情绪的影响下，这些观点和行为逐渐变得更为极端，从而形成了群体极化的现象。

与此同时，网络暴力的出现又反作用于网络舆论氛围，使得群体极化的趋势进一步加剧。网络暴力往往表现为对他人进行恶意攻击、谩骂、造谣等行为，这些行为不仅侵犯了他人的权益，也破坏了网络空间的秩序和规则。在群体极化的氛围下，这些网络暴力行为更容易得到传播和认可，从而加剧了网络空间的紧张氛围。

（三）网络平台责任承担与自律机制存在不足

网络平台在内容审核方面存在的短板尤为显著。在当前这个“流量为王”的时代，许多网络平台为了吸引更多的用户、增加点击率和关注度，往往对发布的内容采取一种过于宽松甚至放任的审核态度。这种审核制度的不严谨，就如同打开了一扇方便之门，让虚假信息、恶意攻击和侮辱谩骂等不良内容有了可乘之机。这些不良内容一旦在网络平台上传播开来，其负面影响便如同滚雪球般越滚越大。虚假信息的蔓延不仅会导致公众对事实的误解和误判，还可能引发社会恐慌和不稳定；恶意攻击和侮辱谩骂则严重侵犯了个体的尊严和权益，给受害者带来了极大的心理创伤。更为严重的是，一些别有用心的人或群体，借助网络平台的匿名性和广泛性，散布谣言、煽动仇恨，试图操纵舆论、破坏社会稳定。他们的行为无疑加剧了网络暴力的滋生和蔓延，这些使得网络环境变得更加恶劣。

除了内容审核方面的不足，网络平台在应对网络暴力事件时的反应也往往迟缓且不力。当网络暴力事件发生时，一些平台往往选择观望或采取“鸵鸟政策”,希望问题能够自行解决。这种消极的态度不仅让网络暴力行为得以继续肆虐,更让受害者感到无助和失望。即使有些平台最终采取了一些措施,但由于处理不及时或方式不当,往往难以取得预期的效果,甚至可能进一步激化矛盾。

网络平台的自律机制不健全也是导致网络暴力频发的重要原因。自律机制是网络平台进行自我约束、自我管理的关键所在。然而,一些平台在自律机制建设上投入不足,缺乏有效的监管和惩罚措施。这使得一些用户在网络上可以肆无忌惮地发表攻击性言论、侵犯他人隐私等,而平台却无法及时制止和惩罚这些行为。这种自律机制的缺失,使得网络暴力行为得以在网络平台上肆意蔓延,给网络环境带来了极大的破坏。

此外,网络平台在引导和教育用户方面也存在明显的不足。网络暴力的根源往往在于个体的不良行为和心理状态。而网络平台作为信息传播的重要载体,有责任对用户进行正确的引导和教育。然而,一些平台过于追求商业利益,忽视了对用户行为的规范和引导。这使得一些用户在网络空间中因缺乏道德约束和自律意识,容易陷入网络暴力的旋涡。当个体在网络平台上受到攻击或侮辱时,由于缺乏有效的引导和帮助,他们往往无法有效地应对和化解矛盾,从而导致网络暴力的进一步升级。

(四)网络空间的监管缺失与法律空白

网络环境的开放性和匿名性也为一些不良行为提供了滋生的土壤,其中网络暴力问题尤为突出。网络暴力的产生,往往与网络环境中的监管不力和法律空白密切相关。

首先,监管不力无疑是网络暴力问题滋生的一个重要原因。在当前的网络环境下,虽然有一些法规与规定试图约束网络行为,但由于监管体系的不健全、监管手段的滞后和监管力度的欠缺,网络暴力现象仍屡禁不止。一些网络平台在追求流量和关注度的过程中,往往对用户的言论和行为持过于宽松的态度,甚至对恶意攻击、侮辱谩骂等不良内容视而不见,放任其自由传播。这种纵容的态度无疑助长了网络暴力的嚣张气焰。同时,监管机构在面对网络暴力问题时,反应往往不够迅速,处理不够有力,不能及时、有效地遏制网络暴力的蔓延,使得这种现象愈演愈烈。这种监管不力不仅损害了网络空间的秩序和稳定，也侵犯了广大网民的合法权益。除此之外，监管不力的另一个表现是对网络信息的筛选和过滤机制不完善。在海量的网络信息中，虚假、恶意的内容难以避免。然而，由于监管技术的局限和人力资源的不足，监管机构往往难以对所有信息进行全面、准确的审核和过滤。这就为一些别有用心的人或群体提供了可乘之机，他们利用网络平台散布谣言、煽动仇恨，制造混乱和恐慌。这些进一步加剧了网络暴力的产生和扩散。

其次，法律空白同样是导致网络暴力问题频发的重要原因。尽管我国在网络领域已经制定了一系列法律法规，但在网络暴力这一具体问题上，仍存在诸多法律空白和模糊地带。这种法律上的不明确和缺失，使得一些网络暴力行为得以逍遥法外，无法受到应有的法律制裁和惩处，进而助长了网络暴力的嚣张气焰。一方面，现有的法律对于网络暴力的定义和认定标准尚未形成共识。网络暴力行为涉及言论自由、个人隐私、名誉权等多个方面，其界限往往模糊不清。如何准确界定和判断网络暴力行为，以及如何区分正常的网络言论和网络暴力行为，成为一个亟待解决的问题。由于缺乏明确的法律依据，一些网络暴力行为往往被忽视或轻视，难以得到应有的惩处。另一方面，法律对于网络暴力行为的处罚力度也相对较轻。网络暴力行为往往具有匿名性、跨地域性等特点，这些特点给执法机构在调查取证、追责惩处等方面带来了很大的困难。一些网络暴力行为虽然给受害者带来了严重的心理创伤和名誉损害，但由于法律处罚力度不够，往往对其只能以轻微的行政处罚或民事赔偿了事。这种轻微的处罚难以对施暴者形成有效的震慑和打击，他们可能会继续实施网络暴力行为。

第二章

网络暴力法律治理的介入正当性与边界

近年来,随着科学技术的迅速发展、互联网的普及和社交媒体的兴起,网络暴力现象日益严重,给社会和个人带来了极大的伤害。信息网络具有匿名性、迅速传播、广泛影响等特点,这些特性使得网络暴力行为的危害性存在被无限放大的可能性。法律作为维护社会秩序和保护公民权益的重要手段,应当在网络暴力问题上发挥积极作用,保障受害人的合法权益和网络空间的和谐稳定。在确定网络暴力法律介入必要性的同时,不能忽视法律介入的限制性,应当划定合理的治理边界,防止公权力对私权的过度干涉,实现不同主体的价值平衡。本章分两节,分别从正反两方面论述网络暴力法律治理的介入正当性与介入边界,第一节确定网络暴力法律介入的实体利益与程序利益,第二节厘清网络暴力公私领域治理法律介入的边界。

第一节　网络暴力法律介入的正当性

网络暴力法律介入的正当性可以通过从利益分析的视角进行研究。利益法学强调利益的发掘、分配、补救和实现是法律的目的和价值,故立法者、司法者、执法者都应当分析法律条文所包含的利益,并保护法律所倾向保护的利益,由此建构法律所欲实现的社会利益结构。[①] 网络暴力法律介入的利益可分为实体利益和程序利益。实体利益主要指的是实体法所要保护的利益，其既包括社会秩序，又包括个人权益；程序利益主要指的是程序法所要考量的利益，其既包括立法层面，又包括司法层面。从保障文明秩序的利益分析视角看待现代复杂社会中的法律，可以使得其中的多样化实践得到理解，而非仅仅关注"匹配"某种特定理论视角的法律规则。[②]

一、网络暴力法律介入的实体利益

（一）概述

网络暴力法律介入的实体利益，是指网络暴力侵害了法律所保护的利益，因此法律介入进行治理具有实体上的正当性。法律如何介入网络暴力治理，取决于网络暴力行为所具体侵害的利益类型。民法、行政法、刑法等各部门法在介入网络暴力治理时各有侧重：民法主要调整平等主体之间的关系并保护个人权益，行政法主要调整行政关系、监督行政行为并维护公共利益，而刑法则兼具维护社会秩序、保护人权的功能并预防犯罪的发生。网络暴力可以发生在公共领域和私人领域两个领域，网络暴力行为不仅会对私人领域的个人权益造成严重伤害，主要体现在安全威胁、隐私泄露、名誉损害、心理疾病等方面，还会对公共领域的社会秩序造成不良影响甚至严重破坏。

网络暴力都是在网络中实施或通过网络实施的。网络具有匿名性和开放性的特点，网络技术又使得信息在网络中高速、普遍传播，在网络中实施的网络暴力行为与传统暴力行为相比，成本可能会更低、危害程度可能会更高、传播速度可能会更快、影响范围可能会更大。因此，网络暴力呈现出的匿名性、群体性、扩散性和难以追责性，使得网络暴力行为的危害必须通过法律介入的方式进行治理。

---

① 参见杜建明：《法学利益分析方法的比较分析与意义阐释》，载《政法论丛》2015 年第 5 期，第 48～55 页。

② See Lindsay farmer, *Making the Modern Criminal Law*: *Criminalization and Civil Order*, Oxford University Press, 2016, p. 300.

第一,网络空间的匿名性使得网络暴力行为人可以隐藏自己的真实身份,这样既使得这些“陌生人”更加肆无忌惮地“解放天性”,在网络中肆意传播充满暴力和破坏性的信息,又方便这些人在监管机制缺失的情况下逃避法律责任;第二,网络暴力往往涉及众多网民的参与,形成群体效应,旁观者的无限扩张会催生更多的网络暴力行为,并鼓动行为人在此情境下实施更多的网络暴力,进而对受害人造成更大的伤害,甚至呈现出伤害风险的无限性特点;第三,网络暴力的信息传播速度极快、范围极广,其一旦发布,很难控制其传播范围和影响程度,且互联网是有“记忆”的,即使这些网络暴力信息被删除或停止传播,也很难完全消除其影响;第四,由于网络空间的虚拟性和跨区域性,网络暴力行为的追责难度较大。

正是鉴于网络暴力的上述危害特性,越来越多的呼声要求法律介入以规制网络暴力行为。下文将从个人权益和社会秩序两种不同的利益类型来论述网络暴力法律介入的实体利益。

(二)实体利益一——保护个人权益

网络暴力法律介入最直接的实体利益是保护个人权益。个人权益又可进一步细分为人身利益和财产利益。在侵害人身利益上,网络暴力主要的表现形式包括身体暴力、性暴力和情感暴力等,这些行为进而对受害人的人身安全权、心理健康权和人格尊严权等方面产生严重伤害,同时造成隐私泄露、名誉损害等一系列社会问题;在侵害财产利益上,网络暴力通过特定的手段和方式作用于财产之上,造成经济上的损失,这种暴力表现形式可以被称为“经济暴力”。有学者指出,网络暴力行为只能先直接作用于人身利益,尔后才能进一步作用在财产利益上。因此,本章节只对网络暴力侵害的人身利益进行探讨。根据网络暴力侵害人身利益的不同类型,可进一步细分为人身安全权、心理健康权以及人格尊严权三种个人权益。

1. 人身安全权

网络暴力对人身安全权的威胁,主要体现为身体暴力和性暴力两种表现形式。

一是网络身体暴力行为。对于该行为的法律介入,笔者将以英国刑法的相关规定为例进行比较研究。英国为保护人身安全权而全面打击网络身体暴力行为,将其纳入传统造成身体伤害罪进行规制。在扩张解释英国1861年《侵害人身罪法》第20条中,由于在网络中的身体暴力行为不可能有实际的人身接触,因此网络身体暴力行为有时并不直接表现为攻击行为,还可能表现为威胁行为,甚至威胁的行为内容也不限于暴力行为,有些只是达到被害人害怕、惊扰的状态即可,[①]或者呈现为反复、持续的行为所引发的痛苦。[②] 我国《刑法》第234条规定的故意伤害罪,虽然没有在行为方式上设置相应的门槛,但在入罪标准上要求被害人达到轻伤的程度,而轻伤却局限于对身体物理的、有形的伤害上,因此其难以通过故意伤害罪来规制网络身体暴力行为,只能通过该法第246条规定的侮辱、诽谤罪及第293条规定的寻衅滋事罪等罪名进行规制。若达不到上述罪名的入罪门槛,则一般运用我国《治安管理处罚法》第42条对网络身体暴力行为人进行治安管理处罚,以及根据我国《民法典》侵权责任编第1194条、第1197条等要求其承担侵权责任。

造成上述区别的原因在于,英国刑法保护的人身安全权属于规范性概念,这使得对于人们脆弱的人格自主(personal autonomy)能力,尤其在特定情景、关系或身份下的脆弱性,国家必须有所作为,关注和确保人们对安全的信心,保障人们的安全权。[③] 而我国刑法保护的人身安全权仍停留在事实性概念的层次上。在刑法介入网络暴力治理的过程中,有必要从静态、孤立的法益观转变为动态、交互的法益观。[④] 当然,笔者认为,即使不将心理健康与人格尊严纳入身体权利的规范性概念的判断范畴,也可以将心理健康权与人格尊严权作为独立的个人权益,单独成为法律介入网络暴力的实体利益,这也符合我国目前立法与司法的现实。

虽然我国网络身体暴力行为中的威胁行为不能通过故意伤害罪等罪名进行治理,但这并不代表该行为不会受到其他法律的制裁。我国《刑法》第293条

---

① See Jeremy Horder, *Reconsidering Psychi Assault*, 45 Criminal Law Review 400 (1998).

② See Lindsay Farmer, *Criminalization and Civil Order: the Making of Modern Criminal Law*, Oxford University Press, 2016, p. 259.

③ See P. Ramsay, *The Insecurity State: Vulnerable Autonomy and the Right to Security in the Criminal Law*, Oxford University Press, 2012, p. 6.

④ 参见郭旨龙:《网络暴力刑法治理的解释原理》,载《江汉论坛》2023年第5期,第119~127页。

规定的寻衅滋事罪中，其罪状就包括“恐吓他人”这一行为类型，该罪状可以涵盖网络暴力行为中的威胁行为，即使网络身体暴力行为从线上发布信息到线下实施物理意义上的威胁内容的行为存在时空上的间隙。但需要注意的是，寻衅滋事罪在性质上属于一种扰乱公共秩序的犯罪，其被用来保护网络身体暴力行为对个人权益的侵害实属无奈之举。在现行法律规范下，网络身体暴力行为如果没有在线下实施物理意义上的暴力行为，在我国难以被认定为故意伤害罪等暴力犯罪。但不能否认的是，当网络身体暴力行为本身的方式程度达到传统暴力犯罪的程度时，刑法有必要通过修改故意伤害罪等罪名的入罪门槛或新设罪名，从而对个人的人身安全权进行更为充分的保护。除刑法外，网络身体暴力行为也可能符合《治安管理处罚法》第 42 条第 1 款“写恐吓信或者以其他方法威胁他人人身安全的”的构成要件，从而受到治安管理处罚法的制裁。

二是网络性暴力行为。与某些国家不同，我国区分强奸与强制猥亵，且强奸的行为主体、行为对象和行为方式均有较为严格的限制条件，要求行为主体必须是男性、行为对象必须是女性，行为方式必须是男性的生殖器插入女性的生殖器（幼女为接触说）。发生在网络空间中的性暴力行为与发生在现实世界中的性暴力行为对于受害人面临的立即的物理性危险是不同的。[①] 因此，从体系解释的角度出发，在针对性实施暴力的网络暴力行为类型中，这些行为一般很难被认定为强奸，但将网络性暴力行为解释为猥亵行为并通过法律介入则不存在规范上的障碍。所谓“隔空猥亵”主要指的就是行为人通过网络迫使、引诱受害人裸露隐私部位或做出自我猥亵的行为，这种行为严重侵害受害人的人身安全权。这种类型的网络暴力的受害人大多为儿童。“两高一部”联合印发的《关于依法惩治网络暴力违法犯罪的指导意见》（以下简称《网暴指导意见》）明确指出要依法严惩网络暴力违法犯罪，特别是针对未成年人、残疾人等群体的网络性暴力行为；最高人民法院、最高人民检察院《关于办理强奸、猥亵未成年人刑事案件适用法律若干问题的解释》第 9 条明确规定，胁迫、诱骗未成年人通过网络视频聊天或者发送视频、照片等方式，暴露身体隐私或实施淫秽行为，以

① See Harduf Asaf, *Rape Goes Cyber: Online Violations of Sexual Autonomy*, 50 University of Baltimore Law Review 383(2020).

强制猥亵罪或者猥亵儿童罪定罪处罚；最高人民法院 2019 年 7 月 24 日亦公布了相关典型案例“蒋成飞猥亵儿童案”。实务中，网络暴力中的性暴力必须有一定的线下的身体接触行为，例如操纵他人在线下自己触摸身体，或者操纵他人观看行为人自己触摸自己，否则对于性自主权的侵害就达不到猥亵犯罪的程度，因为“此时行为人并未对被害人的身体造成任何直接或间接的具有性意义的影响”。[①] 当然，这种行为即使不构成犯罪，也可能属于违法行为。同时，网络性暴力行为并非仅侵害公民个人的人身安全权，还侵害受害人的心理健康权等其他权益。

2. 心理健康权

如前文所述，网络性暴力行为侵害了公民的人身安全权，具体表现为性自主权。而对于以青少年儿童为主的受害人而言，还应当从心理健康的角度，对网络性暴力行为进行实质要件的判断。从心理健康权的角度出发，网络性暴力行为的行为模式更为多样和广泛。我国新修订的《未成年人保护法》专门增设“网络保护”一章，该章明确规定了任何组织或者个人不得通过网络以文字、图片、音视频等形式，对未成年人实施侮辱、诽谤、威胁或者恶意损害形象等网络欺凌行为。2022 年 11 月 7 日的联合国网络犯罪公约综合谈判文件建议增加一项条款，即第 18 条“与网上儿童性虐待或性剥削材料有关的犯罪”，包括通过“计算机系统”“信息和通信技术系统/装置”获取儿童性虐待或性剥削材料的罪行的规定。同样，域外还有针对行为人单纯通过网络向未成年人发出性接触邀约的行为追究刑事责任的立法例。然而，我国现行刑法目前并未对上述这些行为介入治理，但基于充分保护未成年人的立法目的，可修改猥亵类犯罪的行为类型或新设罪名对未成年人的心理健康权进行更为充分的保护。伴随着网民的年轻化趋势，青少年互联网用户的比重持续上升，网络暴力行为对青少年的身心健康产生极大的影响，这可能导致他们形成错误的价值观和行为习惯，对其健康成长造成严重的不良影响。这就尤其需要法律来进行保护和规范。我国的《未成年人网络保护条例》自 2024 年 1 月 1 日正式施行，该条例就规范

---

① 王钢：《论刑法对意志自由的保护——增设强制罪的立法建议》，载《政法论丛》2020 年第 6 期，第 17 ~ 30 页。

网络信息内容、保护个人信息等作出了重要规定，进一步健全了未成年人网络保护体制机制。

此外，网络暴力行为对心理健康权造成侵害，并不仅限于对青少年儿童的性暴力行为。随着“元宇宙”等技术从科幻走进现实，网络中的虚拟形象越来越具象化，在虚拟现实中的身体暴力行为、性暴力行为逐渐成为网络暴力的新类型。笔者认为，毁灭、猥亵他人虚拟形象的行为如果侵害了受害人的心理健康，即使是针对虚拟形象的网络暴力行为，也应当为法律所介入以回应社会文明观念的变化。但这时的网络暴力行为不再是传统的侵害人身安全权的身体暴力行为或性暴力行为，而是侵害心理健康权的精神暴力行为。除上述行为外，侵害心理健康权的网络精神暴力行为，更多地体现为行为人对受害人的人身攻击、恶意中伤，甚至包括死亡威胁。长期受到网络精神暴力行为的影响，受害人可能会出现焦虑、抑郁等心理疾病，其生活质量受到严重影响，这就需要法律介入以保护个人的心理健康权。需要注意的是，此处的心理精神损害应当是医学上能够确诊的伤害，而不能扩大解释为所有情感上的主观的伤害。

3. 人格尊严权

人性本身存在尊严，人不能仅作为实现其他目的的手段，而必须同时将自己本身作为行动的目的。① 人格尊严权，指的是人之为人应该具有的尊严，是权利主体所享有的应有的社会尊重。人格尊严权作为人身权的一部分，要求法律在保障权利主体免受生物学意义上损害的同时，也保障其免受社会心理和精神方面的伤害。②

事实上，前文所述的侵害人身安全权和侵害心理健康权的行为天然具有对人格尊严权的侵害，③而除了直接作用于身心的暴力行为，单纯的语言攻击、人肉搜索等网络暴力行为，也足以导致受害人的人格尊严权受到侵害。网络暴力行为通过侵害受害人的人格尊严，进一步影响其社会评价，而个人所得的社会

---

① See Immanuel Kant, *Groundwork of the Metaphysics of Morals*, trans. by Mary Gregor, Cambridge University Press, 1997, p. 38.

② 参见刘海年：《中国法律关于人身权利的保障》，载《中国社会科学》1996 年第 4 期，第 78 ~ 95 页。

③ See Andrew von Hirsch & Nils Jareborg, *Gauging Criminal Harm; A Living Standard Analysis*, O. J. L. S., Vol. 11, p. 20 – 25 (1991).

评价对其以适当的方式在一个人际沟通往来的社会性环境氛围里生活和持续发展自我的可能性必不可少。[①] 相对于侵害人身安全权和心理健康权的网络暴力行为,侵害人格尊严权的网络暴力行为的规范性判断更强。《刑法》第246条,最高人民法院、最高人民检察院《关于办理利用信息网络实施诽谤等刑事案件适用法律若干问题的解释》(以下简称《网络诽谤解释》)及《治安管理处罚法》第42条等为法律介入提供了规范依据。由于下文有章节专门针对侵害人格尊严权的网络暴力行为的法律适用进行论述,在此便不再进行赘述。

综上所述,网络暴力直接侵害了个人的人身安全权、心理健康权和人格尊严权,这足以让受害人遭受"社会性死亡"。由此可见,网络暴力行为对个人权益会造成严重损害,需要法律加以介入。

(三)实体利益二——维护社会秩序

网络暴力的危害性除了体现于其直接作用的个人权益,还主要体现在对公共利益的侵害上,因此社会秩序也是法律介入的实体利益之一。网络暴力不仅伤害个体,还可能导致社会秩序的混乱、社会信任的缺失、社会舆论的偏激及公共道德的退化。网络空间的不和谐因素会渗透到现实社会,进而影响社会稳定和谐。具体而言,网络暴力对社会秩序的破坏主要体现在扰乱网络空间秩序、造成社会信任危机、挑战法律尊严权威三个方面。

1. 扰乱网络空间秩序

网络空间作为公共领域的重要组成部分,为人们提供了一个自由、开放、多元的交流平台,推动了信息交流与共享、民主参与与监督、舆论形成与引导以及文化传承与创新等方面的发展。然而,网络空间中的机遇与挑战并存。造谣诽谤、谩骂侮辱等网络暴力行为蔑视他人人格尊严,在数字交往中对于现代文明社会中每个成员正常生存、发展所必需的要素缺乏必要的尊重和考虑,肆意侵害他人基本的人身权利,甚至形成网络黑灰产业链,为了博取流量和交易机会等制造、传播各类网络暴力信息。[②] 网络暴力行为不仅包括传统的侮辱、诽谤、

---

① 郭旨龙:《网络暴力刑法治理的解释原理》,载《江汉论坛》2023年第5期,第119~127页。

② 参见谢登科:《网络暴力犯罪的公私协同治理模式》,载《法律科学(西北政法大学学报)》2023年第5期,第92~101页。

侵犯隐私等违法信息的制造和传播，还包括其他不友善信息的制造和传播，对社会成员的日常数字化生活秩序和交往准则产生了全局性的威胁，扰乱了正常的网络空间秩序。[①]

2. 造成社会信任危机

人们对于网络是安全的、是赋能的相关信心和信任成为一种公共利益，就如同人们对于一种货币或其他的公共利益制度性促进工具的信任一样。[②] 网络暴力的恶劣影响还体现在造成公众的恐慌或愤慨等严重丧失内心安宁的状态。[③] 在网络暴力行为发生后，往往伴随着"受害者脆弱论""受害者不完美论"的错误观念，让受害人陷入自我责备与怀疑状态之中，甚至患病或自杀。这都是网络暴力行为人对受害人提出的不切实际的过分要求，要求其内心的承受能力足够强大，并要求其在各方面均没有污点。这种错误观念完全是网络暴力行为人为了开脱自身罪名的缺乏责任感、克服自身在道义规范上的心理落差感、恃强凌弱"高人一等"的道德优越感的具体表现，其本质上是为了创造出不对等的权力关系。伴随着这种错误观念，网民缺乏自我监督、自我约束、道德责任感、自律意识，对信息合法非法的分辨能力相对较低；[④]在此背景下，网络暴力造成侵害的时空范围、频率和规模都急剧扩大，网络暴力的泛在性凸显。[⑤] 如果这种错误观念不被纠正，社会道德将会持续败坏，进而造成社会的动荡不安，最终导致社会解体。[⑥] 有研究发现，2015 年之后的人肉搜索案例出现了并非出于促进公共善的目的，而是出于价值立场冲突的网络暴力，这种现状会导致社会群体间的撕裂加剧，对正常的公共生活造成较大威胁。[⑦] 总之，网络暴力的严重后

---

① 参见郭旨龙：《网络暴力造成严重后果的利益分析和刑事应对》，载《法律科学（西北政法大学学报）》2024 年第 1 期，第 1 ~ 13 页。

② 参见郭旨龙：《网络暴力造成严重后果的利益分析和刑事应对》，载《法律科学（西北政法大学学报）》2024 年第 1 期，第 1 ~ 13 页。

③ 参见喻海松：《刑事一体化视野下网络暴力的规制模式》，载《法律科学（西北政法大学学报）》2023 年第 5 期，第 83 ~ 91 页。

④ 参见沈言、朱银萍：《在网络上侮辱、诽谤死者及其母亲的刑法规制》，载《人民司法》2021 年第 8 期，第 19 ~ 22 页。

⑤ 参见冯建华：《诽谤罪价值构造的结构变化——以媒介作为变量的考察》，载《新闻大学》2022 年第 7 期，第 40 ~ 52 页。

⑥ 参见胡玉鸿：《弱者权益保护：和谐社会内蕴的建设目标》，载《法治研究》2014 年第 9 期，第 3 ~ 9 页。

⑦ 参见陈秋心、年欣：《人肉搜索信息传播机制变迁研究（2001—2021）》，载《新闻记者》2022 年第 11 期，第 16 ~ 30 页。

果就可以被认定为表征了社会公众对于网络安全制度的信心和信任受到很大冲击，即公众对于信息网络安全的信心和信任这一重要的公共利益受到了恶劣的影响，[①]这破坏了社会的和谐稳定。

3. 挑战法律尊严权威

网络作为现代社会的重要组成部分，对于经济、文化、教育等各个领域的发展都具有重要作用。科技发展在改变人类生存形式的同时，影响所有生活领域，而法律领域首当其冲。[②] 网络技术是信息时代科技发展的重要标志，网络技术遭到滥用会导致相较于传统社会更为严重的社会风险，给现代法治带来前所未有的重大挑战。《网络安全法》第6条规定："国家倡导诚实守信、健康文明的网络行为，推动传播社会主义核心价值观，采取措施提高全社会的网络安全意识和水平，形成全社会共同参与促进网络安全的良好环境。"网络暴力作为对网络技术的滥用，其存在有违诚实守信原则，严重影响了网络的健康文明发展，有损法律的威严性。[③] 网络作为虚拟空间，不是法外之地。网络暴力行为本质是一种新型的集体惩罚，然而网民本身是互为平等的个体，没有权力剥夺法律本身应有的规训功能而对其他个体进行道德审判和私人惩戒。目前的传统追责体系存在例外性和不确定性，因而助长行为人逍遥法外的侥幸心理，对法秩序的规范效力产生持续性冲击。[④]

综上所述，国家需要为因网络暴力造成损害的公共利益的恢复和保障付出成本和努力。法律作为国家公权力行使的具体途径，其介入网络暴力有助于维护网络空间的和谐稳定，通过公安机关、检察机关、司法机关共同参与协同治理，维护社会秩序，保障社会的正常运行。数字化社会交往中诞生了陌生人之间的大规模、高频率的相互信任利益，制度化地呈现为社会公众对于电信网络本身安全的信心和信任。数字化生活秩序和交往准则的信任价值基础需要数

---

① 郭旨龙：《网络暴力造成严重后果的利益分析和刑事应对》，载《法律科学（西北政法大学学报）》2024年第1期，第1~13页。

② 参见[德]伯恩·魏德士：《法理学》，丁晓春、吴越译，法律出版社2013年版，第20页。

③ 参见许钟灵：《公私领域划分下的网络暴力刑法治理》，载《北京理工大学学报（社会科学版）》2024年第2期，第1~17页。

④ 参见郭旨龙：《网络暴力造成严重后果的利益分析和刑事应对》，载《法律科学（西北政法大学学报）》2024年第1期，第1~13页。

字治理者的高度关切。[①] 法律作为社会治理的最终手段,具有极高的权威性和威慑力。法律介入网络暴力,通过加大对网络暴力行为的处罚力度,可以提高违法成本,形成有效的法律威慑,引导公众遵守法律法规。同时,法律规范能以宣传警示教育的方式,提高公众对网络暴力问题的严重性与行为危害性的认识和理解,培养公众的法律意识和道德观念,引导公民正确、合法使用网络,共同抵制网络暴力行为,促进社会的法治化进程,捍卫并彰显法律的权威与尊严。

二、网络暴力法律介入的程序利益

(一)概述

网络暴力法律介入的程序利益,是指立法与司法过程中所体现出的程序正义有利于更好解决网络暴力治理中的难题,因此法律介入进行治理具有程序上的正当性。法律介入网络暴力不仅是为了实现实体正义,也是为了保障程序正义。前文介绍了网络暴力法律介入的实体利益,而在网络暴力的治理过程中,法律的介入不仅涉及实体法上的权益保护,还涉及程序上的利益保障。程序正义原则是现代法治国家的基本原则之一,它要求司法机关在行使权力时,必须遵循法定程序,保障人权。从宏观上讲,程序正义要求法律在适用过程中应当保证公平、公正和透明。以法律治理网络暴力,可以保障立法明确与科学、司法公正与效率,从而维护当事人的合法权益。下文将从立法和司法两个层面来论述网络暴力法律介入的程序利益。

(二)程序利益一——立法明确与科学

针对网络暴力问题,应当在立法过程中明确网络暴力的定义、行为构成和法律责任,并不断完善和健全相关法律法规体系,提升立法静态和动态两个层面的科学性,从而起到法律应有的指引作用、评价作用、预测作用、强制作用、教育作用,实现法律介入网络暴力治理的程序利益。

---

① 参见郭旨龙:《网络暴力造成严重后果的利益分析和刑事应对》,载《法律科学(西北政法大学学报)》2024 年第 1 期,第 1 ~13 页。

1. 法律规定的明确性

法律明确性原则最基本的要求体现在立法中需要法律用语达致清晰、明白。[①] 法律的明确性不仅使得司法程序的效率得到提高，减少不必要的司法资源浪费，还能使得权力的行使得到限制，实现公民的各项基本权利。法律的介入通过明确网络暴力行为的构成要件和责任后果，实现法律规定明确性的程序利益。

一是构成要件的明确性。法律介入网络暴力的具体方式，既包括扩张适用原有的传统法律规范，将网络暴力行为纳入其规制范围，也包括新设立专门的法律条款，防止一些社会危害性较大的侵害行为存在规制漏洞。前者通过对法律规定中相关概念进行扩大解释或类推解释确定网络暴力行为的性质，并按现有法律规定对相应的行为人依法追究法律责任；后者是指除了充分进行法律解释外，还可在专门的反网络暴力法出台后，在各部门法中配套增设专门的网络暴力行为规范，对相关实体利益进行全面、准确的保护，规范既保护人身权益，又兼顾网络秩序，以防止在通过传统法律规范治理网络暴力的过程中出现保护缺位或过度保护的情况。下文将以遵循罪刑法定原则的刑法为例，从解释论和立法论两个层面论述其介入的程序利益。

在解释论层面，有学者指出，网络暴力需要刑法介入治理，因其具备以下三个条件：其一，网络暴力行为会对刑法中规定保护的法益造成危害，进而具备刑法介入的前提条件；其二，网络暴力行为与传统犯罪行为对法益造成了同等或更重的危害，进而具备刑法介入的实质条件；其三，网络暴力行为与传统犯罪行为对法益的危害方式具有相当性，进而具备刑法介入的规范条件。[②] 虽然网络暴力本身并非刑法概念，我国《刑法》也没有对网络暴力进行过明确定义，但《刑法》等法律法规为刑法介入网络暴力客观上提供了法律依据。一个行为是否属于网络暴力行为本身就存在判断上的困难，但刑法规定中各罪名的犯罪构成要件十分明确，因此大可不必纠结于网络暴力行为本身的定义，而是根据刑法规定的构成要件中的行为主体、行为对象、行为内容、行为后果等因素对行为作出

---

① 参见裴洪辉：《在价值理想与客观认知之间：法律明确性原则的理论空间》，载《法学论坛》2019年第2期，第88～99页。

② 参见郭旨龙：《网络暴力刑法治理的解释原理》，载《江汉论坛》2023年第5期，第119～127页。

明确具体的判断。

网络暴力和传统的暴力相比，其行为的方式和程度具有相当性才能达到刑法介入的标准。在网络中发生的各种不同的暴力类型，大都可以在传统暴力犯罪中找到与之对应的行为方式。比如，网络身体暴力行为对应传统暴力行为中的故意伤害行为，网络性暴力行为对应传统暴力行为中的强奸行为、强制猥亵行为，网络精神、情感暴力对应传统暴力行为中的辱骂、恐吓行为等。然而，网络暴力行为毕竟发生在网络而非现实中，和传统犯罪行为相比，不同行为的方式、程度必然会有所区别，刑法进行治理规制的规范也不完全一致，因此有时需要上升到立法论层面进一步提升犯罪构成要件的明确性。

在立法论层面，笔者以法律规定中网络暴力这一概念本身为例。如上文所述，网络暴力作为一种“暴力”行为，不是刑法上的概念，尽管可以通过解释论适用刑法规定的罪名，但进一步明确网络暴力中“暴力”的含义，是刑事立法需要努力的方向。在刑法中“暴力”往往与“胁迫”同时出现，说明二者是相互区别的。“暴力”内部还可进一步区分为物理意义上的“硬暴力”与心理精神意义上的“软暴力”。[①] 2019 年公安部《关于办理实施“软暴力”的刑事案件若干问题的意见》第 1 条规定，“软暴力”指行为人为谋取不法利益或形成非法影响，对他人或者在有关场所进行滋扰、纠缠、哄闹、聚众造势等，足以使他人产生恐惧、恐慌进而形成心理强制，或者足以影响、限制人身自由、危及人身财产安全，影响正常生活、工作、生产、经营的违法犯罪手段。根据现行刑法规定，暴力是对身体自由施加有形的强制，胁迫是对意志自由施加无形的强制。由此可见，“软暴力”的定义更符合网络暴力中“暴力”的内涵，这也与域外立法例的相关规定类似，引入这一概念有助于未来进一步明确网络暴力定义，为刑法的介入减少不应有的障碍。

二是责任后果的明确性。法律具有防止公权力过度侵害公民基本权利的消极功能和保护公民不被其他公民侵害的积极义务，这需要通过立法中责任后果的明确性来实现。法律规范应当具有明确性和稳定性，以便公民能够预见自己的行为可能产生的法律后果。通过设立明确的法律责任，可以起到预防和惩

① 参见刘艳红:《袭警罪中“暴力”的法教义学分析》,载《法商研究》2022 年第 1 期,第 15～28 页。

戒的作用，保护受害人免受侵害，同时也可以促进网络空间的健康发展。一方面，法律对网络暴力的规制有助于提高法律责任的确定性，使法律主体意识到网络暴力行为的严重性和可能面临的民事、行政、刑事责任，从而起到指引、预测、教育的效果。另一方面，对于已经实施网络暴力行为的行为人，法律可以为司法机关对该行为人追究责任提供明确的依据，使其受到公正的审判和制裁，从而达到评价、强制的目的。

2. 法律规定的科学性

法律规定仅仅具有明确性是不够的，如果法律规定明确但不够科学，仍会产生法律漏洞，使得应当保护的利益遗漏保护、应当保障的人权遭受侵犯。法律的介入通过贯彻比例原则和提升法律适用的可操作性，实现法律规定科学性的程序利益。

一是手段与目的间的合比例性。比例原则肇始并形成于德国宪法判例，尔后广泛运用于宪法与行政法领域。比例原则的精髓在于“禁止过度”，对包括民法在内的整个法律秩序也发生作用。① 比例原则在刑法中的核心体现为罪责刑相适应原则。我国刑法介入网络暴力行为的治理，需要在行为对象、行为方式、行为结果等维度的犯罪构成要素方面判断其与传统暴力犯罪的相当性和同一性问题。在从多个维度判断过后，结合与域外立法司法实践经验进行的对比，最终得出解释论或者立法论的立场，使得罪责刑的设定更具科学性。② 下文仍以刑法为例，从解释论和立法论的角度，分析当前网络暴力治理中存在的不尽科学的问题，论述法律介入的具体路径。

例如，《网络诽谤解释》第 2 条规定，利用信息网络诽谤他人，造成被害人及其近亲属精神失常、自残、自杀等严重后果的，应当认定为“情节严重”。同时，司法层面也做出相关判决，对发生该类情节的案件中的行为人进行归责。③ 然而，对于侮辱罪、诽谤罪中“情节严重”为何可以包括造成被害人或者近亲属精神失常、自残、自杀的情形，发生该类情节为何可以对犯罪嫌疑人、被告人进行

---

① 参见郑晓剑：《比例原则在民法上的适用及展开》，载《中国法学》2016 年第 2 期，第 143 ~ 165 页。

② 参见郭旨龙：《网络暴力刑法治理的解释原理》，载《江汉论坛》2023 年第 5 期，第 119 ~ 127 页。

③ 参见岳某侮辱案，最高人民检察院指导性案例第 138 号(2022)。

刑事归责，在立法和司法层面，仍需在学理上通过论证其法理依据以进一步证明其科学性。我国学界的主流观点认为，该类严重后果虽然确实具有严重的社会危害性，但由于缺乏法律上的因果关系，可能造成间接处罚，[①]不符合结果归责原则与责任原则，[②]因此原则上不应对这些后果进行归责。还有学者认为，这种后果只能作为量刑情节而不能作为定罪情节，定罪情节本身应以网络暴力行为的法益侵害性为基础，否则只重视了对被害人人身利益保护而忽视了对行为人言论自由的保障。[③] 对此科学性的质疑，有学者指出，一方面，可以从客观归责理论，将行为人的网络暴力行为解释为他人创设了法所不容许的风险，因此需要对其进行客观归责；[④]另一方面，可将前述情节解释为与网络暴力行为直接造成的“社会性死亡”后果相密切联系的间接后果，属于线上社会性死亡延伸至线下真实生活中的后果，可以证明具有法律上的因果关系。[⑤] 由此可见，刑法学对罪责刑相适应的科学性研究十分重视，并为相关规范科学性的塑造与确立提供了理论基础。

再如，《网络诽谤解释》对于“情节严重”的认定方法采用客观量化的数据标准进行规定，比如点击量、浏览量、转发量等。[⑥] 刑法可以其规定介入网络暴力的量化标准，在网络暴力行为达到一定聚集速度或数量时介入，符合法律规定的明确性要求毋庸置疑，但不可否认其在科学性上还有待提升。过于单一的量化标准可能会造成打击面的扩大或缺失，最终造成对网络暴力行为的打击过度或保护不足。更为科学的做法是，应以罪行侵犯的法益为核心，考虑被害人

---

① 参见陈洪兵：《“情节严重”司法解释的纰缪及规范性重构》，载《东方法学》2019 年第 4 期，第 87 ~ 100 页；陈洪兵：《“情节严重”的解释误区及立法反思》，载《湖南大学学报（社会科学版）》2019 年第 3 期，第 147 ~ 155 页。

② 参见孙运梁：《刑法中“致人死亡”的类型化研究》，载《政法论坛》2016 年第 1 期，第 66 ~ 82 页。

③ 参见金鸿浩、杨迎泽：《网络诽谤犯罪“情节严重”的综合判断》，载《国家检察官学院学报》2022 年第 3 期，第 111 ~ 126 页。

④ 参见［德］乌韦·穆尔曼：《德国刑法基础课（第 7 版）》，周子实译，北京大学出版社 2023 年版，第 272 ~ 273 页。

⑤ 参见张澜：《网络社会性死亡的技术哲学研究》，载《西部学刊》2023 年第 6 期，第 55 ~ 60 页；李倩、张玉容：《从福柯看“社会性死亡”：社交媒体的“公开处刑”》，载《科技传播》2022 年第 16 期，第 115 ~ 118 页。

⑥ 最高人民法院、最高人民检察院《关于办理利用信息网络实施诽谤等刑事案件适用法律若干问题的解释》规定，诽谤信息浏览次数在 5000 次以上，转发次数在 500 次以上，或造成被害人自残、自杀等严重后果的，可以按诽谤罪追究刑事责任。

身心健康和人格尊严受侵害的程度，从实质上判断情节是否严重，即达到上述量化标准但没有造成实质危害的网络暴力行为不应入罪，未达到上述量化标准但造成了实质危害的网络暴力行为应当入罪。刑法中，盗窃罪、贪污罪、受贿罪等定罪都从单纯的数额犯转化为数额与情节兼顾的评价标准，这也将成为刑法介入网络暴力治理未来的发展方向，具有程序正当性和可行性。由此可见，其他刑法规范也可以为网络暴力治理中立法科学性的完善提供借鉴。

二是法律实际适用的可操作性。除比例原则外，法律规定在司法实践中的适用是否具有可操作性，也是衡量法律规定科学性的重要标准。当前，由于没有专门的反网络暴力法，对网络暴力行为的治理方法只能援引传统部门法规范，在法律适用操作的科学性上，需要随着立法和修法的不断介入来进一步完善。再以刑法为例，刑法对于网络语言暴力的评价依附于侮辱罪、诽谤罪或寻衅滋事罪等传统罪名。首先，侮辱罪、诽谤罪的行为方式不能评价网络暴力行为的所有行为方式，网络暴力行为也并不一定都以侮辱、诽谤的方式发生，二者之间是交叉关系，只有通过立法介入网络暴力治理，才能在原有传统刑法罪名的基础上弥补法律评价的缺漏。其次，网络暴力行为中言语攻击的程度和传统侮辱罪、诽谤罪的程度存在差别，因此难以用传统的入罪标准衡量网络暴力行为的危害性。一方面，由于网络暴力行为发生在虚拟的网络空间中，其侵害程度相较现实世界相对较低；另一方面，由于网络暴力行为容易形成聚量性效应，其侵害程度又可能远高于传统的侮辱、诽谤行为。最后，目前司法解释和司法实践中没有明确划分网络暴力对公共领域和私人领域的侵犯，然而在这两种不同领域中行为侵犯的法益类型是不同的。公共领域中网络暴力行为破坏的是社会秩序，私人领域中网络暴力行为损害的是个人权益。只有进一步以法益为中心进行罪名的判断和适用，刑法才能更科学地介入到网络暴力的治理中。

(三)程序利益之二——司法公正与效率

立法的明确与科学是法律介入网络暴力治理程序正当性的必要条件而非充分条件，只有同时考量司法过程中保障的公正与效率，才能完整体现法律介入网络暴力的程序利益。

1. 司法审判的公正性

公正审判是网络暴力法律介入的核心利益要求之一。为了实现公正审判，公权力机关在进行审判的过程中，采取了一系列措施。第一，确保审判程序的公开透明。司法机关应当及时公开案件信息，保障公众对案件的了解和监督。同时，审判过程应当公开进行，让当事人和社会公众了解审判的进程和结果。第二，确保证据的真实性、合法性和关联性。“打官司就是打证据”，证据是判断案件事实的关键。司法机关应当严格依法收集、审查和认定证据，依法分配举证责任。同时，证据应当足以形成完整的证据链条和证明体系，行为和结果之间的因果关系应当认定成立，待证的案件事实清楚明确，达到高度盖然性或排除合理怀疑的证明标准。第三，建立健全内部外部监督机制。一方面，司法机关建立完善内部监督机制，对司法人员的行为进行监督和制约，防止权力的滥用和误判的发生；另一方面，社会监督是防止权力滥用的重要手段之一，司法机关应当积极接受社会监督，及时回应社会关切和舆论压力。第四，依法追究滥用职权行为。对于滥用职权、徇私舞弊等违法行为，司法机关应当依法追究相关人员的法律责任，维护法律的严肃性和权威性。司法审判的公正性，既可以对网络暴力行为进行严厉的打击和制裁，使受害人得到应有的赔偿和安慰，向社会传递出对网络暴力零容忍的态度，又能够确保对网络暴力行为的准确识别和界定，避免将正常的网络言论或行为错误地认定为网络暴力。

司法审判的公正性，除了从公权力机关的层面出发，还着眼于当事人合法权益的保障，尤其是注重刑事审判中被告人的合法权益保障。在严格执行刑法和刑事诉讼法相关法律规定的前提下，被告人的知情权、辩护权与上诉权等诉讼权利可以依法得到充分的保障，从而避免误判、保障人权。首先，保障被告人的知情权。被告人有权了解被指控的罪名、犯罪事实和相关证据等信息。司法机关应当及时告知被告人相关信息，确保他们能够充分了解案件情况并作出相应的辩护。其次，保障被告人的辩护权。被告人有权自行辩护或委托辩护人进行辩护。司法机关应当尊重被告人的辩护权，为他们提供必要的辩护条件和保障，确保被告人能够充分表达自己的意见和主张。最后，保障被告人的申诉权和上诉权。如果被告人对审判结果不满或有异议，他们有权提出申诉或上诉。司法机关应当依法受理并处理被告人的申诉和上诉请求，确保他们能够享受到应有的法律救济。在网络暴力中,由于外部信息真实性的不断变化,事件可能会来回发生反转,这会对司法机关的判断和处理进程造成影响;网络暴力的行为人在大规模情绪爆发后的理性思考中,也有可能成为二次网络暴力的受害人。只有经过公正的审判,才能对应当受处罚的网络暴力行为人进行应有的制裁,同时避免无辜的网络言论发布者的人权受到不应有的侵犯。

2. 司法救济的高效性

保障司法审判的公正性,正义就不会缺席。而提高案件处理效率和法律救济的及时性,才能让正义既不缺席又不迟到。保障司法救济的高效性,既需要建立快速反应机制,又需要完善受害人的救济途径。

一是建立快速反应机制。建立长效快速反应机制是保障法律介入网络暴力持续有效的关键。在网络暴力案件中,证据往往分散在不同的网络平台上,且在这些不同的网络平台之间相互流转,这就要求司法机关在收集和处理证据时必须高效且专业。随着网络技术的发展,有关部门可以通过技术手段对网络暴力行为进行追踪和取证,为法律介入提供技术支持。这就需要加强网络暴力治理的跨部门、多主体协同合作,在全社会的共同努力下,形成合力打击网络暴力的良好局面,共同应对和解决具有复杂性和长期性的网络暴力问题。例如,《网络暴力信息治理规定》将"协同共治"确立为网暴信息治理的基本原则之一,并在具体条文中细化落实,主要涉及两个方面:其一,多主体的协同共治,包括政府部门之间实现内部协同共治以及政府与社会主体之间实现外部协同共治;其二,法律与技术的协同共治,包括以技术驱动网络暴力信息治理的现代化转型和以法律制度明确技术手段在网络暴力治理中的应用边界。①

网络平台是信息时代的看门人,其具有信息优势、技术优势以及跨地域的行为控制能力,因此也具有在网络暴力治理中的事前风险预防优势。在网络暴力治理过程中,应加强网络平台的监管责任,建立健全网络安全防护体系。首先,建立广义上的快速反应机制,包括建立健全网络暴力事前监测预警机制、事中快速反应机制和事后综合治理机制等,确保对网络暴力行为的及时发现、快

① 参见刘艳红:《建章立制开启网络暴力信息治理法治化新篇章》,载国家互联网信息办公室网,https://www.cac.gov.cn/2024-06/14/c_1720043915071728.htm,最后访问时间:2024年6月15日。

速处置和综合治理。其次，网络平台可以采用防网络暴力“一键防护”、评论权限设置、屏蔽和举报不当评论、不友善信息警示等功能，预警、识别并处置网络暴力风险事件。此外，平台还应通过专业心理关怀团队，给予安慰与关怀，充分保护受害人。网络平台在网络暴力案件中，可以协助和配合司法机关对案件的处理进程，保证处置的高效性。《网络暴力信息治理规定》鼓励和引导网络相关行业组织加强行业自律，督促网络信息服务提供者加强网络暴力信息治理并接受社会监督，为遭受网络暴力信息侵害的用户提供帮扶救助等支持，实现网络监管与网络自治的互补与平衡。①

二是完善受害人救济途径。具体而言，网络暴力的特殊形式对传统的司法程序提出了挑战。在传统司法程序中，法律在保护名誉权时扮演着被动触发而非主动介入的角色，民法中针对侵害名誉权、隐私权的侵权行为规定需要被侵权人向法院起诉要求对方承担侵权责任，刑法中的侮辱罪、诽谤罪也设置为一般情况下的告诉才处理。之所以如此，一方面是因为行为人和受害人可能是熟人关系，受害人可选择通过私下调解或其他非法律程序解决纠纷；另一方面是因为受害人可能考虑到起诉会导致已遭受的伤害扩大或造成二次伤害，因此受害人未必希望法律介入。② 然而进入信息网络时代，人与人之间的社会关系从熟人社会转变为陌生人社会，且单纯通过调解或民事程序难以从根本上消除网络侮辱、诽谤等造成的长期的、广泛的、深刻的损害后果。首先，由于网络社会是陌生人社会，加之网络的匿名性、网络言论的即时性、网民群体的广泛性，受害人在遭遇网络暴力后，很难确定行为人的具体身份，这给为其寻求法律救济带来了障碍。其次，由于电子数据很容易被篡改，在缺乏取证手段的情况下，受害人难以收集海量的违法犯罪证据。③ 最后，网络暴力往往涉及跨地域、跨国家的复杂情况，这使得司法管辖、证据收集和法律适用等问题变得更加复杂。

---

① 参见刘艳红：《建章立制开启网络暴力信息治理法治化新篇章》，载国家互联网信息办公室网，https://www.cac.gov.cn/2024-06/14/c_1720043915071728.htm，最后访问时间：2024 年 6 月 15 日。

② 参见林维：《“严重危害社会秩序和国家利益”的认定——以亲告罪的立法旨趣为核心》，载《法律适用》2013 年第 12 期，第 45～49 页；张明楷：《网络诽谤的争议问题探究》，载《中国法学》2015 年第 3 期，第 60～79 页。

③ 参见最高人民检察院第一检察厅等编：《自诉转公诉的“庭前幕后”：浙江余杭网络诽谤案》，中国检察出版社 2021 年版，第 34 页。

基于上述现实困难，网络暴力受害人维权成本极高，对网络暴力行为人的追责难度较大。这就需要在司法过程中，加大对网络暴力行为的执法力度，加强各机关之间的分工协作，及时查处网络暴力案件。首先，不同机关之间应当相互衔接、相互配合。《网暴指导意见》明确公安机关应当根据法院的要求和案件的具体情况查明行为主体、收集证据。其次，由于网络的虚拟性和复杂性，网络暴力案件的管辖法院较多，可能出现管辖权确定的混乱，需要不同地区的法院之间相互配合，不能互相推诿。最后，当网络侮辱、诽谤等网络暴力行为造成严重后果时，一旦涉及公共利益，就可能会启动刑事诉讼的自诉转公诉程序，这需要通过国家公诉程序保障法律介入的程序利益。

第二节　网络暴力法律治理的介入边界

如本章第一节所述，网络暴力法律介入的实体利益和程序利益，使得法律介入网络暴力治理具有充分的正当性。然而，法律作为社会治理的最后一道防线，仅处置社会中的部分危险，尤其是具有谦抑性和最后手段性的刑法，更需要明确其介入网络暴力治理的边界。另外，从社会现实的角度讲，由于司法资源具有有限性，法律不可能对网络暴力进行事无巨细的治理。因此，本节中，笔者将从网络暴力的公共领域和私人领域两个角度，分析法律治理时需要考量的价值权衡，论述法律介入时需要具备的前提条件，从而划定网络暴力法律治理的介入边界。

一、网络暴力公共领域法律治理的介入边界

（一）概述

公共领域，是涉及公共利益、社会秩序和公共道德等的言论和行为空间，其特点在于言论的公开性、交互性和影响力的广泛性。在古希腊，公共领域是有公民权的人所归属的政治领域，是充满理性、秩序和政治色彩浓厚的领域。在资本主义时期，公共领域的目的就是在其中形成公共舆论，把社会声音传达给

国家,从观念上将政治权威转变为理性权威。公共领域存在着上令下从的权力层级关系,对这一空间秩序的维护主要依靠法律、公权力等国家强制力来保障。① 从个体的角度而言,公共领域更强调公共秩序而非个人权利,有时个人权利需要根据社会的价值取向而有所牺牲。

发生在公共领域的网络暴力,是指涉及公共利益相关的人或事的网络暴力。网络公共领域作为公共领域的一部分,是公众获取信息、表达意见、进行交流的重要平台,是公民行使言论自由的窗口。然而,与此相伴的是,网络暴力现象频频发生在网络公共领域,比如社交媒体、论坛、评论区等,这些公共领域的言论往往成为舆论的焦点,对社会造成广泛的影响。网络暴力行为不仅侵害个体的名誉权、隐私权等合法权益,还破坏了网络公共领域的秩序和谐,影响了公民的参与意愿和言论自由。此外,网络私人领域也呈现出公共化的特点,即私人事件在网络媒体的助推下、在公众的广泛关注下极易演化为公共事件,呈现出公共领域的发展趋势。②

因此,法律有介入网络暴力公共领域的必要性和适当性。一方面,法律有介入网络暴力公共领域的必要性。首先,法律的威慑作用,可以有效遏制网络暴力行为的发生,维护网络空间的公共秩序;其次,法律介入可以保护受害人的合法权益,维护社会公平正义;最后,法律的权威性和公信力,可以引导公众树立正确的价值观和行为准则。另一方面,法律有介入网络暴力公共领域的适当性。法律在治理网络暴力时,必须明确界定公共领域的介入范围,确保法律的介入符合公共利益的需要。下文将以网络暴力与言论自由为切入点,论述法律介入网络暴力公共领域的条件。

(二)网络暴力与言论自由

言论自由是受宪法所保障的公民的最基本人权。宪法规定公民享有表达权、监督权等基本权利,以保证公民生活在不受国家、社会压迫的环境中。在宪

---

① 参见许钟灵:《公私领域划分下的网络暴力刑法治理》,载《北京理工大学学报(社会科学版)》2024 年第 2 期,第 1 ~ 17 页。

② 参见许钟灵:《公私领域划分下的网络暴力刑法治理》,载《北京理工大学学报(社会科学版)》2024 年第 2 期,第 1 ~ 17 页。

法学视角下，国家为保护公民自由需要在“私人—国家”关系中履行消极义务，公权力的行使应当受到限制，以保证公民的各项基本权利得以顺利实现。网络言论自由同样是法律所明确保护的权利。网络公共领域是民意表达的重要渠道，是实现社会对公权力监督的重要途径。许多涉腐涉纪案件最初都是公民在网络上匿名举报，然后引起社会关注，进而推动各级纪检监察机关积极介入，最后得到妥善处理的。[①] 因此，网络公共领域的言论自由十分重要，理应进行周延的保护。然而，在网暴治理过程中发现存在正常评论被屏蔽、非网暴账号被封禁的“误伤”现象，这说明还没有充分把握好言论自由合理限制与过度干预的界限，没有做好公共秩序与个人权利之间的权衡。

可以说，对言论自由的保护范围的反面就是对网络暴力的认定范围。如何在维护公共秩序与保护个人自由之间划定合理的边界，成为一个亟待深入探讨的问题。当个人权利的行使超越边界，公共秩序可能遭到破坏，这会进一步损害到国家或社会的共同利益。也就是说，言论自由的行使是存在限制条件的，并不是绝对的自由，而是相对的自由，一旦超过了这种限制范围，言论自由的行使就会变质为侵害他人的违法犯罪行为，法律就会进行介入。这种限制条件范围的设定，在很大程度上体现出对公民言论自由的个人权利和公共秩序两种不同利益的价值衡量取向。

法律对网络暴力的规制应当严格而审慎，既要有效打击网络暴力行为，又要保障言论自由不受不当限制。网民在行使言论自由的个人权利时，可能会基于泛道德化的文化心理和从众心理，非理性地表达对某件事情的看法直至局面失控，形成网络暴力。事实上，各部门法设置以捏造事实或虚假信息为中心的责任后果，是在宪法规范下进一步划分行为人行使言论自由权的范围和尺度，成为宪法规定的公民言论自由的具体落实。[②] 为防止公权力的不当扩张，法律中关于言论自由的相关规定直接关系着公民言论自由权的实现程度和范围，因此法律介入网络暴力公共领域的治理必须把握好网络暴力行为的界定限度，以

---

① 参见许钟灵：《公私领域划分下的网络暴力刑法治理》，载《北京理工大学学报（社会科学版）》2024 年第 2 期，第 1 ~ 17 页。

② 参见许钟灵：《公私领域划分下的网络暴力刑法治理》，载《北京理工大学学报（社会科学版）》2024 年第 2 期，第 1 ~ 17 页。

最大限度地调和公共利益和个人利益间的矛盾,从而维护社会公平正义。基于公权力机关和公民之间的不平等地位,应当尽可能履行消极义务,减少对网络言论的不当干预。网络暴力涉及信息安全,对于合法的、有用的信息法律必须保障其不受侵害和威胁,对于违法、有害的信息则必须由法律予以排除。[①] 因此,应明确法律在公共领域内的保护范围,并进一步明确法律介入网络暴力公共领域的条件。

(三)法律介入网络暴力公共领域的条件

公共领域的网络暴力主要由行政法和刑法介入治理。《治安管理处罚法》第 25 条和第 42 条分别对网络暴力中的造谣、传谣行为以及公然在网络上发表侮辱、诽谤他人的言论或者通过发送淫秽、恐吓信息干扰他人正常生活等行为提供了处罚依据。刑法则主要通过《刑法》第 277 条规定的妨害公务罪和第 293 条规定的寻衅滋事罪等妨害社会管理秩序罪、扰乱公共秩序罪中的典型罪名治理发生于公共领域的网络暴力行为。例如,根据《网络诽谤解释》第 5 条规定,利用信息网络辱骂、恐吓他人,情节恶劣,破坏社会秩序的,依照《刑法》第 293 条第 1 款第 2 项的规定,以寻衅滋事罪定罪处罚。该司法解释通过"公共秩序"将侮辱、诽谤罪和寻衅滋事罪两个罪名建立起联系。上述两罪名主要是针对网络暴力的行为人而言的,而对于没有履行网络安全管理和保障义务的网络平台而言,刑法主要通过《刑法》第 286 条之一规定的拒不履行信息网络安全管理义务罪和第 287 条之二规定的帮助信息网络犯罪活动罪进行治理。

网络暴力公共领域的法律适用应满足合宪性原则、比例原则、必要性原则和利益平衡原则。首先,法律的介入必须符合宪法精神,尊重和保障公民的基本权利和自由。在治理网络暴力时,应避免过度扩张法律的适用范围而侵犯公民的言论自由等合法权益。其次,法律的介入层级应当与网络暴力行为的严重程度相适应,确保法律的适用具有合理性和公正性。对于轻微的网络暴力行为,可以通过行政处罚、民事赔偿等方式进行处理;对于严重的网络暴力行为,如果构成犯罪的,则应当依法追究刑事责任。再次,法律的介入应当基于保护

---

① 参见郭旨龙:《网络安全的内容体系与法律资源的投放方向》,载《法学论坛》2014 年第 6 期,第 35 ~ 44 页。

公共利益和维护社会秩序的必要。在界定介入边界时，应充分考虑网络暴力行为的危害程度、影响范围以及社会公共利益的需求等因素。最后，在划定法律介入边界时，应充分考虑个人自由与公共利益之间的平衡。既要保护公民的合法权益和言论自由，又要维护网络空间的公共秩序和社会稳定。这需要在个案中根据具体情况进行利益衡量和判断。在上述原则的指导下，法律介入的具体标准与条件如下。

1. 实体层面

在实体上，法律介入的边界可以从网络暴力的行为人和平台两大不同主体进行界定。对于网络暴力的行为人而言，应根据其行为的危害性程度划清网络暴力和网络批评的界限。首先，在表现形式上，网络暴力常常表现为捏造并散布虚假言论、恶意抨击、无端谩骂的行为，而网络批评一般存在一定的事实依据，尽管其可能因为公众知晓全部真相的能力有限与真实事实有所出入。其次，在行为目的上，网络暴力是为了通过诋毁他人形象而引起社会秩序的混乱，而网络批评是为了批评一些行为人认为不满的现象。最后，在侵害程度上，网络暴力行为常伴随着"明显且即刻的危险"①，而网络批评不存在这种危险，国家可以通过公开澄清的方式防止发生实质的危害结果。综上所述，只有当行为被认定为网络暴力行为而非网络批评行为，且行为造成现实社会中公共秩序严重混乱，其才能够被认定为违法犯罪，要综合判断相关网络暴力行为是否会普遍性地使得公众感同身受地丧失安全感。② 要防止国家机关工作人员为了打压公众对于公权力部门的批评，将发布不满言论的网民的行为解释为"危害社会秩序或者国家利益"的现象。

对于网络平台而言，《网络暴力信息治理规定》及《网络安全法》等法律法规规定了其参与公共领域网络暴力治理的主体责任。同时，这些法律规范还要求网络平台避免过度干预和保护用户权益。网络平台在治理网络暴力时，应避免过度干预用户的正常表达和交流，应保护用户的隐私信息，不得泄露用户个人信息或进行滥用，应公开透明地展示治理结果和处理情况，接受社会监督。

---

① Brandenburg v. Ohio, 89 S. Ct. 1827(1969).

② 参见邓思清：《论自诉转公诉的规范构造》，载《西南政法大学学报》2021 年第 4 期，第 14 ~ 23 页。

通过这些要求可以防范法律通过网络平台过度介入网络暴力的公共领域治理。此外,《网暴指导意见》网络服务提供者对所发现的网络暴力信息不依法履行信息网络安全管理义务,经监管部门责令改正而拒不改正的,致使违法信息大量传播或有其他严重情节,构成拒不履行信息网络安全管理义务罪。最高人民法院、最高人民检察院《关于办理非法利用信息网络、帮助信息网络犯罪活动等刑事案件适用法律若干问题的解释》(以下简称《非法利用信息网络、帮信犯罪解释》)第4条规定了网络服务平台对有关人肉搜索型网络暴力和侮辱、诽谤型网络暴力的安全管理义务,该条规定致使用户信息泄露,造成他人死亡、重伤、精神失常或者被绑架等严重后果,应当被认定为满足入罪的"造成严重后果"。[①]该解释第6条还规定了致使信息网络服务被主要用于违法犯罪的,应当认定为入罪标准中的"有其他严重情节"。在网络平台对网络暴力基础性事实明知的基础上,可以因上述严重后果表征的社会关系造成根本性破坏或者恶劣影响而对之进行归责,当然,这种破坏必须是根本性的、严重的,或者是延展到线下的。[②] 有关网络平台在网络暴力治理中的权责与法律适用问题,详见其他章节中的相关内容。

2. 程序层面

在程序上,法律介入的边界主要在行刑衔接问题方面进行界定。首先应区分网络暴力的行政责任与刑事责任。对于公共领域的网络暴力,危害程度没有达到犯罪的,应先追究行政法上的责任。对于网络暴力行为人而言,主要是公安机关依据治安管理处罚法做出的治安管理处罚;对于网络平台而言,主要是行政主管部门依据相关行政管理规范做出的行政处罚。对于网络暴力行为人而言,适用治安管理处罚还是刑罚,主要看其行为危害程度是否达到刑法规定的标准,这需要回到上文的实体层面进行讨论。笔者在此处想重点讨论的是网络平台适用拒不履行信息网络安全管理义务罪的行刑衔接,因为该罪"拒不改正"前置要件的功能定位,在一定程度上是一个程序问题。

---

① 参见谢望原:《论拒不履行信息网络安全管理义务罪》,载《中国法学》2017年第2期,第238~255页。

② 参见郭旨龙:《网络暴力造成严重后果的利益分析和刑事应对》,载《法律科学(西北政法大学学报)》2024年第1期,第1~13页。

对不履行网络暴力监管职责的网络平台追究相应的刑事责任,其前提条件是违反国家规定。本罪的设立带有浓厚的预防刑法的色彩,其适用条件应当有明确的边界。[①]《网络暴力信息治理规定》第30条第2款规定,网络信息服务提供者涉及危害公民生命健康安全且有严重后果的,并处10万元以上20万元以下罚款。"两高一部"联合印发的《网暴指导意见》第16条第2款规定,网络服务提供者对于所发现的网络暴力信息不依法履行信息网络安全管理义务,致使违法信息大量传播或者有其他严重情节,损害社会公共利益的,人民检察院可以依法向人民法院提起公益诉讼。可见,不应动辄适用刑法以拒不履行信息网络安全管理义务罪处罚网络平台,而应考虑优先适用其他法律途径解决网络暴力引发的社会问题。同时,也不应科以网络平台过于严苛的管理与监督义务,因为在重大事件发生时,短期易出现海量网络暴力评论,网络平台审核工作量巨大,部分内容无法通过机器识别而必须进行人工审核,且对于网络暴力行为的判断标准没有司法机关把握得准确。如果强行以刑法介入追究平台刑事责任,不仅不利于处理好已经存在的严重后果,而且可能会发生网络安全管理的真空,更不利于网络平台正常的商事经营活动的开展。这时就需衡量各种价值取向,划定合理的行刑介入边界。

二、网络暴力私人领域法律治理的介入边界

(一)概述

私人领域是涉及个人隐私、家庭内部、朋友关系等的言论和行为的个人生活空间。其特点在于:该领域具有隐私性、自治性和情感性等特性,其中个体享有更高的自由度和隐私权。在古希腊,私人领域是与公共领域具有相对的概念,其是指没有公民权的人所参与的生活领域。与公共领域相比,私人领域更强调个人价值而非社会价值的实现,重视个体间的平等性与独立性,在该领域,自由优先于命令与服从。

发生在私人领域的网络暴力,往往是指不涉及任何与公共利益相关的人或

① 参见何荣功:《预防刑法的扩张及其限度》,载《法学研究》2017年第4期,第138~154页。

事的网络暴力。① 在数字化时代，网络已成为人们生活的重要组成部分，网络暴力日益成为影响个体生活的社会问题。随着社交媒体的广泛运用，网络公共领域充斥着许多私人话题，呈现出私人领域的显著特征。因此，网络暴力现象并非仅存在于公共领域的舆论攻击或群体性事件，它也日益蔓延至私人领域，表现为个人间的言语攻击、隐私泄露、恶意诽谤等行为。这些行为往往针对个人的特性或私下交往内容，比如出现在私信中，具有较强的隐蔽性和针对性。法律作为规范行为、保护权益的重要手段，其在私人领域内的介入必须审慎行事，以确保既能有效打击网络暴力，又能保护公民的基本权利和自由。

法律介入私人领域内的网络暴力是维护法治秩序、保护公民合法权利的必要措施，是国家履行宪法规定的积极义务的具体方式，形成"私人—私人—国家"之间的三角关系。尽管网络暴力私人领域强调个体的自由和隐私，但在某些情况下，法律的介入仍然是必要的。例如，当网络侮辱、网络诽谤等网络暴力行为侵害了他人的合法权益时，法律便需要发挥其制裁和威慑作用。当网络暴力行为严重干扰了个体的正常生活，甚至危及其人身安全时，刑法的介入是必要的。私人领域的个体之间是自由、平等的，之所以法律介入网络暴力私人领域，是因为私人领域中的网络暴力行为破坏了本来平等的个体关系，而法律作为国家治理社会的手段，需要介入以实现国家积极义务的履行。在网络暴力中，一方面，网络暴力行为人站在道德的制高点上，赤裸裸地对受害人的言论自由权、名誉权等人格尊严权进行践踏；另一方面，网络技术本身放大了这种权力的不对等性，达到了非国家权力介入无法恢复平衡的程度。然而，基于私人领域的特性，法律介入网络暴力私人领域的治理必须审慎划定其边界，确保个人自由和私人生活不受过度干涉。下文将从网络暴力与隐私保护的角度介入，论述法律介入网络暴力私人领域的条件。

（二）网络暴力与隐私保护

个人隐私是指公民个人生活中不愿为他人公开或知悉的秘密，包括个人的私人生活、日记、照相簿、生活习惯、通信秘密、身体部位等。与个人隐私相近的

① 参见许钟灵：《公私领域划分下的网络暴力刑法治理》，载《北京理工大学学报（社会科学版）》2024年第2期，第1～17页。

概念是个人信息,其包括个人的姓名、出生日期、家庭住址、电话号码、电子邮件地址和诸如日常活动、信仰和政治观点等信息。在数字化时代,包括银行账户、信用卡、社交媒体、移动设备位置等在内的敏感个人信息,也属于个人隐私的范畴。隐私权是每个人基本的人权之一,国家和个人都会采取措施保护个人隐私不被侵害,并在隐私权受到侵害时应受到法律的保护。这包括保证个人隐私信息不被非法获取、滥用、泄露或公开,以及在隐私受到侵害时能够寻求法律救济。隐私保护的重要性在于维护个人自由权利、信息安全和防止滥用,对个人和社会都具有重要意义。

在网络社会,个体不仅无力抵抗公权力主体的侵害,而且无力抵抗私主体的侵害。私人领域内的网络暴力对受害人造成的心理伤害和社交困扰极为严重。它不仅侵害了个人的名誉权和隐私权,还可能导致人际关系破裂、家庭矛盾甚至个人安全隐患。然而,法律的介入亦需考虑到言论自由、信息自决权等宪法保障的权利,避免因过度干预而侵犯个人自由。在处理网络暴力私人领域案件时,司法机关通常会综合考虑网络暴力行为的性质、严重程度以及对受害人造成的影响等因素,从而合理划定法律介入的边界。与公共领域不同,在私人领域,法律介入的标准并非应着眼于网络暴力行为是否危害社会秩序,而应当着眼于受害个体是否无法通过自身力量寻求自我救济,需要由国家动用公权力资源的干预才能保护自身的个体利益。因此,在私人领域,法律介入的目的不是为了维护社会利益,也不是简单地维护个案中私人的个体利益,而是以公信力为背书,通过明确事实并制止侵害,帮助消除私人领域中的不对等权力关系,实现个体真正的平等。但在有些情况下,网络暴力的受害人并不想公权力机关介入纠纷来解决,以免使其隐私公开造成二次伤害。因此,法律过度治理网络暴力私人领域反倒是对受害人的一种“暴力”。当然不可否认的是,当私人领域的网络暴力造成严重后果时,网络暴力的危害性已经不止停留在受害人本人个人权益层面,而是扩展到其他与之相关的社会成员的权益甚至是整个公共利益上,造成整个社会秩序的混乱,此时法律的介入具有的合理性自不待言。

在网络暴力私人领域的法律治理过程中,仍会遇到个人利益与公共利益产生冲突的情形,此时需要进行价值衡量。以公众人物为例,公众人物的个人隐私具有特殊性。公众人物是具有较高知名度的主体,兼具公共性和私人性的属性。当公众人物的个人隐私与社会生活这一最重要的公共利益发生联系时，其个人隐私的私人性因属于政治的一部分而具有公共性。换言之，公民对公众人物的批评可能出于监督公职等公共利益的目的，同时可能会损害该公众人物的名誉等个人利益，这时公众人物的个人利益就要让位于公共利益。① 与之相对应，公众人物与公共性职业无关的个人隐私则属于私人领域，应当受到法律的严格保护。一方面，公众人物的社会关注度较高，其私人生活本身就更容易受到关注，而且可能会从对公众人物个人隐私公共属性部分的关注转移到私人属性部分的关注；②另一方面，由于网络的放大效应，公众人物在个人隐私受到侵犯时往往会比普通公众显得更为无助，损害后果往往也是深刻且持久的。③ 总之，与公共领域相同，在私人领域，应先明确法律在私人领域内的保护范围，并进一步明确法律介入网络暴力私人领域的条件。

（三）法律介入网络暴力私人领域的条件

与公共领域不同，私人领域的网络暴力主要由民法介入治理，只有发生严重危害时才涉及刑法等法律的介入问题。民法主要通过《民法典》第 1024 ~ 1035 条规定任何组织或者个人不得以侮辱、诽谤等方式侵害他人名誉权，不得非法收集、使用、加工、传输他人个人信息，损害他人隐私权；通过《民法典》第 1194 条、第 1195 条、第 1197 条规定网络用户、网络服务提供者利用网络侵害他人民事权益的，应当承担侵权责任，网络服务提供者知道或者应当知道网络用户利用其网络服务侵害他人民事权益，未采取必要措施的，与该网络用户承担连带责任。刑法主要通过《刑法》第 246 条规定的侮辱、诽谤罪等罪名治理发生于私人领域的网络暴力，以保护公民个人的名誉权。相关司法解释对发生于私人领域的网络暴力的治理前文已经述及，在此不做赘述。此外，《刑法》第 253 条之一还设立了侵犯公民个人信息罪，以保护公民个人隐私和个人信息。《个人信息保护法》第 28 条规定，敏感个人信息一旦被泄露或非法使用，容易导致

① See New York Times Co. v. Sullivan, 376 U. S. 254 (1964).

② 参见刘萌：《弱传播视角下"王冰冰网暴事件"舆论现象解读》，载《新闻研究导刊》2022 年第 9 期，第 54 ~ 56 页。

③ 参见董梦霞：《弱传播视角下网络暴力的现实图景及治理路径》，载《新闻研究导刊》2020 年第 22 期，第 84 ~ 85 页。

人格尊严受到侵害或者人身、财产安全受到危害。最高人民法院、最高人民检察院《关于办理侵犯公民个人信息刑事案件适用法律若干问题的解释》(以下简称《公民个人信息罪解释》)第5条第2款规定,非法获取、出售或者提供公民个人信息,造成被害人死亡、重伤、精神失常或者被绑架等严重后果的,应当认定为侵犯公民个人信息罪中的"情节特别严重"。

法律介入网络暴力私人领域治理应注意尊重个人隐私权、保护个体自治权,并遵循比例原则和利益平衡原则。首先,个体的隐私权是网络暴力私人领域中最基本的权利。法律在介入时,必须充分尊重个人隐私权,避免过度干涉个体的私人生活。除非有明确的法律规定和充分的证据支持,否则不应轻易将网络用户行为定性为网络暴力。其次,网络暴力私人领域中的个体享有高度的自治权,包括自由表达情感、交流思想等。法律在介入时,应尽量避免对个体自治权的过度干涉。最后,在划定法律介入边界时,应遵循比例原则和利益平衡原则,这两部分与前述法律介入网络暴力公共领域治理的要求是一致的。在上述要点和原则的指导下,法律介入的具体标准与条件如下。

1. 实体层面

在实体上,如前文所述,民法保护公民的人格权,包括名誉权、隐私权等不受网络暴力的侵害,而判断网络暴力行为是否侵害了他人的人格权,则是民法介入私人领域网络暴力治理边界的标准,这需要综合考虑行为的性质、方式、后果等因素。首先,需要注意的是,无论是侮辱行为还是诽谤行为,受害人都应该是行为人在行为时就识别出的特定的个体,而不能是不特定的任何人。同样,诸如针对某一网络账号将进行曝光的行为,网络账号应具有可识别性,即能够轻易地将该账号与某个特定的自然人有身份上的联系时,才能认定为个人信息。[①] 如果需要一定技术手段才能被大多数人所知晓,则不具有这种可识别性,就不能被认定为个人信息或隐私受到侵害。其次,网络暴力通常是行为人主观上出于恶意、客观上采取攻击侮辱和肆意谩骂等手段实施的。在网络游戏等特定场景下,队友之间或者对手之间可能情绪性地表达要求和指责,但并不能将这些具有贬抑性、蔑视性言论或者垃圾话认定为侮辱行为,因为实质上行为人

---

① 参见郭旨龙:《网络暴力刑法治理的解释原理》,载《江汉论坛》2023年第5期,第119~127页。

并不具有侮辱意图,也没有侵犯社会性环境氛围。[①] 最后,根据《民法典》和相关司法解释的规定,网络暴力行为需要达到一定的严重程度、造成一定的严重后果才能立案。这种严重程度的判断通常基于行为的持续时间、影响范围、受害人的感受等因素,比如网络暴力行为已经对受害人的名誉权、隐私权等造成了严重损害,或者网络暴力的行为已经持续了一段时间,造成了较大的社会影响等。对于严重侵害人格权的侮辱、诽谤等网络暴力行为,受害人不仅可以基于民法要求行为人进行民事赔偿,同时也可以基于刑法给予其更严格的规制和处罚。

刑法对于私人领域内网络暴力的规制边界可以以侮辱、诽谤罪以及侵犯公民个人信息罪这两个罪名的具体适用为例。一是侮辱、诽谤罪。在网络中,侮辱行为和诽谤行为层出不穷,但这些行为只有满足侮辱、诽谤罪的构成要件,刑法才能加以介入。对侮辱罪而言,其要求行为使用暴力或非暴力的行动、言语或文字、图形侮辱等方法,而在人肉搜索行为中,难以辨别是否存在上述公然侮辱行为的,不属于侮辱罪。对诽谤罪而言,其要求行为人编造或散布有损他人名誉的不实事实,而在人肉搜索行为中,搜索、提供或者公布的相关信息往往都是真实的,这便难以适用诽谤罪。二是侵犯公民个人信息罪。本罪的构成要件是满足非法收集、提供、出售公民个人信息。结合《公民个人信息罪解释》的相关规定,有学者认为,危害后果最直接地体现了犯罪的社会危害性,原则上应被纳入"情节严重"的评价视野,某些敏感个人信息如果被非法获取并大肆扩散,往往会给被害人甚至其近亲属带来极大的精神损害,所以应当将致使他人精神失常或者自杀的行为认定为侵犯个人信息犯罪当中的"情节严重"。[②] 这些严重后果既符合客观上的类型性风险要求,也符合行为主观上的可责性。当然,当人肉搜索行为中获取、暴露的个人信息并非不合法,也不存在牟利的目的时,没有明显违反公德和法律,不符合侵犯公民个人信息罪的行为类型,就不能仅以发生了严重后果对行为人进行归责。同时,网络暴力行为造成被害人近亲属自杀、精神失常等严重后果的,必须要求人肉搜索的信息包含被害人近亲属的

---

① 参见郭旨龙:《网络暴力刑法治理的解释原理》,载《江汉论坛》2023 年第 5 期,第 119 ~ 127 页。

② 参见利子平、周建达:《非法获取公民个人信息罪"情节严重"初论》,载《法学评论》2012 年第 5 期,第 146 ~ 152 页。

敏感信息才可能归责。[①]

2. 程序层面

民法秉持私法自治原则，受害人需要主动向司法机构提出请求，要求追究网络暴力行为人的民事责任，法律才能够介入相关私人领域的治理。对于父母、朋友或者恋人等熟人之间的开玩笑行为，受害人会根据主观感受和意愿自主决定是否需要法律介入，法律应当尊重当事人的诉求与和解权利。受害人需要提供充分的证据，包括网络截图、聊天记录、证人证言等，来证明网络暴力行为的存在、性质、后果等。为了保护受害人权益，法律应当提供必要的支持，比如公安机关协助取证、司法行政机关提供法律援助等。但在民事审判中发现涉嫌构成侮辱、诽谤罪或侵犯公民个人信息罪的行为时，不宜直接将案件移送公安机关立案侦查，即司法机关在民法介入私人领域网络暴力治理的过程中，既不能不作为，又不能乱作为。在处理网络暴力案件时，首先应当考虑的是民事责任，除了司法途径，还应发展调解、仲裁等多元化纠纷解决机制，为受害人提供更多选择。

刑法的介入应确保处理私人领域网络暴力案件时不侵害个人隐私权，主要在追诉程序上进行边界界定。在刑法治理过程中，应防止侮辱、诽谤罪适用公诉程序的异化。《刑法》第246条规定，侮辱、诽谤罪告诉的才处理，但是严重危害社会秩序和国家利益的除外。也就是说，侮辱罪和诽谤罪本为亲告罪，适用自诉程序，但当这类案件出现危害社会秩序和国家利益的严重情形时，由于其危害程度较大，追诉程序应从适用自诉程序转化为适用公诉程序。明确网络暴力私人领域的刑法主动介入边界，在程序上就是相当于确定“严重危害社会秩序”的公诉标准。网络空间是公共空间的重要组成部分，但并非网络空间发生的侮辱、诽谤犯罪行为造成网络空间混乱的，都可以被解释为“社会秩序混乱”。至于造成“严重危害社会秩序”的后果，除传统侮辱、诽谤罪中的规定外，《网暴指导意见》首次明确提出，实施网络侮辱、诽谤行为，造成被害人或者其近亲属精神失常、自杀等严重后果，社会影响恶劣的，应当认定为“严重危害社会秩

---

① 参见郭旨龙：《网络暴力造成严重后果的利益分析和刑事应对》，载《法律科学(西北政法大学学报)》2024年第1期，第1~13页。

序”。这为网络侮辱、诽谤行为的自诉转公诉治理提供了明确的法律依据。《网络诽谤解释》第 2 条规定，利用信息网络诽谤他人，造成被害人及其近亲属精神失常、自残、自杀等严重后果的，应当认定为情节严重对于侮辱罪、诽谤罪中“情节严重”。因此，不仅是被害人本身出现精神失常、自残、自杀等严重后果可以采用公诉程序，其近亲属出现上述后果的，虽不属于实体上的入罪标准，但可作为程序上自诉转公诉的追诉标准，因其符合一般预防必要性的内部考量因素，也符合严重社会危害性的外部考量因素。有关公诉标准和程序转换的内容，将在其他章节中做更为详尽的论述。

网络暴力行为的法律治理是当前时代人类社会进入信息化社会的必然趋势，这种趋势不可遏制也不可失控。本章介绍了有关法律介入网络暴力治理的正当性与边界的内容，试图在其中寻求一种动态的平衡。通过分析法律对网络暴力所侵害的个人权益和社会秩序进行保护的实体利益以及法律对立法明确、科学和司法公正、效率予以保障的程序利益，明确了法律介入的必要性和正当性。通过讨论网络暴力在公共领域和私人领域的不同特点，强调了在保护言论自由和个人隐私等基本权利的前提下，法律介入应遵循的原则和条件。

第三章

网络暴力的法益侵害和类型划分

作为“软暴力”的一种典型表现形式,网络暴力并非规范性法律概念,而是对一类网络越轨现象的事实性概括总结,其属于犯罪学而非法学的范畴。犯罪学对网络暴力的分类更多考虑的是事实层面的行为相似性,而法律作为规范性判断,除事实判断外,还要求纳入统一罪名治理的行为具有类似的构成要件该当性。因此,将犯罪学上具有相似性的暴力行为转化为类型化的法律上的规范概念,厘清网络暴力的法律综合治理路径,首要的便是厘清网络暴力所侵犯的法益类型与法益层级,通过侵犯法益的类型的不同,将不同类型的网络暴力行为归入不同的规制渠道,实现网络暴力的精准治理。

第一节　网络暴力的法益侵害

一、法益与法益侵害

(一)法益概念的源起——刑法法益

德国著名刑法学家罗克辛教授指出,“法益是在以个人及其自由发展为目标进行建设的社会整体制度范围之内,有益于个人及其自由发展的,或者是有益于这个制度本身功能的一种现实或者目标设定”。① 刑法的任务是保护法益,

① [德]克劳斯·罗克辛:《德国刑法学总论》,王世洲译,法律出版社2005年版,第15页。

犯罪行为应被限定为法益加害行为，即对法益的现实侵害行为或者对法益产生危险的行为。[①] 因此，只有对法益产生现实侵害或危险的网络暴力行为才应被纳入刑法治理范畴，并且依据不同的法益侵害类型适用不同的刑法治理模式。

对于法益和刑法本身的关系，主要存在两种观点。一种观点认为，法益是由刑法所确定下来的生活利益，法益后于刑法条文存在，在刑法条文制定前，并不存在预先给予立法者的法益概念，因此法益在性质上属于刑法体系内部的解释工具，其仅具有解释工具的方法性功能，不能挑战刑法条文本身；另一种观点认为，法益先于刑法条文本身存在，某一越轨行为侵犯特定的法益是社会生活中切实存在的，并不因刑法条文的制定与否而存在或消失，因此法益除了解释功能，还具有批判功能，某一行为是否构成犯罪，需要刑法介入，除刑法条文外，还需要判断是否具有法益保护的正当性和必要性。[②] 笔者认可后一种观点，即法益兼具解释和批判功能。因为依托法益这一工具，既能填补立法缺漏，为立法提供有效指引，也能够将刑法的解释限定在罪刑法定原则的理论框架中。法益可划分为个人法益和超个人法益，基于对法益概念进行严格限制的立场，若超个人法益最后无法还原为个人法益，则应当认为其没有法益保护的正当性或必要性，不得作为刑法保护的对象。[③]

在法益侵害说的理论框架下，犯罪的本质是侵犯法益，当某一行为具有法益侵害的现实危险时，这一行为才能被认定为刑法上的实行行为，进入刑法打击范围。更进一步来说，产生法益侵害的实质是某一动态行为将法益从公众所希望的正常状态改变为了刑法所禁止的危险状态。需要注意的是，引发法益从安全状态到危险状态转变的动态行为，既包括作为，即实施能够引起一定现实危害结果的行为，也包括不作为，即在法益因与行为人相关的因素陷入危险状态时，能够实施阻止危险状态的行为而未实施。

（二）“法益”概念的发展——民事法益与行政法益

需要注意的是，并非实施了法益侵害行为的行为人一定构成犯罪。在与其

---

① 参见张明楷：《法益保护与比例原则》，载《中国社会科学》2017 年第 7 期，第 89 页。

② 参见车浩：《刑事立法的法教义学反思——基于〈刑法修正案（九）〉的分析》，载《法学》2015 年第 10 期，第 5 页。

③ 参见苏永生：《法益保护理论中国化之反思与重构》，载《政法论坛》2019 年第 1 期，第 62 页。

他部门法的关系上,刑法具有最后性。与其他部门法不同,刑法并非对某一领域的专属法益进行全方位的详细保护,其保护的法益与其他部门法存在重合之处,只有当侵害法益的行为严重到其他部门法的规制已无法生效时,刑法才作为最后的防线对法益侵害行为进行处理。换言之,刑法对法益的保护具有辅助性。相比于民法与行政法,刑法对法益的保护更多是量的区别而非质的区别,在我国“二元制”立法模式下,刑法条文主要通过“定性”与“定量”相结合的立法模式将犯罪限定在了“值得科处刑罚”的行为范围之内,对于危害民事法益和行政法益等轻微危害法益的行为,则依据民法和行政法相关规定进行治理。①

与刑法上法益概念主要作为对“权利”的超越性、包容式范畴出现不同,民法学界对于法益的理解存在诸多分歧:有认为民法法益与德国民法一致,仅包括“生命、身体、健康、自由”的;有认为法益属于权利之外受法律保护利益的;也有认为法益属于权利和权益的上位概念,可按照法律有无明确规定细分为权利和权益。② 本文认为,若机械地按照德国法,从狭义视角对民事法益进行解读,认为法益等同于《民法典》第126条规定的“民事主体享有法律规定的其他民事权利和利益”中的“利益”,会导致“概念移植中的意义漂移”问题,容易引发概念混乱。因此,本书中民事法益为广义上的民事法益,其包含名誉权等民事权利,也包含个人信息等民事利益。换言之,被害人因受到网络暴力行为而遭受的身体、财产损害均可纳入网络暴力侵害的民事法益范畴。

关于行政法益的概念争议更大,虽然通说认为行政法益亦是法益,只不过属于处于第二顺位的一般法益,但也有学者认为,行政不存在法益,只存在行政利益,即对行政命令的遵从。③ 本书认为,行政法益是切实存在的。一方面,行政法有其通过法律指引,约束公民、法人或者其他组织行为并实现利益的预防性保护目标,即行政法法益;另一方面,在我国二元违法体系下,刑事不法和行政不法并非互斥的,而是仅存在量的差异,因此超个人刑事法益存在也意味着

---

① 参见陈璐:《犯罪化如何贯彻法益侵害原则》,载《中国刑事法杂志》2014年第3期,第6页。

② 参见孙山:《民法上“法益”概念的探源与本土化》,载《河北法学》2020年第4期,第65页。

③ 参见李晴:《论行政处罚的豁免》,载《现代法学》2022年第6期,第116~132页。

存在对应的行政法益。[①] 网络暴力在未达到刑事科罚程度时,既会侵害民事法益,也会侵害行政法益,因此除了个人救济,公安机关还会对行为人进行行政处罚。

二、网络暴力法益侵害的类型

按照不同的标准,可以将网络暴力侵害的法益分为不同的类型,例如,根据部门法将网络暴力侵害的法益分为民事法益、行政法益和刑事法益。但网络暴力可以在广义上涵盖所有针对人身权利的侵害行为,而个人法益在特定情况下能够转变为超个人法益,其中民事法益属于个人法益,行政法益属于超个人法益,刑事法益则同时包含个人法益与超个人法益。按照部门法划分会导致对某一网络暴力行为的法律评价片面或缺失,因此本书的划分从更为宏观的个人法益与超个人法益视角出发,进行"民事、行政、刑事法益"一体化评价。网络暴力的法律治理本质上就是对法益侵害的种类和程度进行评价后对行为进行救济或处罚。某一行为是否构成侵权、违反治安管理处罚法甚至构成网络暴力犯罪,以及程度如何,需要通过法益侵害程度进行实质判断。因此,只有对网络暴力的法益侵害范围和具体类型进行准确认定,才能为确定法律规制渠道奠定基础。

(一)网络暴力法益侵害的范围

网络暴力侵害的法益包含个人法益自不待言,但网络暴力侵犯的法益是否包括社会法益和国家法益两类超个人法益颇具争议。持否定观点的学者认为,网络暴力的外延不宜过于宽泛,网络暴力侵害的法益应仅限个人法益,不包括网络秩序等社会法益;持肯定观点的学者认为,网络暴力既有侵害个人法益的情形,也有侵害社会法益、国家法益的情形。[②]

不同观点的根本分歧在于对网络暴力对法益的侵害更多表现为结果性侵

---

① 参见姜涛:《法益论的现代困境及其宪法化改造》,载《现代法学》2023 年第 5 期,第 167～182 页。

② 参见欧阳本祺:《被害人保护视野下网络暴力的刑法规制》,载《江西社会科学》2024 年第 1 期,第 69～70 页。

害还是过程性侵害的认识不同。支持网络暴力侵害的法益仅限于个人法益的学者更关注网络暴力的直接结果性侵害,其底层逻辑在于其认为网络暴力本质上是一种“积聚性”的犯罪,无信息的大规模传播便没有网络暴力的存在空间,大规模的网民参与是网络暴力侵犯个人法益的必备要素,但不能据此便认为网络暴力侵犯的法益包括超个人法益,不管以何种形式表现,网络暴力最终都需要指向特定的实体,因此网络暴力侵犯的法益仅限于个人法益。支持网络暴力侵害的法益还包括超个人法益的学者更关注网络暴力的间接结果性侵害,其认为由于网络的溢出效应,网络暴力除了直接影响暴力针对的对象,其负面影响还间接及于参与到网络暴力以及长期关注网络暴力事件的民众,会引起特定领域网络秩序的混乱,在侵害个人法益的同时还会侵害超个人法益。

除学界存在争议外,规范性文件对网络犯罪侵犯法益范围的认定也有所不同。《网络暴力信息治理规定》第 32 条对网络暴力进行了界定,“本规定所称网络暴力信息,是指通过网络以文本、图像、音频、视频等形式对个人集中发布的,含有侮辱谩骂、造谣诽谤、煽动仇恨、威逼胁迫、侵犯隐私,以及影响身心健康的指责嘲讽、贬低歧视等内容的违法和不良信息”。根据这一界定,网络暴力侵害的法益主要表现为人格、隐私等人格性个人法益,而未被明确涉及超个人法益。《关于切实加强网络暴力治理的通知》则将网络暴力界定为针对个人集中发布侮辱谩骂、造谣诽谤、侵犯隐私等违法信息及其他不友善信息的行为,认为网络暴力的危害性体现在侵害他人合法权益,扰乱正常网络秩序。《网暴指导意见》更进一步指出了网络暴力的社会危害性,“在信息网络上针对个人肆意发布谩骂侮辱、造谣诽谤、侵犯隐私等信息的网络暴力行为,贬损他人人格,损害他人名誉,有的造成了他人‘社会性死亡’甚至精神失常、自杀等严重后果;扰乱网络秩序,破坏网络生态,致使网络空间戾气横行,严重影响社会公众安全感。”根据该意见,网络暴力侵害的法益进一步扩张,既包括人格、名誉、健康、生命等个人法益,还包括网络秩序、网络生态、公共安全等超个人法益。[①]

本书认为,网络暴力侵害的法益包括个人法益和超个人法益,但超个人法

① 参见欧阳本祺:《被害人保护视野下网络暴力的刑法规制》,载《江西社会科学》2024 年第 1 期,第 68 页。

益仅限于社会法益，即秩序法益，不包括国家法益。理由如下：

首先，网络暴力行为发生于公共空间且网络暴力的生成依赖于大量网民的参与，对法益的侵害不限于网络暴力对象本身。《网络诽谤解释》第5条第2款规定，编造虚假信息，或者明知是编造的虚假信息，在信息网络上散布，或者组织、指使人员在信息网络上散布，起哄闹事，造成公共秩序严重混乱的，依照《刑法》第293条第1款第4项的规定，以寻衅滋事罪定罪处罚。随着信息技术尤其是手机等移动互联网终端设备的普及，在民众的认知中，网络已是生活的一部分，该司法解释确立的网络空间也属于公共场所的法律定性已完全被民众所接受。[①] 在社会一般话语体系下，点对点的私聊属于私密空间，不特定主体能够加入的会话、群组、论坛等则属于公共空间，而网络暴力一般发生于不特定网民均可加入的网络公共空间，不可避免会影响网络秩序。网络暴力的生成，均遵循"发起者发布——参与者传播(关键节点放大)——大量网民关注——网暴对象权益受到侵害"这一流程。在导致侵害结果的同时，网络暴力对于网络秩序的负面影响也是客观存在的。若不认可存在此种负面影响，本质上就是将暴力信息的传播者和事件的关注者当作没有个人思想的"NPC"，这不符合实际，也无法区分传统侮辱、诽谤行为和网络暴力行为的区别，无法全面、准确地揭示网络暴力的危害性本质，无法合理确定网络暴力的惩罚幅度，无法理顺网络暴力和传统暴力的危害层级和分类治理逻辑。[②] 若承认此种负面影响，但认为此种负面影响不应纳入网络暴力的法律治理范畴，则会导致法律适用上的悖论，即对不同法益的侵害均需要处理，人为把超个人法益从网络暴力的法律治理中剥离出去后，还需要寻求额外的法律规范支撑对该法益的打击，最终仍然需要从一重的方式进行处理，与认为网络暴力侵害的法益包括超个人法益的实体效果一致，额外增加了处理流程。

其次，网络暴力的目的是侵害特定对象而非扰乱公共秩序，纯粹扰乱社会公共秩序而未指向特定对象的行为并非网络暴力。在绝大多数情况下，网络暴力指向特定的个人，网络暴力发起者实施网络暴力的目的是侵害特定的对象而

---

① 参见卢勤忠、钟菁：《网络公共场所的教义学分析》，载《法学》2018年第12期，第95～97页。

② 参见郭旨龙：《网络暴力造成严重后果的利益分析和刑事应对》，载《法律科学(西北政法大学学报)》2024年第1期，第120页。

非为了扰乱社会秩序,侵害特定对象和扰乱社会秩序是目的和手段的关系,且相较于网络秩序的混乱,网络暴力对针对对象的伤害也明显更大。因此,网络暴力侵犯的主要法益应为个人法益。在特殊情况下,网络暴力行为的发展不受实施者的控制,从单纯针对特定对象的犯罪演变为引发社会秩序巨大混乱甚至国家安全受到影响的犯罪。但即使在此种情形下,身处舆情中心的网暴直接对象受到的伤害仍然是最大的,且会随着舆情影响范围的扩大而不断加深,网络暴力的主要侵害对象仍然是个人法益。虽然也存在针对某一特定群体而非某一个体的网络暴力行为,似乎不侵犯个人法益,但此类网络暴力行为往往会存在"反面典型",在小范围内演变为对某一个体的侵害,并非仅针对超个人法益而不涉及个人法益。

最后,网络暴力必须有指向的具体对象,与国家法益之间缺乏连接点。有学者认为,有组织地制作、发布、传播攻击国家大政方针、煽动群体对立、宣扬历史虚无主义的信息,并引导网民攻击国家体制或者国家政策的行为属于侵害国家法益的网络暴力行为,但这类行为一般情况下不针对特定的对象,若认为其危害性体现在对秩序的破坏,则可将其纳入侵害社会法益的范畴。即使是针对公务人员的网络暴力,网民的关注点也更多在于公务人员本身是否存在廉政问题或生活作风问题,而不会将其与整个国家的形象捆绑在一起,因此不宜无限制扩大网络暴力侵犯法益的边界,应将国家法益排除在网络暴力侵犯的法益类型之外。

(二)网络暴力法益侵害的类型

网络暴力犯罪可能涉及多类型的侵权和违法犯罪情形,而非单纯是侵犯名誉权、侮辱、诽谤罪在信息时代的表现形态。网络暴力犯罪侵犯的法益,包括个人法益这一利益法益和社会法益这一秩序法益。

1. 侵害个人法益的网络暴力

网络暴力侵害的个人法益是多样的,其与线下侵犯人身权益的犯罪主要发生于熟人之间不同,网络暴力往往针对素不相识的陌生人,因此侵犯的主要法益是人格性权益,比如名誉权、荣誉权、隐私权、个人信息权益,在特定情况下也会同时侵害财产性权益。在侵权程度达到刑法科罚的程度时,网络暴力犯罪所涉的罪名主要是通过非接触式行为便可构成罪名,比如侮辱罪、诽谤罪、侵犯公民个人信息罪。行为人在网络空间中通过制造、散布谣言等方式贬损他人人格、损害他人名誉的属于对名誉权的侵犯,情节严重的构成诽谤罪;行为人在网络空间中通过肆意谩骂、恶意诋毁等方式公然侮辱他人的,也属于对名誉权的侵犯,情节严重的则构成侮辱罪。这两罪的主要区分在于前者要求制造、发布或传播的事实是虚假的,而后者所涉事实可以是真实的,但切实导致了他人人格贬损的后果。《民法典》未将公民个人信息规定为民事权利,而是作为一种权益,但这并不影响个人信息作为一种法益得到保护。通过"人肉搜索"或公开他人个人信息等方式实施网络暴力的,属于对隐私权或个人信息权的侵害,应以侵犯公民个人信息罪定罪处罚。需要注意的是,侵犯个人法益类的网络暴力行为并不限于针对某一个体,也可能同时针对多个个体。例如,在网络空间中通过公布某一个体的敏感个人信息的方式实施"人肉搜索",数量达到入罪标准的,构成侵犯公民个人信息罪,为了"人肉搜索"某一对象同时公布与其相关的多个主体的敏感个人信息同样构成侵犯公民个人信息罪。除了人格性权益,网络暴力还可以侵害财产性法益。若行为人以非法占有为目的,在网络空间中通过虚构事实、散布谣言或恶意诋毁等方式侮辱、诽谤他人,迫使网暴对象向其缴纳"保护费"的,可依据敲诈勒索罪定罪处罚。

2. 侵害社会法益的网络暴力

网络暴力侵害社会法益一般情况下以侵害个人法益为前提,其主要表现为在侵害个人法益的同时侵害了社会法益。此种情形是侵犯社会法益的主要形式,情节相对轻微时,一般通过《治安管理处罚法》或《个人信息保护法》等行政性法规进行规制;情节严重的,则可能涉及多个罪名,比如寻衅滋事罪、编造、故意传播虚假信息罪、编造、故意传播虚假恐怖信息罪等。另一种情形是网络暴力针对的对象为某一群体,网络行为本身导致市场经济秩序受到侵害,突出表现为捏造知名企业本身或者知名企业的高级管理人员的黑料,以博取公众眼球、获取流量或者抹黑企业,其涉及的罪名主要是损害商业信誉、商品声誉罪。

在侵害社会法益的网络暴力中,需要尤其关注互联网平台以及自媒体的作用。进入移动互联网时代后,互联网平台和自媒体成为民众主要的信息来源之一,其传播范围和速度甚至远超传统媒体。互联网平台和自媒体凭借其灵敏度高、自主性强的特点，在很多情况下会成为民众的第一手新闻资料来源，在很大程度上影响公众对相关事件的第一印象，若报道失实、不当评论或制造噱头引导舆论走向，会在很大程度上放大网络暴力对象受到的损害。① 因此，对于基于蹭热度炒作、推广引流等目的，组织水军或者利用信息网络进一步推送、传播网络暴力信息的行为，有关部门可责令改正或采取吊销营运执照等方式进行处罚。有关部门责令采取改正措施后拒不改正的，可依据情形的不同，以非法经营罪、帮助信息网络传播活动罪或拒不履行信息网络安全管理义务罪定罪处罚。侵害社会法益的网络暴力对个体影响虽然不如侵害个人法益的网络暴力直观，但由于其覆盖面更广，传播速度更快，其危害性甚至可能超过侵害个人法益的网络暴力行为。

三、网络暴力侵害法益的层级关系

网络暴力侵犯的法益包括个人法益、社会法益，在司法实践中，网络暴力侵犯的法益并不是非此即彼的关系，绝大多数网络暴力犯罪行为同时侵害了个人法益和社会法益。因此，必须厘清网络暴力侵害法益的层级，为网络案件的精准法律适用奠定理论基础。由于民事法益能够被个人法益所涵盖，行政法益能够被超个人法益所涵盖，且民事强调救济，行政和刑事偏重治理，对被害人而言，民事救济与行政或刑事处罚是两条并行不悖的权利恢复路径，是并行而非层级关系。在二元违法体系下，行政违法和刑事犯罪更多是程度的区别而非性质上的差异。因此，厘清了刑事法益的层级关系，便厘清了整体的法益层级关系。

(一)单层法益观与双层法益观

单层法益观认为某一犯罪行为侵犯的法益是单独且相互不关联的。前文已述及，网络暴力犯罪作为一种“积聚型”犯罪，其生成有赖于大量网民的参与和关注，在侵犯个人法益的同时往往会侵犯超个人法益，尤其是秩序法益。在

① 参见林威宇：《网络暴力中自媒体行为归责之类型化配置》，载《学术探索》2024 年第 4 期，第 125 ~ 137 页。

单层法益观下，网络暴力侵犯的个人法益和秩序法益是相互独立的，根据想象竞合规则判断应处以何种刑罚时首要解决的问题便是侵犯何种法益需判处更重的刑罚。这就导致一个问题："转发""点击"等定量标准指向的主要为秩序法益，在网络暴力未造成严重后果的情况下，无法对侵犯个人法益的行为进行量化判断，不同类型的法益难以进行直观比较。而一律认为侵犯个人法益应判处更重的刑罚或认为侵犯秩序法益应判处更重的刑罚都可能导致罪刑失衡。虽然由司法机关进行个案判断能够解决罪刑失衡的问题，但容易引发同案不同判的争议，且法益解释的不确定可能导致实践中网络暴力犯罪入罪的过度扩大化。进入风险社会后，多种风险交织在一起，因此立法机关在制定法律、司法机关在适用法律时，倾向于将多种不同的法益综合在一起考量，这导致在新增罪名以及主要犯罪形态发生变化的传统罪名中，个人法益与超个人法益、单一法益与复杂法益之间产生冲突，单层法益观无法对司法实践进行有效指导。[①]

双层法益观则认为一个犯罪行为可能同时触犯数个法益，且数个法益之间存在主要和次要、手段和目的的密切联系，其基本构造是"为了保护某一法益而保护另一法益"，两者共同存在但不是简单的并列关系，而是有一个法益处于核心位置，对另一法益的保护是为了实现对处于核心位置法益的保护，处于核心位置的法益被称为"背后层法益"，处于外层的法益被称为"阻挡层法益"。[②] 在双层法益观下，"背后层法益"是先验的利益型法益，主要表现为个人法益；"阻挡层法益"是后设的秩序型法益，主要表现为社会法益、国家法益等集体法益。其中，保护秩序法益只是手段，保护个人法益才是目的。以个人法益为代表的利益型法益具有先验性，其所保护的利益先于法律而存在，刑法条文只是对该种先验性利益进行法律上的确认；集体法益则是后设型法益，由立法者创设并随着法律的改变而改变，但集体法益存在的根本目的是保护"背后层法益"，因此立法者并不能随意变更集体法益，而必须始终以保护个人法益为宗旨。[③]

---

① 参见张明楷：《受贿犯罪的保护法益》，载《法学研究》2018 第 1 期，第 157 页。

② 参见陈心哲：《双层法益观下袭警罪的认定偏差与教义学匡正——基于 250 份裁判文书的思考》，载《西部法学评论》2023 年第 3 期，第 56～57 页。

③ 参见蓝学友：《规制抽象危险犯的新路径：双层法益与比例原则的融合》，载《法学研究》2019 年第 6 期，第 138 页。

(二)双层法益观下个人法益与社会法益的层级关系

在网络暴力犯罪中,双层法益观认为网络暴力犯罪同时侵犯了个人法益和社会法益,其中个人法益属于核心的"背后层法益",社会法益属于"阻挡层法益",保护社会法益是手段,其目的是保护个人法益,因此在法益层级关系上,个人法益具有优先性,在网络暴力犯罪发生且同时侵犯个人法益和社会法益时,应以其侵犯的个人法益为核心考量进行定罪处罚。但也有学者提出,在网络暴力犯罪的现有分布和应然格局看,网络暴力犯罪侵犯的主要法益是网络空间秩序等社会法益,次要法益才是公民个人权益。其主要理由主要有两点:一是网络暴力以技术滥用为前提,主要破坏的是技术应用的规则体系及其一般伦理,当网络暴力发生时,天然构成对网络秩序与安全的破坏,直接针对网络管理秩序和网络安全,网络暴力的负面影响在影响网络秩序后才传递至其针对的特定对象,因此网络暴力侵害的主要法益为社会法益,次要法益才是个人法益;二是网络暴力不同于现实暴力,作为一种新型的网络法定犯罪,违反"国家网络法律规定"是其内在特质,已经超越了个人的主体性地位及其优势等发生的前提,甚至在特定情况下不以人的行为为前提,其首先违反的是网络法律体系的相关规定,侵犯的主要法益是网络空间社会秩序为代表的社会法益。①

本书认为,在个人法益和社会法益中,个人法益属于目的法益,社会法益属于手段法益,个人法益具有优先性。主要理由如下:

首先,网络暴力犯罪对个人法益的侵害程度难以通过客观标准进行衡量,但通过网络空间信息管理秩序混乱这一社会法益的相关标准进行定量衡量,能够解决这一问题。这就要求必须将社会法益置于秩序性法益的"阻挡层",将个人法益置于先验性法益的"背后层"。若是相反,则只能对侵犯社会法益的部分做出定量判断,而侵犯个人法益的部分则会因缺乏定量判断标准而在司法实践中被边缘化,这将会导致网络暴力侵犯的法益被异化为仅包含社会法益。

其次,以社会法益保护为前提、以个人法益保护为目标的双层法益观符合从自然存在法益到规范再到实定解释的逻辑顺序。网络暴力犯罪呈现出典型

① 参见孙道萃:《网络暴力犯罪:一个刑法的规范分析》,载《中国应用法学》2023 年第 5 期,第 81 页。

的法益增生逻辑，在信息网络深度嵌入我们日常生活的情况下，网络暴力除了会侵害人格尊严、名誉、荣誉等人身权利，还引发独立于人身权利之外的数字化普遍化危害风险，在危害程度上，特定情况下后者可能超过前者，但后者无法脱离前者独立存在，属于伴生法益而非新创法益。①

最后，秩序性社会法益的量化标准能够补足先验性个人法益侵害程度标准的缺乏，而将个人法益作为最终目的能避免社会法益的过度膨胀。结合双层法益与积量构罪模式，通过对社会秩序侵害程度的具体判断，能够实现最终个人法益保护目的。②

在"个人法益为核心、社会法益为阻挡"的双层法益观下，因网络的时空间隔性和虚拟性导致的对个人法益侵害难以量化的问题可转化为信息传递问题，以可量化的浏览量、点击量、转发量、收藏量来衡量对个人权益造成的侵害程度。《网络诽谤解释》便将"同一诽谤信息实际被点击、浏览次数达到五千次以上，或者被转发次数达到五百次以上"与"造成被害人或者其近亲属精神失常、自残、自杀等严重后果"并列作为情节严重情形。个人法益和社会法益的相互关系在双层法益观下实现了有机统一，对于司法实践中正确适用罪名、保证罚当其罪具有重要意义。

四、网络暴力法益保护的边界

在信息时代，互联网不仅带来了远超传统媒介的信息传播速度和传播范围，也极大扩张了言论发布者的外延，普通民众从言论的被动接收者转变为言论的主动发布者和积极传播者，言论自由迎来了前所未有的丰厚土壤。与此同时，相伴言论自由的网络言论犯罪也如雨后春笋般涌现，言论犯罪和言论自由之间的关系愈发紧张。法律治理产生负外部性是不可避免的，但立法机关和司法机关应尽可能避免此种负外部性。从行为构成上看，网络暴力属于典型的网络言论侵权或违法犯罪行为，对网络暴力的治理不可避免地会削减公民的言论

① 参见郭旨龙：《网络暴力造成严重后果的利益分析和刑事应对》，载《法律科学（西北政法大学学报）》2024年第1期，第120页。

② 参见付玉明、刘昕帅：《行为解构与危险溯源："网络暴力"的刑事治理》，载《四川大学学报（哲学社会科学版）》2023年第6期，第174～175页。

自由。在打击网络暴力的过程中,应尽量协调法律内部理论与法外言论自由间的关系,不能为了追求对网络暴力打击的法律体系内部价值而忽视法外价值,也不能为了避免言论对个人权益或网络秩序产生风险而限制网民的言论表达。因此,必须确定网络暴力法益保护的边界,在有效打击网络暴力和保障公民言论自由之间找到平衡点。

实现打击网络暴力和保障言论自由的关键在于在对行为人的行为进行应罚性判断基础上进行需罚性判断。应罚性判断关注的是网络暴力犯罪是否侵犯了法益,要求其进行损害赔偿或对其进行法律处罚是否具有正当性;需罚性判断关注的是网络暴力犯罪对法益的侵犯是否达到了不能容忍的地步,除法律治理外已无其他方式进行规制。在需罚性判断中,刑法又处于最后位置,必须恪守刑法的最后性立场的内在要求。对于网络暴力的发起者,首先应判断其是否构成侵权,或者在涉及不特定主体的情况下是否扰乱了网络空间秩序,若构成侵权则可通过民事诉讼的方式实现权益救济,若扰乱了网络空间秩序,则处以行政处罚。对于可能涉嫌刑事犯罪的,应严格计算其行为是否已经达到入罪门槛,对于难以确定的,应做有利于行为人的认定;对于网络暴力信息的传递者,若其对网络暴力行为具有主观明知,则可按照发起者的入罪标准判断是否构成犯罪;对于对网络暴力行为不存在主观明知的旁观者和边缘参与者,应将其排除在刑事评价范畴外,避免将所有参与主体均认定为网络暴力犯罪的"帮凶"。在边界明确且处罚轻重有序的刑事治理体系下,犯罪圈的划定才能更加精细,才能够为网民的行为提供指引和规范,避免网民参与到网络暴力中去。①

在舆论监督场景下,确立网络暴力的法益保护边界显得尤为重要。舆论监督是公民行使宪法赋予的监督权的重要方式,属于言论自由的范畴,对于预防、威慑违法犯罪行为,推进政府依法行政具有重要意义。但在表现形式上,舆论监督与网络暴力存在相似之处:一是两者均是对特定个体的负面评价,在言语上表现为批评、谴责,均会对相关主体带来负面影响;二是监督批评的事实可能出现失实情形,大多数网民一般无法接触到被监督对象,其消息来源于其他网

---

①　参见付玉明、刘昕帅:《行为解构与危险溯源:"网络暴力"的刑事治理》,载《四川大学学报(哲学社会科学版)》2023年第6期,第179页。

民且只能通过日常生活经验判断消息的真实性；三是舆论监督所涉内容往往涉及当事人的隐私，内容具有私密性；四是后果具有相似性，舆论监督也可能导致所涉对象“社会性死亡”、精神失常甚至自杀。若不对网络暴力进行需罚性判断，则可能导致民众陷入“寒蝉效应”，丧失主人翁意识，不敢参与到政治生活和社会生活中，这不利于国家和社会的发展。为此，除了在办理案件时严格按照主客观相统一的原则判断信息的发布者是否存在主观“恶意”，还需要对网民批评官员等公众人物具有更大的宽容度，对相关网络言论实行更大限度保护，而不能因其外观与网络暴力相似而一律进行处罚甚至入罪。① 为避免矫枉过正，规范性文件也对此作出了专门的提示性说明，《网络暴力信息治理规定》第33条规定，依法通过网络检举、揭发他人违法犯罪，或者依法实施舆论监督的，不适用关于网络暴力信息治理的相关规定。

第二节　网络暴力的类型划分

类型化是将具有一定共同特征的事物或现象进行归纳和分类，以一个保持稳定性的内核和模糊化、开放性的边界地带所组成的“类型”，在共性范围内予以个别解释或具体运用。② 类型化能够有效克服概念思维存在的缺陷，能够对抽象、空洞、难以理解的“概念”进行适度具象化。法益作为一种典型的概念思维，具有较强的抽象性，为更好地指导司法实践，需要根据侵犯法益的不同，将网络暴力划分为不同的类型。如前文所述，大多数情况下，网络暴力侵犯的主要法益是个人法益，次要法益是社会法益，因此应以侵犯个人法益为主要标准，以侵犯的社会法益为次要标准对网络暴力进行划分。

在类型化模式下，要素与要素之间是一种弹性的组合关系，要素之间的变化可能演化出要素之间的不同组合方式，既有交叉边缘地带的“中间类型”，又

---

① 参见韩旭：《法治化视阈下网络暴力与舆论监督的分野》，载《法学杂志》2024年第1期，第49～50页。

② 参见马荣春：《刑法类型化思维：一种“基本的”刑法方法论》，载《法治研究》2013年第12期，第82～83页。

有不同类型组合叠加、“兼而有之”而形成的“混合类型”。[①] 网络暴力犯罪亦是如此，某一具体网络暴力犯罪行为可能同时侵犯一类法益中的多个不同法益，同时侵害民事、行政、刑事多重法益。不同类型的网络暴力之间不是泾渭分明的，而是相互交织的。典型的例如章某某雇佣水军诽谤他人案，该案中章某某在缓刑考验期限内，为达到长期控制受害人目的，通过安装定位和窃听设备非法获取受害人隐私信息，通过购买互联网账号、雇佣“水军”团伙传播炒作受害人“不雅”视频、图片和侮辱性文章，利用他人名义向受害人单位邮寄虚假内容举报信，致使受害人患创伤后应激障碍。该行为同时构成侵犯公民个人信息罪和寻衅滋事罪。最终章某某被法院撤销故意伤害罪的缓刑，数罪并罚判处有期徒刑6年，并处罚金人民币1万元。[②]

一、侵犯个人法益的网络暴力

（一）造谣诽谤型网络暴力

造谣诽谤型网络暴力是司法实践中最为突出的网络暴力类型，其主要表现为行为人捏造虚假的事实或信息，通过信息网络发布、传播，对被害人进行诋毁和中伤情节严重的行为。造谣诽谤型网络暴力引发了大量网络舆情，造成了严重后果，广受社会关注，其已成为信息时代的一大顽疾。绝大多数造谣、诽谤行为，由于尚未达到情节严重的程度，或者被害人更倾向于实现权利救济而非报复网络暴力实施者，一般通过民事途径进行维权。但司法机关通过司法解释进一步完善了刑事的维权路径。例如，《网暴指导意见》第2条指出要依法惩治网络诽谤行为，并结合网络诽谤的特点对适用诽谤罪的情形做出了指引，“在信息网络上制造、散布谣言，贬损他人人格、损害他人名誉，情节严重，符合刑法第二百四十六条规定的，以诽谤罪定罪处罚”。近年来，造谣诽谤类网络暴力不胜枚举，从公众人物到普通公民均饱受其害，以下两个案件为此类网络暴力中的典型：

① 参见张勇：《恶意犯罪的类型阐释》，载《中国刑事法杂志》2022年第6期，第8页。

② 参见《公安部公布依法惩治网络暴力违法犯罪10起典型案例》，载国家公安部网，https://www.mps.gov.cn/n2254098/n4904352/c9306937/content.html，最后访问时间：2024年3月1日。

案例1:杭州取快递女子被造谣出轨案

2020年7月7日,被告人郎某出于寻求刺激、博取关注等目的,在杭州市余杭区良渚街道某快递驿站内,使用手机偷拍正在等待取快递的被害人谷某,并将视频发布在某微信群。被告人何某使用微信号冒充谷某与自己聊天,后伙同郎某分别使用各自微信号冒充谷某和快递员,捏造谷某结识快递员并多次发生不正当性关系的微信聊天记录。为增强聊天记录的可信度,郎某、何某还捏造"赴约途中""约会现场"等视频、图片。2020年7月7日至16日期间,郎某将上述捏造的微信聊天记录截图数十张及视频、图片陆续发布在该微信群,引发群内大量低俗、淫秽评论。之后,上述偷拍的视频以及捏造的微信聊天记录截图被他人合并转发,并相继扩散到110余个微信群,群成员总数共计2万余人,该捏造内容引发大量低俗评论,多个微信公众号、网站等对上述聊天记录合辑转载推文,总阅读数2万余次,这严重影响了谷某的正常工作生活。2020年8月至同年12月,此事经多家媒体报道并引发网络热议,其中仅微博话题"被造谣出轨女子至今找不到工作"阅读量就达4.7亿、讨论5.8万人次。该事件在网络上的广泛传播不仅给谷某的精神健康状况和日常工作生活造成了极大影响,同时也给广大公众造成不安全感,严重扰乱网络社会公共秩序。最终,郎某和何某因诽谤罪被法院判处有期徒刑1年,缓刑2年。

案例2:外公与外孙女被造谣"老夫少妻"案

被告人吴某某在网络平台上以个人账号"飞哥在东莞"编发故事,为开展地产销售吸引粉丝、增加流量。2021年11月19日,吴某某在网上浏览到被害人沈某某发布的"与外公的日常"帖文,遂下载并利用贴文图片在上述网络账号上发布帖文,捏造"73岁东莞清溪企业家豪娶29岁广西大美女,赠送礼金、公寓、豪车"的信息。上述帖文信息在网络上被大量转载、讨论,随之引起网民对沈某某肆意谩骂、诋毁,相关网络平台上对上述帖文信息的讨论量为75,608条、转发量为31,485次、阅读量为4.7亿余次,从而造成极恶劣的社会影响。最终,胡某某因诽谤罪被法院判处有期徒刑一年。

上述两起谣言诽谤型网络暴力案件均引起了巨大的社会关注,引发了民众对网络暴力犯罪的担忧。在传统社会,生活圈子相对固定,信息传输不畅,陌生人之间由于缺乏信息传输方式和信息连接点,造谣、诽谤行为主要发生于熟人之间,为最大限度保护造谣、诽谤受害人的隐私和人格尊严,刑法将诽谤罪规定为不告不理的自诉案件,即由被害人自己决定是否寻求刑法治理,只有在严重危害社会秩序和国家利益的情况下,才由公安机关介入,通过公诉程序进行刑事打击。但在网络时代,造谣诽谤型网络暴力更多发生于素不相识的陌生人之间,被害人甚至不知道实施网络暴力者的真实身份和动机,被害人在确认侵害人、收集证据等方面存在现实困难,维权成本极高,即使法律规定"被害人向人民法院告诉,但提供证据确有困难的,人民法院可以要求公安机关提供协助",但在未发生被害人抑郁甚至自杀等严重后果之前,被害人能够从公安机关处获得的协助也极其有限,造谣容易辟谣难的问题客观存在。针对陌生人的造谣诽谤型网络犯罪,依托信息的快速传播,一旦谣言中存在"爆点",就会迅速引发网民关注,引起大规模的负面评论。这不仅影响被害人的人格权益,而且会导致"人人自危"的群体恐慌,影响社会公众的安全感。

在行为方式上,造谣诽谤式网络谣言早已不局限于单纯的文字型谣言,其往往以图、文、影像一体的面目出现。部分行为人为了吸引眼球、获取流量,对热点事件相关人进行造谣污蔑,或者剪辑加工与事实严重不符的图片、视频,诱导网民对当事人进行攻击质疑,或者利用热点事件当事人的形象制作发布表情包,使用AI软件合成低俗色情、血腥恐怖等虚假图片或视频,对热点事件当事人进行造谣攻击、恶搞诋毁。例如,上海女教师张某出轨学生事件发酵后,网上流传的张某学生时期照片实为江苏某女士,照片系拼接而成。因此,随着生成式人工智能的发展,通过AI进行有针对性的恶意训练,使用生成式人工智能发表规模化的暴力言论,对用户进行谩骂、攻击、侮辱、诽谤以及引导舆论走向已具有切实紧迫的风险,如何通过法律治理此类"高科技"网络暴力成为新的时代课题。

(二)侮辱谩骂型网络暴力

侮辱谩骂型网络暴力,是指在网络空间中采取肆意谩骂、恶意诋毁、宣泄情绪、施加压力等方式诱导民众对他人进行道德审判、人格侮辱的网络暴力行为。在侮辱谩骂型网络暴力中,网络暴力的发起人往往在事件情况尚不明朗时抢占道德制高点,打着伸张正义的旗号,将常见的社会矛盾归罪于个人,引导不明真相的网民对被害人进行无端的道德绑架、道德谴责或人身攻击,令被害人被社会"孤立",对其造成心理压迫。① 侮辱谩骂型网络暴力往往也会存在部分失实的事实,与造谣诽谤型网络暴力的区别在于,此类网络暴力给被害人带来的侵害主要是无端的谩骂和指责,而非基于虚假事实的批评带来的。侮辱谩骂型网络暴力会给被害人的精神造成巨大压力,不少被害人面对海量信息的传播而无所适从、无从反抗,导致"社会性死亡"甚至精神失常、自杀等严重后果。近年来,网络暴力引发的悲剧接连发生,亟须依法予以严惩。

案例3:寻亲男孩刘某某被网暴自杀案

刘某某出生3个月左右被卖至河北邢台。2021年12月,15岁的刘某某发布寻亲信息后,辗转找到亲生父母。认亲之后,他发现父母各自成了家,自己成为父母难以接纳的难题,继而被生母拉黑微信。与此同时,网络上流传出刘某某要求亲生父母为其购置房产、刘某某逼迫已经再婚的父母离婚等消息。在"真话哥""暖心姐姐"等大V的引导下,舆论瞬间压向刘某某,大量网民对其寻亲动机产生怀疑,讽刺其自导自演或对其进行谩骂。刘某某在多个网络平台上对相关问题进行澄清,但却遭致更多的侮辱、谩骂。2022年1月24日,刘某某在三亚留下遗书后自杀身亡。

案例4:四川女医生被网暴自杀案

2018年8月20日,被告人常某1之子在德阳某游泳馆游泳时,因与安某某发生碰撞后向安某某作吐口水动作,被安某某丈夫乔某某将头按入水中并掌掴。常某1闻讯与安某某、乔某某发生争执,并进入游泳馆女更衣室与安某某发生肢体冲突。公安民警接警后调解未果。次日上午,常某1、周某到乔某某单位反映上述情况,要求对乔某某作出处理,并拍摄该单位公示栏中乔某某姓名、职务、免冠照片等;下午,被告人常某1和被告人常某2等人到安某某单位,要求立即处理安某某,并吵闹、言语攻击安某某,引发群众围观。常某1通过安某某单位微信公众号获取其姓名、单位、职务、免冠照片截图。此后,被告人常某1、常某2和被告人孙某某将乔某某、安某某的相关个人信息与上述游泳池事件

---

① 参见石经海:《论网络暴力的实质与刑法适用规则的完善》,载《法律科学(西北政法大学学报)》2023年第5期,第69~82页。

视频关联，通过微信群、微博发布带有情绪性、侮辱性的帖文和评论，并推送给多家网络媒体。涉案游泳池事件被多家媒体报道、转载，在网络上引发大量针对乔某某、安某某的诋毁、谩骂。其间，乔某某、安某某通过他人与常某1联系协商未果。同月25日，安某某服药自杀，经抢救无效死亡。

上述两个案件被害人均因不堪网络暴力而自杀身亡，这两个案件给我们留下的思考是如何准确界定网络评论和网络暴力的边界，避免评论自由转变为恶意辱骂。网络空间固有的匿名性、群聚性赋予网民天然的“面具”，躲在“面具”后的网民相较于线下更愿意表达，也更容易在群体的裹挟下在不清楚全貌的情况下指责他人。心理学家荣格指出，个体在融入群体后，其感情和思想会逐渐与群体保持一致，个体独立的思想、判断和选择会消弭于和集体意识的碰撞中，从而呈现出非理性狂热状态，即“集体无意识”。[①] 在侮辱诽谤型网络暴力行为中，在被害人自杀等严重后果发生前，绝大多数的网民无法意识到其行为的危害性，而只是随波逐流地迷失在舆论暴力的狂欢中，甚至会认为自己在做正义的事情，是代表民意谴责社会阴暗现象。更为严峻的是，此类网络暴力事件中部分甚至没有明确的网络暴力发起人，这使得悲剧发生后被害人家属难以有效维权。因此，在打击网络侮辱谩骂型网络暴力事后追究施暴者法律责任的同时，也需强化事前预防，线上线下教育相结合，提升网民的判断力和整体素养，避免悲剧发生。

（三）公布隐私型网络暴力

公布隐私型网络暴力是指行为人通过偷拍、非法获取个人信息后，在网络空间发布包含被害人私密信息的视频、图片、文章，并打标低俗侮辱言论，严重损害被害人人格尊严的网络暴力行为。人肉搜索是最常见的公布隐私型网络暴力，行为人在网络空间中通过匿名投稿、隔空喊话等方式，获取并发布针对特定群体或个人的嘲讽讥笑、恶意评价、诅咒谩骂信息，以揭露、批评等名义进行“人肉搜索”、恶意“开盒挂人”，公开他人姓名、身份证号、手机号码、家庭住址、工作单位、个人照片、社交账号等个人隐私信息，煽动网民攻击谩骂。这极易使

---

① 参见高翩、寇杰：《网络暴力的行为主体致因及其应对策略探赜——基于精神分析理论的视角》，载《广东第二师范学院学报》2019年第4期，第52~59页。

被害人成为网络不良言论的针对对象受到网络暴力侵害，甚至可能因为个人信息的公开引发线下的物理性滋扰、伤害。①

案例5：刘某某侵犯公民个人信息案

2019年1月至5月间，被告人刘某某为泄愤报复网络主播李某某，从他人处购买李某某及其父母的姓名、年龄、住址、身份证号码、照片等个人信息。刘某某编辑上述照片等信息并添加诅咒文字后，通过几十个网络账号多次发布，称“李某某的身份证号，大家拿去借网贷”，相关网络帖文的阅读量达1万余次，引起大量负面评论。刘某某还利用网络账号大量添加被害人李某某粉丝，以私信发送李某某照片等个人身份信息，并扬言要蹲点杀害李某某。被害人李某某在2019年4、5月期间直播收入减少4万余元，大量粉丝对其取消关注。

除“人肉搜索”“开盒挂人”外，公布被害人的裸照、床照等会引起被害人性羞耻心的私密信息也是公布隐私型网络暴力的常见行为方式。行为人在网络空间中上传描绘私密性行为、宣传色情属性私密视频、图片的行为，不仅侵害了被害人的隐私权，涉嫌侮辱罪，而且还可能因内容属于“淫秽物品”而构成传播淫秽物品罪。

案例6：李某侮辱、传播淫秽物品案

2021年10月，李某与王某在酒吧结识后互加微信。同年12月，二人相约至李某住所地发生性关系。一周后，李某再次约王某喝咖啡并邀请对方回家发生性关系，遭王某拒绝。为报复王某，李某将前期偷拍王某的1部私密视频上传至境外黄色网站，并使用具有侮辱性质且含有个人信息的名称命名。后因该网站后台多人向李某私信索要视频及联系方式，李某因害怕删除该视频。删除前，该视频已被境外其他色情网站转载，转载后浏览量达2.3万余次。2023年3月，王某从他人处获悉该视频在网络流传并被熟人认出后报警。最终法院以被告人李某犯侮辱罪判处有期徒刑7个月，犯传播淫秽物品罪判处有期徒刑6个月，合并执行有期徒刑10个月。

---

① 参见周加海、喻海松、李振华：《〈关于依法惩治网络暴力违法犯罪的指导意见〉的理解与适用》，载《中国应用法学》2023年第5期，第56页。

案例7:王某某诉李某某侮辱案

自诉人王某某曾与被告人李某某交往,在交往期间,李某某拍摄了王某某裸照。两人分手后,被告人李某某在自诉人微信粉丝群(成员400余人)内发布"爆料"文章,并配有自诉人裸照、"有偿约炮"、"床照"等文字。2018年6月至7月,被告人将上述文章、照片编辑后分期在微博账号上发布,相关帖文被转发2万次、评论115次、点赞1033次,网民的大量嘲讽攻击,给自诉人造成极大心理压力。最终法院以侮辱罪判处被告人李某某有期徒刑1年。

(四)敲诈勒索型网络暴力

敲诈勒索型网络暴力是指通过发布、传播负面舆情威胁等方式,要挟、恐吓相关个人和组织,收取被敲诈人钱财的网络暴力行为。与一般网络暴力犯罪侵犯的主要是被害人的人格性权益不同,敲诈勒索型网络暴力侵害的主要是自然人或法人的财产性权益。

案例8:周某敲诈勒索案

2011年6月至8月,被告人周某某至广西壮族自治区阳朔县鉴山寺景区、浙江省嘉兴市乌镇修真观景区、江苏省昆山市周庄全福寺景区后,以景区存在"假和尚""假道士"欺骗游客消费等情况,在多个网站论坛发帖,并向多个政府部门投诉举报施压。后周某某以在景区受到欺诈消费以及可以在网上帮助正面宣传、消除影响为名,向景区负责人索要钱财。景区迫于舆论压力向周某某支付钱款,得款后,周某某即在网上发布正面宣传景区的相关文章。最终法院认为,周某某敲诈勒索罪,判处有期徒刑5年,并处罚金3万元。

敲诈勒索型网络暴力与网络民事维权的主要区别在于:在遭受不公待遇或者发现违规经营等问题时,敲诈勒索型网络暴力的实施者在网络上发布相关信息并广泛传播,其引起民众关注的目的在于以此为生财之道,获取超额利益,而民事维权是为了解决问题,实现合理诉求。

二、侵犯社会法益的网络暴力

侵犯社会法益的网络暴力集体体现为煽动滋事型网络暴力。煽动滋事型网络暴力是指通过制造差异、矛盾,挑动性别、贫富等对立情绪,引起群体性的争论、骂战，扰乱社会秩序的网络暴力行为。[1] 需要特别注意的是，煽动滋事型网络暴力并非不侵犯个人法益，而是相较于侵犯个人法益型的网络暴力犯罪行为，该网络暴力行为针对的往往是一个群体而非特定个人，且其对社会法益的侵害更大。

煽动滋事型网络暴力表现形式较为多样，典型的有：一是污名化特定群体、煽动地域对立。将个别恶性社会事件、负面人物与性别、职业、地域等特征相关联，对特定群体污名化、打负面标签，发布性别对立、阶层对立、地域歧视言论，进行泛化攻击，激化社会矛盾。二是煽动网上极端情绪。编造耸人听闻的帖文标题，发布无中生有、毫无底线的"泄愤帖"。恶意夸大师生矛盾，渲染家长"压迫""压榨"孩子，挑起关系对立，对未成年人形成不良导向。三是有组织地恶意辱骂举报他人。以"帮忙做事""解忧解气"等名义，提供有偿代骂服务，对特定账号进行留言辱骂、私信攻击。组织粉丝群体使用平台"举报""反黑"等功能，恶意批量举报他人。发布娱乐、体育、电竞等领域拉踩引战、恶意炒作言论，诱导粉丝互撕谩骂、刷量控评。四是在直播中斗狠 PK。网络主播利用逞勇斗狠、PK 饮酒、谩骂吐脏等行为，以及编造打架约架等暴力冲突剧本，涨粉引流，或者在他人直播过程中利用弹幕、连麦等功能进行人身攻击，甚至怂恿鼓动自杀自残等极端行为，吸引网民围观，扰乱公共秩序。煽动滋事类网络暴力的具体行为方式随着社会经济生活、网民上网习惯和社会热点的变化而变化，"网课爆破"、恶意悬赏等新型网络暴力事件也时有发生。

案例 9：网课爆破致教师死亡案

2022 年 11 月 5 日，河南省一名刘姓历史老师在上网课后于家中不幸去世。刘老师家属提供的视频和图片显示，刘老师很大程度上是在上网课时受到有组织的"网课爆破"的影响而猝然离世。"网课爆破"是一种新式的网络暴力，网课参与者泄露网课会议号和密码，随后捣乱者有组织地"入侵"在线课堂，通过强行霸屏、播放刺耳音乐、骚扰信息刷屏，乃至辱骂师生、播放不雅视频、恶意威胁等极端方式，恶意扰乱教学秩序。

以"网课爆破"为代表的网络暴力指向性明确，不仅严重侵犯公民的人格权

---

① 参见刘艳红主编：《网络暴力治理法治化研究》，法律出版社 2023 年版，第 28 页。

益,而且破坏网络空间公共秩序。然而传统的以规制平台为主的治理手段在面对这一情况时却显得难以为继。在此事进入公众视野后,监管部门在制定规范性文件时,有意识地增加了对此类网络暴力行为的规制。《关于切实加强网络暴力治理的通知》规定,要强化网暴当事人保护,通过设置一键防护、优化私信规则、建立快速举报通道等方式,保护用户免受网暴信息骚扰侵害。[①] 除设置保护措施外,《网络暴力信息治理规定》还要求网络信息服务提供者在发现用户面临网络暴力信息风险时,应当及时通过显著方式提示用户,告知用户可以采取的防护措施,在必要的情形下还应当为用户提供网络暴力信息防护指导和保护救助服务,协助启动防护措施,并向网信、公安等有关部门报告,避免悲剧发生。

案例10:农夫山泉"被停产"案

2014年10月15日,施某为增加其微信公众号"创业传奇"的关注度和点击率并从中牟利,在无任何事实依据的情况下,将从互联网上搜集的涉及农夫山泉质量问题的图片进行拼凑,凭空编造了"农夫山泉停产,市面上所售90%都是造假水"的文章,并将该虚假文章发布在其微信公众号"创业传奇"上。后该虚假文章被大量点击阅读,并在微信等互联网媒体上迅速传播。这一行为严重损害了农夫山泉股份有限公司的商业信誉,造成该公司产品滞销、大量经销商退货等后果。经调查,截至2014年12月,该公司因浙江、贵州、四川、重庆等地经销商取消已签订的产品订单而造成的销售价款损失为人民币936,949元。最终法院以损害商业信誉罪,判处被告人施某有期徒刑6个月,并处罚金人民币5000元。

当前,网络暴力呈愈演愈烈的趋势,很大程度上与部分新媒体运营者故意炒作舆论热点收割流量牟利相关。炒作者利用民众普遍关注教育、医疗、食品安全等问题的心态,结合社会热点事件,恶意营销炒作,"无中生有,小事化大"。对于基于蹭炒热度、推广引流等目的,利用互联网用户公众账号等推送、传播有关网络暴力违法犯罪的信息,符合《刑法》第287条之一规定的,以非法利用信息网络罪定罪处罚;依照刑法和司法解释规定,同时构成其他犯罪的,依照处罚较重的规定定罪处罚。

---

① 参见刘艳红:《理念、逻辑与路径:网络暴力法治化治理研究》,载《江淮论坛》2022年第6期,第21~22页。

第四章

域外网络暴力的法律治理现状与经验启示

网络暴力现象由于其危害的广泛性、后果的严重性,在世界各国都普遍得到了关注,对于这一具有国际上普遍性的犯罪现象,诸多网络大国纷纷通过修法、判例等多种手段对其进行相应的法律回应。合理吸收其他代表性国家的应对经验,并在此基础上形成具有中国特色的网络暴力治理模式,是我国网络暴力治理的一条重要路径。因此,本书将以美国、德国、日本及韩国为例,通过介绍上述国家对网络暴力治理的规制经验,以期能够对我国的网络暴力治理提供有益的借鉴。

第一节　体系完善、手段多样的美国治理模式

一、美国网络暴力治理现状

美国作为网络技术的起源国之一,其互联网产业在世界各国中处于领先地位。同样,美国在网络空间治理方面具有丰富的经验,构建了一套比较完善的网络暴力治理制度。其通过联邦和地方各州的协同立法、引导网络平台制定社区治理规则、兼顾发挥判例法和成文法的作用等来明确网络暴力的罪名特征以及治理规范和惩处标准等。

(一)联邦法律确立网暴治理框架

《美国法典》(U. S. CODE,USC)是联邦法律的集大成者,其第 18 编“犯罪

与刑事诉讼程序”中较为明确集中地规定了网络暴力在犯罪层面所可能涉及的罪名清单。[①] 尽管在《美国法典》中没有规定专门的网络暴力罪名，在联邦层面也没有规定刑事诽谤或侮辱法，但其仍可能触犯若干传统罪名。《美国法典》第18编第一章“犯罪”第13分卷“公民权利”中的第249条规定了仇恨犯罪的罪名（Hate Crime acts），对涉及实际或感知的宗教、国籍、性别、性取向、性别认同或残疾的犯罪而导致人身伤害的规定应当予以最高终身监禁及罚款。[②] 但根据该条规定，仇恨犯罪目前主要局限于造成人身伤害的犯罪，为了适应当前的社会形势发展，应当将精神伤害也纳入人身伤害的语义涵摄中。此外，由于网络暴力主要借助于计算机信息系统来实行，在某些情况下，网络暴力可能涉嫌计算机犯罪。例如《美国法典》第18卷第47章“欺诈和虚假陈述”中第1030条“与计算机有关的欺诈及相关活动”，针对非法访问计算机、泄露他人住址、金融账号、消费记录等个人信息的行为做出了规定。[③] 该法典对侵犯公民人身权利的犯罪也做出了相应的规定，例如，第18卷的第110章“对儿童的性剥削和其他虐待”收录了对儿童的性剥削和其他虐待等犯罪类型，其中包括对儿童及未成年人色情暴力产品拍摄、传播、持有的限制，以此来保护未成年人免受色情暴力视频的影响。再例如，该法典第110A章“家庭暴力和跟踪”中则规定了跟踪犯罪。根据第§2261A的规定，在美国的领土范围内意图杀人、伤害、骚扰、恐吓或进行监视意图杀害、伤害、骚扰或恐吓他人，或者在此类过程中存在使其本人或直系亲属等引发对自身安全合理担心的，构成跟踪犯罪；犯此罪者最高可面临罚款及5年有期徒刑，如果造成受害人重伤或死亡，则其刑期更长。[④] 第§2261B则专门规定了跟踪未成年人的处罚，根据该条规定，倘若实行对象是儿童的跟踪犯罪的应当加重处罚。[⑤] 美国传统意义上的跟踪犯罪主要集中于对身体伤害的犯

---

① 《美国法典》又称《联邦法典》。美国每届国会通过的新法均会在此届国会卸任之年汇编入美国成文法律大全，继而进入每6年刊印一版的对美国一般制定法进行汇编和法典化的官方出版物即《美国法典》，废除的法律仍保留在法典中的原来位置上，只是在后面注明已于某年某月某日废除。此外，每年将国会当年通过的法律按照法典编排的序号，编辑成一个增补卷，在未更新法典版本时，人们可以通过增补卷来查阅和引用最新的法律规定。此处将参考最新的2018年版本，以及少量增补条文。

② See Hate Crime Statistics Act of 1990 § 3,18 U.S.C. §249 (2018).

③ See The Computer Fraud and Abuse Act §12,18 U.S.C. §1030 (2018).

④ See 1993 Model Anti-Stalking Code §2,18 U.S.C. §2261A (2018).

⑤ See 1993 Model Anti-Stalking Code §2,18 U.S.C. §2261A (2018).

罪,但随着网络空间的发展其内涵也逐步拓宽到了精神领域。除《美国法典》外,对美国刑法体系产生重要影响的还有《模范刑法典》(Model Penal Code,MPC)。《模范刑法典》本身没有法律效力,但自其制定以来高度影响了美国联邦及各州的刑法法条和刑事法庭判决,这些刑事法庭的法官常将《模范刑法典》作为阐释刑事责任及刑事原则的来源。① 根据《模范刑法典》的相关规定,网络暴力可能涉及的罪名有第 213.5 条不雅暴露罪、②第 230.4 条危及儿童福利犯罪、③第 250.4 条骚扰罪、④第 250.12 条侵害隐私犯罪、⑤第 251.4 条淫秽犯罪⑥等罪。

除此之外,美国在联邦层面还通过若干民商事领域的立法来对网络暴力进行规制。首先,在于美国的知识产权法保护体系,例如,1790 年的著作权法、1998 年的《数字千年著作权法》(Digital Millennium Copyright Act,DMCA)。遭受网络虐待(包括传播非自愿亲密图片)的个人可以通过多种途径寻求法律救济,版权法在这种情况下可能会起到保护作用。如果受害者拥有其照片的版权,而该照片被用于辱骂性内容,受害者可以起诉分享该照片的人侵犯版权。受害者自动拥有自拍照的版权(因为照片/视频是他们拍摄的),即使照片是别人拍摄的,他们也可能获得版权保护。其次,在电子通信的保护方面,2003 年颁布的《反垃圾邮件法》(Controlling the Assault of Non-Solicited Pornography And Marketing Act of 2003,CAN-SPAM Act)和 1991 年颁布的《电话消费者保护法》(Telephone Consumer Protection Act,TCPA)对电子邮箱地址和电话号码的收集和使用做出了规定,对使用电子邮件和电话对使用人进行骚扰的行为予以明确禁止,并对电子邮件提供商和电话服务商提供服务时的相关行为进行规范。最后,在隐私保护方面,美国国会还特别注重保护未成年人。近年来美国先后通过《儿童色情预防法》(Child Pornography Prevention Act,CPPA)、《儿童在线保护法》(Children's Online Privacy Protection Act,COPPA)、《儿童网络保护法》(Children's Internet Protection Act,CIPA)等多部法案,先后对网络上的低俗表达进行了规范,为儿童权益提供

---

① 参见江溯:《美国〈模范刑法典〉研究》,台北,元照出版有限公司 2021 年版,第 3 页。
② See MPC § 213.5. Indecent Exposure.
③ See MPC § 230.4. Endangering Welfare of Children.
④ See MPC § 250.4. Harassment.
⑤ See MPC § 250.12. Violation of Privacy.
⑥ See MPC § 251.4. Obscenity.

特殊保护,以避免未成年人受到网络暴力的消极影响。

联邦法律层面也涉及了对网络行为的行政法方面的若干规制。1996 年《通信规范法案》(Communications Decency Act,CDA)将网络上的低俗言论和淫秽言论纳入监管,规定当电信、广播、有线电视等领域所提供的服务发生强迫、引诱、猥亵等问题时,应当予以禁止。该法案中的第 230 条规定了网络平台的免责条款,旨在保护平台免于因参与内容审核而导致的法律责任。《通信规范法案》是美国政府对通信部门进行监督的重要规则,但长久以来其面临着侵犯言论自由的争议。1974 年的《隐私权法》(Privacy Act)针对美国联邦和地方行政部门收集、利用和保护个人数据等方面作出规定,这有利于防止美国的行政部门对个人信息的收集、利用遭到不法分子的泄露遭受侵害而引发网络暴力问题。《联邦贸易委员会法》(Federal Trade Commission Act,FTCA)是联邦于 1914 年制定的一部针对消费者与企业之间的保护法案,政府机构比如联邦贸易委员会可依据此法来判定公司企业是否在消费者数据隐私保护方面存在不公平或欺骗行为,据此为美国公民的消费领域保驾护航,防止因信息泄露而遭遇商家的骚扰及侵害。

(二)网络暴力的地方立法规制

美国联邦体制下地方上拥有各自的州(特区)法律、法规和地方条例等。近年来,随着美国国内诸多较严重的网络暴力案件出现,美国境内各州(特区)相继意识到规制网络暴力的重要性。由于对网络暴力内涵的理解有所不同,美国地方上的立法主要区分为两种类型,即针对"网络欺凌"及"网络跟踪"、"网络骚扰"的两种立法模式。

"网络欺凌"(cyberbullying)通常是指对青少年的网络暴力,即通过网络方式来实行的霸凌,包括受害者难以抵抗的、重复的网络攻击。[①] 为了遏制愈演愈烈的网络欺凌问题,美国深入开展了联邦与州协同治理的立法实践,各州在立法实践中先后制定、修改包括刑法罪名、行政制度法等来对该问题进行规制。美国网络欺凌研究中心(Cyberbullying Research Center)的数据显示:截至 2022 年 10 月,美国地方上 50 个州和 1 个特区在"针对网络欺凌或电子骚扰进行立

---

① See Badita & Violeta-Nicoleta, *Cyberbullying Detection*, International Journal of Information Security and Cybercrime, Vol. 12:1, p. 37 - 44(2023).

法"这项指标中,除阿拉斯加州和威斯康星州外,有48个州和1个特区均对网络欺凌或电子骚扰问题做出了相关的立法。在"针对网络欺凌或电子骚扰的刑事制裁"中,除明尼苏达州、内布拉斯加州等5个州和华盛顿哥伦比亚特区外,其余45个州均作出刑事制裁措施。在"针对网络欺凌的学校制裁"中[①],除密歇根州、蒙大拿州、内华达州、新罕布什尔州四个州外,其余46个州和1个特区均设置相关制裁措施。在"需要学校政策"[②]中,除蒙大拿州外,其余49个州和1个特区均设置相关规范;在"包括校外行为"[③]中,则有28个州和1个特区认为需要将校外的行为纳入学校的相关处罚范围当中。由上述数据可知:(1)美国绝大部分州都认为需要对网络欺凌或电子骚扰等采取专门措施进行应对,包括专门立法和采取刑法制裁措施。例如,阿拉斯加州没有针对网络欺凌或电子骚扰进行专门立法,但其在相关刑事规范中仍然规定了相关的刑事制裁措施;明尼苏达州等各州虽没有对网络欺凌或电子骚扰规定刑事制裁,但对此进行了专门的立法。(2)除蒙大拿州外,美国各州(地区)均主张应当发挥学校在治理网络霸凌方面的作用,并且部分州还主张应当将学生在校外的相关行为也纳入学校的管制范围当中。

"网络跟踪"(cyberstalking)是指利用因特网、电子邮件、短信等线上形式对某个个体进行的持续令人不安的关注;"网络骚扰"(cyber-harassment)是指利用因特网等形式对某个主体进行不具有合法性的信息打扰、恐吓等行为。[④] 美国反诽谤联盟的数据显示:在2022年,高达52%的美国人曾经遭受网络仇恨和骚扰事件。[⑤] 为了制止相关犯罪,美国各州纷纷对此进行立法,下文将选取若干较为典型的州进行阐释。

加利福尼亚州最早的网络跟踪案件之一发生在1999年,一位保安在网络

---

① 该款是指是否允许学校以适当和有分寸的方式惩罚学生的条款。

② 该款是指要求学校制定正式政策来帮助识别行为并讨论可能采取的正式和/或非正式纪律应对措施。

③ 该款中联邦判例法允许学校对学生的校外行为进行纪律处分,这些行为会严重破坏学校的学习环境。

④ See Bocij, Paul & McFarlane, Leroy, *Cyberstalking: The Technology of Hate Police Journal*, Vol. 76:3, p. 204-221(2003).

⑤ 《调查:美国网络仇恨和骚扰激增至2020年来最高水平 非洲裔等少数群体成为主要攻击对象》,载中国日报网,http://cn.chinadaily.com.cn/a/202307/05/WS64a5283aa310ba94c5614fds.html,最后访问时间:2024年2月28日。

上发布了包含被害女子地址信息的、带有性暗示的信息，当地法院因该男子试图利用互联网使该女子遭受性侵害而最终判处其6年监禁。[①] 随后，加利福尼亚州制定了美国首部针对网络跟踪的法律。根据该法第646.9条，对网络跟踪犯罪将会视其轻重而分别处以不同的刑罚，轻罪者最高将被处以1年监禁和最高1000美元罚金，重罪者最高将被处以5年监禁和最高1000美元罚金。[②] 根据其犯罪历史和行为性质的不同，也有可能伴随家庭暴力指控及被登记为性犯罪者。同时，该法第646.91条也赋予了治安官在确信当事人面临威胁情况时签发保护令的权力。[③] 除此之外，加州《刑法》第653.2条规定了网络骚扰的犯罪行为，即通过电子通信设备故意使他人对其安全或他人直系亲属的安全造成合理恐惧的，可能构成轻罪，最高可判处1年的监禁和1000美元的罚金。[④]

除加利福尼亚州之外，密苏里州也在其州法中做出了相应的规定。在“梅尔·梅根网络欺凌案”后，密苏里州修改了相关的法律，将网络欺凌及网络骚扰也纳入该州《刑法》的规定中。对网络骚扰罪，该法第565.090条与第565.091条分别规定了一级和二级骚扰罪，两级罪名的区别主要在于之前是否犯过违反本节的罪行或犯有违反任何州的任何县或市法令的罪行。[⑤] 倘若一个人无正当理由进行任何旨在给他人造成精神困扰的行为，并且该行为确实导致该人遭受精神困扰，便视犯罪情节与犯罪历史等分别构成一级或二级骚扰罪。同样地该法第556.225条与第556.227条两条也分别规定了一级跟踪罪和二级跟踪罪，其主要针对的是“特定人员进行一系列行为，该行为没有任何合法目的，并且会导致在该情况下有理智的人受到惊吓，受到恐吓，或情绪困扰”的行为。该两条规定二级跟踪罪限于一个人通过其行为过程故意干扰他人或意图干扰他人，而一级跟踪罪则包括了发出威胁、违反保护令、违反缓刑、假释、保释制度、曾被判

---

① 参见《网络跟踪获得更严厉回应》，载今日美国网，https://usatoday30.usatoday.com/tech/news/2001-06-29-cyberstalking.htm，最后访问时间：2024年2月28日。

② See California Penal Code § 646.9(2022).

③ See California Penal Code § 646.91(2022).

④ See California Penal Code § 653.2(2022).

⑤ See Missouri Criminal Code § 565.090 & § 565.091(2022).

有罪等。①

(三)判例法与成文法的共同指导作用

与我国法律体系不同的是,美国作为典型的判例法国家,法院判例在司法实践中具有非常重要的作用。在网络暴力治理的过程中,联邦和地方的司法判例会对网暴治理的司法实践产生重要影响。② 美国可能适用于网络暴力案件的判例中包含行政法、刑法等多领域。例如:

美国法院通过一系列判例确立了互联网威胁言论的区分标准。1969 年,美国最高法院对沃茨案做出终审裁定:政治上的夸张修辞要与真实威胁相区分,什么是威胁也必须与宪法保护的言论自由相区分。③ 在本案中,一位名叫罗伯特·沃茨(Robert Watts)的美国公民在被拒绝参与集会活动后威胁要杀死时任美国总统约翰逊,因此被初审法院和美国哥伦比亚特区巡回上诉法院以违反《美国法典》第 879 条蓄意威胁总统的规定而认定有罪。此后,在查普林斯基诉新罕布什尔州案(Chaplinsky v. New Hampshire)中,法庭进一步发展了互联网言论的真实威胁标准,将政治言论、宗教言论划归高价值言论,将淫秽言论、攻击言论划归低价值言论,强调对政治言论等高价值言论给予较高层级的保护。④

上述真实威胁的区分标准主要应用于刑事领域,而在其他领域,判例法也会对美国司法实践中法律原则的确立起到重要的影响。例如根据 1997 年"美国电脑服务公司诉赛博集团案"(CompuServe v. Cyber Promotions)中确立的"哈德森规则"(Hudson Test),网络信息的发送者不得违背接受者的自由意志强制其接收信息,⑤一旦接受者明确表示不愿接受此类信息,发送者若不及时终止信息传递即构成侵权,而在此前提下若又进行持续骚扰则可能构成刑法罪名。又例如在"巴娜诉劳伦索案"(Bonnell v. Lorenzo)中,美国法院主张只有当学生无法离开与逃避令人厌烦的言论并"达到被俘虏的程度"时,该言论才属

---

① See Missouri Criminal Code § 556. 225 & § 556. 227(2022).

② 参见江溯主编:《美国判例刑法》,北京大学出版社 2021 年版,第 17 页。

③ See Watts v. United States, 394 U. S. 705, 89 S. Ct. 1399, 22 L. Ed. 2d 664(1969).

④ 参见卢家银:《真实威胁:美国对互联网恐吓言论的认定研究》,载《西北师大学报(社会科学版)》2019 年第 4 期,第 56 ~ 63 页。

⑤ See CompuServe v. Cyber Promotions, Inc. 962 F. Supp. 1015, 1018 n. 1(S. D. Ohio. 1997).

于猥亵言论,学校才能予以禁止。① 也就是说,对这类言论的规制要采取“最小侵害的手段”(less restrictive alternatives),严格区分猥亵言论和未达到猥亵程度的不雅言论(indecency)。

此外,判例法的作用还体现在经典案例对法律条文修改起到的推动作用。例如,在著名梅根·梅尔网络欺凌案发生后,梅根的出生地密西西比州在公众舆论呼吁监督下通过了《梅根法案》,将欺凌、跟踪、骚扰等的网络性纳入了州法的规制范围内,将网络暴力更好地纳入地方法律的规制范围内。又例如,在泰勒·克莱门蒂(Tvler Clementi)的案件中,他在同性恋遭遇的视频在互联网上播出后自杀,检察官指控被告侵犯隐私和计算机犯罪,该案最终促使新泽西州通过了“反欺凌权利法案”(Anti Bullying Rule, ABR),从而加强对网络言论的规制。

(四)发挥网络平台的“网暴守门人”作用

美国拥有世界上最大的社交平台,相关的大型互联网企业在网络暴力的治理中能够起到“第一责任人”、减缓法律治理压力的作用。美国的社交产业相当发达,其社交平台的社区治理规则也多有不同,这对我国的社交平台应对网暴治理多有可借鉴之处。

1. 美国法律对社交平台的规制

如上文所述,美国《通信规范法案》第 230 条规定了网络提供商的免责条款。该条 c 款“阻断和屏蔽的保护”规定:(1)网络服务的用户和提供商都不得被视为其他内容提供者的发布者或发言人,无须为第三人提供的内容承担责任。(2)网络服务提供者不为其出于善意而针对暴力、色情等内容采取的任何行为承担民事责任,也不为其向网络内容的上传者提供限制访问的技术措施承担责任。该条规定保护了互联网领域的创新,为 21 世纪的搜索引擎、社交媒体等现代互联网服务奠定了基础。但在互联网进入 2020 年后,该条的规定面临着新的挑战。特朗普政府于 2020 年 5 月份发布“防止在线审查行政令”,要求对《通信规范法案》第 230 条进行重新修改。2020 年 9 月份,美国司法部提出立

① See Bonnell v. Lorenzo, 81 F. Supp. 2d 777 (E. D. Mich. 1999).

法提案，其认为在互联网商业模式发展了20余年后，已经不适宜继续为在线平台提供过多的豁免空间，应当对平台的豁免责任范围作出限制。司法部的提案主要在于确保平台不会在《通信规范法案》第230条的豁免下恶意处理一些合法言论并违背其服务条款。例如，将第230条(c)(2)中“其他令人反感的材料”规定为“促进恐怖主义或暴力极端主义”、“促进自残”和“非法”的内容，防止平台根据原来的规定随意删除内容。但直至成书时，美国仍然未能通过针对第230条的修正案。因此，美国的互联网公司事实上仍然对社交平台内容的筛选拥有很大的自主权，在未来，以Google、X、Meta等为代表的互联网巨头企业仍然将在网络暴力的治理中发挥着非常重要的作用。据统计，Alexa.com列出的25个最受欢迎的美国网站，在这25个站点中，有18个允许用户提供内容。所有这18个站点都有用户条款，其中包括对用户内容的广泛限制，一般至少包括对仇恨言论、骚扰、欺凌、传播个人信息、裸露或色情、暴力内容等。市场需求促使网络中介机构做出了远远超出法律职责的决定。①

2. 不同社交平台的网暴治理规则

(1) Google网暴治理行动

Google对网络暴力的规制首先体现在Google的社区治理规则上。Google帮助社区政策明确了若干项禁止内容，其中与网络暴力有关的包括②：①骚扰或暴力行为，包括跟踪、反复纠缠目标个人、脏话等；②仇恨言论，包括基于某种群体身份而宣扬对另一群体的仇恨；③私人和机密信息，包括信用卡号码、地址等未经许可不可公开访问的信息等。此外，谷歌旗下产品也纷纷发布针对暴力、骚扰信息的社区治理规则。例如，YouTube制定了旨在确保社区安全的社区准则，对包括垃圾邮件和欺骗行为、敏感内容、暴力或危险内容、受管制商品、错误信息的五大类内容进行管制并提供了教育、纪实、科学或艺术(EDSA)赦免。③

---

① 参见严少敏：《网络法读书会第二十八期纪录主题：美国的网络平台法律责任主题报告》，载中国人民大学未来法治研究院网，http://lti.ruc.edu.cn/sy/xwdt/wlfdsh/0d384c59e13440f595300d1f4f6099f0.htm，最后访问时间：2024年2月16日。

② 参见《Google帮助社区内容政策》，载Google帮助中心网，https://support.google.com/communities/answer/7425194?hl=en，最后访问时间：2024年2月20日。

③ 参见《YouTube社区准则》，载YouTube网，https://support.google.com/youtube/answer/9288567?sjid=7909602459908599309-AP，最后访问时间：2025年3月12日。

除了利用社区规则来对网络暴力做出回应,Google 还注重通过技术手段来防治网络上的恶意言论。Google 在 2017 年发布了针对网络暴力的 AI 审查工具“Perspective”,该项目采用机器学习来自动检测网上侮辱、骚扰和羞辱性语言。[①] 在其界面中输入一个句子,AI 就能立即给出该句子“毒性”评估,比任何关键字黑名单都要准确,比所有人类版主都要快速。但考虑到人类语义内涵、语境变化等因素,AI 的算法设置及其有效性仍然有待评估。

(2)Meta 网暴治理行动

Meta 公司旗下的社交平台类产品比较注重通过借鉴公众的力量来打造良好的社区环境。在制定并执行旗下社交平台的社区守则的基础上,Meta 公司坚持定期发布透明度报告,通过该报告来向公众展示 Meta 为了应对违反规则、法律规定和政府请愿而采取的所有行动。[②] 报告内容包括对网络欺凌和骚扰问题所提高的主动检测率,对色情露骨信息的审查,对虚假社交媒体账号的撤销数量等,以此来保证公众对公司所采取的应对措施有充足的了解。

为了保证公司的社区政策更好地实施,Meta 在 2020 年设立了一个独立监督委员会,角色相当于监管这家社群媒体巨头的最高法院。[③] 该监督委员会有权从用户提交的申诉中甄选出具有代表性的内容,对这些案件做出独立决定,并且针对 Meta 内容政策给出咨询意见,从而保护用户的自由表达权等权利。该监督委员会的成立,使得公司能够为特定的内容决定提供一个新的独立审核机制,并增加该公司旗下产品用户进行申诉和救济的办法,确保能够贯彻“移除内容、减少传播、提示用户”的社区管理策略。

(3)X(原 Twitter)网暴治理行动

X 的社区规则包括[④]安全、隐私、真实性,分别保护用户使用社交媒体的三

---

① 参见《现在,人人都能使用 Google 的人工智能抗击网络暴力》,载安全牛网,https://www.aqniu.com/tools-tech/23168.html,最后访问时间:2024 年 2 月 28 日。

② 参见《透明度报告》,载 Meta 官网,https://transparency.fb.com/reports/,最后访问时间:2024 年 2 月 5 日。

③ 参见《企业人权政策》,载 Meta 官网,https://humanrights.fb.com/zh/policy/,最后访问时间:2024 年 2 月 5 日。

④ 参见《X 规则》,载 X 官网,https://help.twitter.com/zh-cn/rules-and-policies/twitter-rules,最后访问时间:2024 年 2 月 5 日。

个方面。其中与网络暴力有关的安全方面主要有暴力言论、儿童性剥削、滥用/骚扰、仇恨行为、自杀；隐私方面主要包括隐私信息、未经允许的裸露内容；真实性方面主要涵盖平台操纵和垃圾信息、误导性和欺骗性身份。社区规则的处罚限制则应当结合上下文、语境和所在国文化进行判断[①]：行为是否针对个人、群体或受保护人群中的人们；是否为滥用目标或旁观者提出；是否曾经违反过 X 的政策；违规行为的严重程度；内容是否可能为符合公众利益的话题。

除了对社区守则作出规定，X 平台还通过对 App 的社交功能做出限制来引导正确信息的传播和防治恶意信息。2023 年，X 向用户开放社区笔记功能（community notes），该功能可以使用户在推文下添加“注解”来避免平台的假新闻。[②] 此外，X 还推出了只允许认证用户评论帖子的功能，使得用户能够屏蔽部分网友的恶意评论，减少恶意评论对当事人的冲击。

二、美国网暴治理的经验启示

综合上述对美国网络暴力的治理体系的思考，可得出经验启示如下：

首先，应加强中央和地方协同联动，完善法律体系。美国在联邦和州两个层面协同治理，联邦层面对跨州和国家层面的事务进行管理，而各州则在各自的范围内对相关事项进行立法治理。我国地域广大、各地民情不同，在中央主导进行立法活动的基础上应该允许各地出台相关法律规范以更加适应不同地区的特殊性需要。但为了避免各地方在网暴治理过程中出现地方保护、行业保护的现象，中央对地方网络监管的监督也不能缺位。唯有形成中央和地方良好的互动关系，才能在构建自上而下的网暴治理体系的同时兼顾发挥地方的积极性与灵活性，形成应对网络暴力的强大力量。

其次，应当发挥网络平台作为网暴治理“守门人”的作用。美国所拥有的互联网企业在治理社交平台内的非法信息方面具有较为丰富的经验，其中的社区

---

① 参见《我们的政策制定方法和执行理念》，载 X 网，https://help. twitter. com/zh-cn/rules-and-policies/enforcement-philosophy，最后访问时间：2024 年 2 月 15 日。

② 参见《Twitter 开放 Comumunity Notes 功能：集中网友力量遏制假新闻传播》，载新浪网，https://finance. sina. com. cn/tech/digi/2023 - 02 - 17/doc-imyfynku8835580. shtml，最后访问时间：2024 年 2 月 17 日。

规则设置与社区规则监督两个方面值得我国借鉴。我国各大社交媒体平台也有使用时的前置规则,但相较美国各大平台,国内的社区规则对违法信息的内容与受众的分类不够细致,尤其对网络暴力方面的内容还大多停留在泛泛而谈的阶段。此外,我国对社区规则执行的监督也存在一定疏漏。一方面我国网络暴力治理的透明度不够,用户对平台网暴治理的严厉程度和最终结果都不甚了解。另一方面对信息审核的技术问题,网络用户能发布的信息涉及文本、音频、视频、图片等多种形式,信息审核的工作仍然高度依赖于人工审核,这无形中推高企业治理成本。同时,各平台的信息算法审核模型由于具有较高的技术自主性和平台信息差异性,不同平台的算法模型以及能够实现的精准性均有所差异,未来如果需要算法模型在网暴治理中发挥更大作用,其运行还需更加稳定成熟。

最后,重视案例在实务中的指导作用。尽管我国是成文法国家,但司法判例在实务中也会起到重要的参考作用。就网络暴力方面而言,我国正是由于诸多网络暴力热门案例所引发的舆情关注,才使得社会公众及司法部门对网络暴力的危害性有更深的认识。反过来,司法机关对相关案例的处理也将深刻地影响我国民众对其行为性质的看法。应当充分发挥我国最高人民检察院、最高人民法院所发布的典型案例、指导性案例的作用,为企业和民众树立网络暴力治理的榜样。对引起民众舆情的热门案例,比如“粉发女子被网暴自杀案”“刘学州寻亲自杀案”等,相关部门应当做好释法工作,引导民众对网络舆论正确、积极地进行意见表达。

第二节　多法并治、重拳出击的德国治理模式

德国对网络的监管治理起步较早,其通过一系列法律来对社交网络平台内容实施最严格监管,一度被称为“全球传播界对网络最不友好的国家”。针对网络暴力,德国并未设定专门性法律来加以规制,而是通过多种不同性质的法律法规来进行协同治理。

一、德国网络暴力治理现状

在面对网络暴力的现象时，德国的法律体系注重通过分散规定和多部法律法规来进行协同治理。在德国刑事法律体系，除《德国刑法典》(Strafgesetzlouch，StGB)之外，还有部分附属刑法(Nebenstrafrecht)存在于其他法律，二者共同构建了针对网络暴力行为的刑事制裁体系。由于媒体的影响，以《德国民法典》(Bürgerliches Gesetzbuch，BGB)为核心的民法体系也在越来越多地参与到网络暴力的治理当中。德国的行政法律体系也对网络平台、青少年等的责任归属做出了规定。此外，作为欧盟最重要的成员国之一，德国也注重通过国际法律体系来对网络暴力进行治理。

(一)《德国刑法典》的网暴治理

《德国刑法典》构成德国刑法体系的核心部分，网络暴力行为在其框架之下可能构成多种犯罪。而附属刑法规范由于较为分散，将会在下文中涉及其所存在的不同性质的法律文本时进行具体分析。

首先，网络暴力行为最直接侵犯他人的名誉、荣誉等，通过带有侮辱性的或骚扰性的语言来对他人造成精神上的伤害，因此可能会构成名誉类犯罪。《德国刑法典》第 14 章规定了若干名誉类犯罪的罪名，其中包括：(1)第 185 条侮辱罪。根据该条规定侮辱罪一般应当判处 1 年以下有期徒刑或罚款，但通过会议、公共场合等进行的可处 2 年以下有期徒刑或罚款。[①] (2)第 187 条诽谤罪。根据该条当事人尽管更加了解，但仍声称或传播有关他人的不真实事实，从而对他人造成影响的将处以不超过两年的监禁或罚款。[②] 此外，对恶意八卦(第 186 条)、玷污死者记忆(第 189 条)等，该章节也作出了相应的规定。

其次，网络暴力往往具有较强的煽动性，通过煽动他人情绪来达成攻击受害人的目的，因此可能涉及煽动类犯罪。如果网络暴力的发起者还涉嫌煽动他人实施非法行为来促进对被害人的网络暴力，可能构成《德国刑法典》第 111 条

---

① Vgl. § 185 StGB.

② Vgl. § 187 StGB.

所规定罪名即公开煽动他人实施犯罪。[①] 而如果煽动的内容是因民族、种族、宗教、赞美国家社会主义等原因而产生时,还可能涉及《德国刑法典》第 130 条的煽动民众罪。[②] 煽动性条款体现的政治性较强,其所规定的民族、种族、宗教等是身份政治的体现,而其中对鼓吹国家社会主义、专制政体的处罚,则是受"二战"后德国左翼思想的影响。

再次,网络暴力行为还可能导致公民的个人自由及其精神意志受到侵犯或迫害,导致他人的日常生活受到影响,因此可能构成意志自由类的犯罪。根据《德国刑法典》,可能会构成以下罪名:(1)第 238 条跟踪罪。根据该条第 1 款规定,在不严重限制他人生活方式的情况下试图通过电信或其他通信方式或通过其他第三方与他人建立联系的,或者不正当使用他人个人资料以谋求贬低其形象的可以构成跟踪罪。[③] (2)第 241 条恐吓罪。根据该罪相关条款规定,行为人为了达成某种目的威胁实施侵犯性自决、身体完整、个人自由的非法行为,将会受到 1 年以下的有期徒刑或罚款;若是威胁他人实施严重犯罪行为的,将会受 2 年以下有期徒刑或罚款。[④]

最后,由于网络暴力本身是在虚拟社会中进行的,需要借助网络技术手段,可能构成相应的网络数据类犯罪。例如,《德国刑法典》第 202 条规定的侵犯通信隐私罪,根据该条款,当网络暴力行为者获悉不适合他们的密封文件或密封图片等内容并以此来攻击当事人时,会被判处 1 年以下有期徒刑或罚款;[⑤]第 203 条规定的侵犯私人秘密罪,该条第 1 款规定了特殊职业身份的人应当保守秘密的规定,其中包括医疗保健人员、法律从业者、心理咨询师等多个行业,而第 2 款则主要规定了公职人员也负有保守秘密的义务。[⑥] 此外,《德国刑法典》中的变更电磁记录罪(第 303 条 a)、妨碍电信设备罪(第 217 条)等多项罪名可能也会在网络暴力行为章有所涉及。

---

① Vgl. § 111 I StGB.
② Vgl. § 130 StGB.
③ Vgl. § 238 I StGB.
④ Vgl. § 241 StGB.
⑤ Vgl. § 202 I StGB.
⑥ Vgl. § 203 StGB.

(二)德国行政法的网暴治理

德国的行政法体系对网络暴力行为的治理主要体现在对青少年的特殊保护和对社交平台的治理两个方面。

在保护青少年免受网络暴力上,德国主要通过《青少年保护法》(Jugendschutz,JuSchG)和《青少年媒体保护国家协议》(Jugendmedienschutz-Staatsvertrag,JMStV)来对青少年提供保护。《青少年保护法》主要关注于对青少年媒体的线下保护。其主要内容包括一般规定(§1-3)、公共场所对青少年的保护(§4-10)、媒体领域对青少年的保护(§10a-16)、联邦管理部门对青少年的保护(§17-25)、监管机构以及相应刑罚(§26-28)。该法第27条规定了对违反本法所应当承担的刑罚措施,①其中该条第1款规定,违反该法第15条规定的发布有害青少年内容的媒体及其责任人将会判处1年以下有期徒刑或罚款;第2款规定,实施该法第28条细则当中所规定的故意行为以至于损害了青少年的身体、心理和道德发展的,对相应的交易者也应当予以处罚;第3款、第4款则分别对过失犯罪的刑罚以及监护人能否同意被监护人接受上述不良信息的豁免做出了规定。与《青少年保护法》相对应,德国《青少年媒体保护国家协议》着重于在互联网上对青少年的保护性规定。其主要内容包括:一般规定(§1-7)、广播部分规定(§8-10)、电信媒体部分规定(§11-12)、针对除公共广播之外的提供商的执法部分(§20-22)、对除公共广播之外的提供商的违规行为的处罚(§23-24)以及最后条款(§25-28)。从上述该法的框架描述可知,该部法律针对网络暴力的情形规定了对青少年的内容分级制度、对青少年进行保护的青少年官员、电信媒体提供商的责任等若干种情况,其中该法第23条也专门规定了违反相关规定时的刑事责任。根据该条规定,"凡违反第4(2)条第1款第3句和第2句规定,传播或提供明显可能严重危害儿童或青少年发展或教育其成为有责任心和社会能力的个人的内容者,应处以1年以下监禁或罚款。2.如果犯罪者的行为属于过失,则应处以6个月以下监禁或相应数量罚款"。②

---

① Vgl. §27 JuSchG.

② Vgl. §23 JMStV.

除对青少年进行保护之外,德国在对网络暴力治理的过程中还非常注重对网络平台的法律治理,其中最值得关注的就是《网络执行法》(Netzwerkdurchsetzungsgesetz)。德国联邦议会于2017年颁布并实行了《网络执行法》,其目的是为社交网络平台制定规则,以便更有效地消除不适当言论。《网络执行法》第1条第3款规定了针对社交网络平台的违法内容应当根据《德国刑法典》的相关条款来进行判断;①第2条规定了社交网络提供者的报告义务,并且规定了相关的报告应当覆盖的内容,比如社交网络平台提供者为禁止平台上的犯罪行为所做的努力、违法内容投诉机制、判断标准与审查过程等。② 该法第3条则规定社交网络提供商应当根据一个有效且透明的程序来处理有关非法内容的投诉,并且能够确保社交网络服务的提供商能够及时对此作出处理;③第3条a规定了社交网络提供者在面对其平台内的违法内容时向联邦警察部门进行通报的报案义务(meldepflicht),其具体内容包括在关于违法内容的投诉中已向提供者报告的内容、提供者已删除或已屏蔽访问的内容、有具体迹象表明已经满足相关违法构成要件且没有正当化事由的内容。④ 该法第4条规定了对违反本法相关义务行为的行政处罚规定,对针对第1条第3款规定的违法内容处置不力的行为分别处以最高罚款50万或500万欧元。⑤ 其中与刑事手段有关的主要为《网络执行法》第1条第3款和第4条,根据该相关条款,确定违法内容和进行处罚,均需要借助于《德国刑法典》的相关规定。然而,《网络执行法》自颁布时起就存在侵犯言论自由的争议。2017年6月份,德国联邦议院对《网络执行法》与言论自由之间的关系进行了审查,其结论是,《网络执行法》第3条对于言论自由这项基础权利的干涉无法在宪法上被正当化。⑥ 这种言论自由与网暴治理的权衡与冲突在之后的2020年德国国会修法当中也有所体现。

---

① Vgl. §1 III NetzDG. 根据该条款,违法内容是指本条第1款中提及的内容满足《德国刑法典》第86条、第86a条、第89a条、第91条、第100a条、第111条、第126条、第129条至第129b条、第130条、第131条、第140条、第166条、与第184d条相关的第184b条部分、第185条至第187条、第201条、第241条或第269条构成要件且无法被正当化。

② Vgl. §2 NetzDG.

③ Vgl. §3 NetzDG.

④ Vgl. §3. a NetzDG.

⑤ Vgl. §4 NetzDG.

⑥ Vgl. WD10 - 3000 - 037/17, S. 17.

(三)德国民法的网暴治理

《德国民法典》是德国民法中的核心,其对可能涉及网络暴力的法领域也有所涉及,主要在于对受害人一般人格权益的保护。《德国民法典》对人格权的保护采取了较为保守的策略,其对人格权的规定主要集中在以下几点:首先,其第12条对姓名权规定,“他人对权利人使用的权利有争议,或权利人的利益因他人无权使用同一姓名而受侵害时,权利人可以请求除去侵害。有继续受侵害之虞时,权利人得提起不作为之诉”。其次,其第823条规定了人格权受损害时的损害赔偿原则,即“(1)任何人因故意或者过失而非法损害他人的生命、身体、健康、自由、财产或其他权利,应当对由此造成的损害承担赔偿责任。(2)违反旨在保护他人的法律的人也负有同样的义务。如果根据法律的内容,即使没有过错,也可能违反法律,则只有在有过错的情况下才有赔偿责任”。最后,其第253条和第847条第1项集中规定了当受到侵害时损害赔偿请求权的有关规定。根据其第253条及第847.1条规定,当在德国发生了身体或健康受侵害,以及被剥夺自由的情形,被害人得就非财产损害的损害,请求金钱赔偿。为了弥补《德国民法典》规定的保守倾向,加强对人格权益的保护,德国联邦最高法院与德国联邦宪法法院还共同协力以《德国基本法》(Grundgesetz für die Bundesrepublik Deutschland,GG)第1条第1项及第2条第1项为依据建构了“一般人格权”,进一步明确了《德国民法典》第823条的内容。例如在1954年“读者来信案”中,联邦最高法院援引了《德国基本法》第1条“人的尊严”和第2条“发展人格”的规定,将一般人格权称之为“由宪法保障的基本权利”,并将之等同于《德国民法典》第823条第1款所指的“其他权利”,从而填补了法律适用中的空白。①

除了民法典,其他单行的民事法律也对公民的特别人格权有所规定。例如2021年德国新修订的著作权法对肖像权做了详细的规定。根据该法第60条规定,肖像权属于创作肖像的委托人或其权利继承人。其余人在未获得肖像权主体同意的情况下对肖像进行使用属于对肖像权人个性的侵犯。

---

① 参见王军、王梦晗:《德国侵权法上一般人格权制度及利益权衡原则》,载《山西大学学报(哲学社会科学版)》2008年第6期,第80~85页。

(四)国际法律合作框架下的网暴治理

德国是欧盟最重要的成员国之一,其非常注重在欧盟的国际合作框架下协同展开网络暴力治理。欧盟各国关于处理网络暴力问题相关的国际条约主要有《欧洲委员会网络犯罪公约》(以下简称《布达佩斯公约》)、《欧洲委员会保护儿童免受性剥削和性虐待的兰萨罗特公约》(以下简称《兰萨罗特公约》)和《欧洲委员会防止和反对针对女性的暴力和家庭暴力公约》(以下简称《伊斯坦布尔公约》)。

2001 年由欧盟 26 个成员国及美国、南非、日本、加拿大共 30 个国家签署实行的《布达佩斯公约》是世界上第一部针对网络犯罪的国际公约。该公约的序言中其明确阐述其目标在于保护社会免受网络犯罪侵害的共同刑事政策,特别是各缔约国建立适当的立法和促进国际合作。该公约对破坏计算机数据和系统的保密性、完整性和可用性的犯罪行为、与计算机有关的犯罪行为、与内容有关的犯罪行为、侵犯知识产权的犯罪行为以及相应的教唆帮助犯罪做出了规定,并且对国家一级应当采取的措施从刑事实体法、程序法和管辖权等多个方面提出标准。除此之外,该公约的相关条款也规定了各国在没有国际协议的情况下如何能够提出互助请求的程序。

2007 年签署的《兰萨罗特公约》则对保护儿童免遭性暴力做出了系统性规定。在涉及罪名的实体法方面,该公约规定了性虐待、儿童卖淫、儿童色情制品、儿童参与色情表演、腐蚀儿童和为性目的引诱儿童等罪名。在调查、起诉和程序法方面,该公约提出了在调查与刑事诉讼期间应保护和尊重儿童权利、利益和特殊需要的要求。在打击跨境犯罪方面,该公约还规定了各国之间国际合作的相关制度条款。2015 年 6 月,该公约又通过了《关于应对利用信息和通信技术、为性目的引诱儿童的补充意见》。该意见强调儿童在网络上也可能面对与现实世界相同的风险,这类在线非法行为都应被定义为刑事犯罪,尤其是建议缔约国将诱导行为也定义为刑事犯罪,即使是在诱导行为仅是在线进行、并没有导致实际见面的情形下。

2014 年正式生效的《伊斯坦布尔公约》,是欧洲首部旨在反对针对女性的网络暴力行为的公约。该公约强调"必须将网络暴力和离线形式的暴力侵害女性的行为视为同一现象，即'基于性别的暴力'"。该公约第17条提到了私营部门、信息技术部门和媒体的参与，即"缔约国应鼓励私营部门、信息和通信技术部门及媒体部门在尊重言论自由与独立性的前提下参与政策的制定与实施，明确预防暴力侵害女性行为的准则和自律标准，提高对女性尊严的尊重。缔约方应与私营部门积极合作，帮助儿童、家长及教育工作者熟悉应对信息时代的网络技术环境，提升他们应对网络上涉及性及暴力的有害信息的能力"。① 但该条本身是关于预防性条款的规定，不涉及刑事司法方面。具体在实体刑事法律方面，关于《布达佩斯公约》和《兰萨罗特公约》的互补性的意见，同样适用于《伊斯坦布尔公约》。②

二、德国网暴治理的经验启示

综合上述德国对网络暴力的治理体系的思考，可得出经验启示如下：

首先，可以借鉴德国采取多部法律法规联合治理的模式来对网络暴力行为进行规制。由于刑法的谦抑性和严厉性，《德国刑法典》对网络暴力的规制在法律体系中应当仅能作为较兜底的保障，因此在对网络暴力这一新现象进行规制的过程中，要灵活使用民法、行政法等多方面的体系来规制网络言行。对于我国而言，由于网络世界分散性、虚拟性的特征，集中立法、集中管辖往往难以取得较好的效果。因此，可以借鉴德国在2021年《反右翼极端主义和仇恨犯罪法》（Gesetz zur Bekämpfung des Rechtsextremismus und der Hasskriminalität）立法中的"包裹立法"模式③，以网络暴力治理这个目标为核心，以集中修正的立法为枢纽，联动多部相关法律法规。这样既有利于实现不同法律部门之间的互相配合，形成系统性的规制体系，同时也有利于形成针对网络暴力治理的严密法网，从而加强法律治理的效果。

其次，应当注重网络暴力的保护与言论自由的平衡。德国一度被称为"全球传播界对网络最不友好的国家"，其通过多种法律体系对网络言论、社交平

① See Art. 17 Istanbul Convention.

② 参见戴铭：《欧洲委员会对网络暴力问题的研究与治理》，载《现代世界警察》2023年第7期，第45～52页。

③ "包裹立法"的模式是指为了达到一个整体的立法目的，在一个法律性文件中对散布在多部法律内的有关规定一次性地作出"打包"修改。

台、青少年网络保护等多个方面均作出了规定。例如为了应对网络暴力,德国通过《反右翼极端主义和仇恨犯罪法》的立法将 IP 地址等授权警察部门可以向社交网络提供商获得,这引发了关于信息泄露和个人隐私保护的担忧。在社会治理的过程中不仅仅只有法律这一手段,同时还可以依靠公众道德、社会自治等多种方式。网络暴力本身具有参与人员广泛、危害性边界模糊的特点,如果为了打击网络暴力言论而将政府或企业治理的边界过分扩大,致使网民正常的社交界限受到压缩,可能会导致正常的交流与讨论受到打击,社交平台的发展也会受到限制。

最后,网络暴力治理应当关注国际合作,合理借鉴国际经验。欧盟通过一系列国际公约建立了针对网络暴力的国际治理合作治理机制,使得众多国家在网络暴力方面能够通过相互合作和交流的方式来实现更全面的打击。网络暴力本身具有虚拟性、跨区域性、易流动性的特征,如果各个国家之间不能互相合作进行治理,有可能出现网络暴力在不同国家和地区“此起彼伏”的问题。因此,我国应当根据国情,加入对网络暴力治理的国际合作机制,来实现对网络暴力的多方面治理。

第三节 行刑主导、主体联动的日本治理模式

随着互联网成为人们日常交流的重要工具,网络暴力也成为日本正在面临的严重社会问题。在对网络暴力这一新现象进行治理的过程中,日本进行了具有本国特色的法律体系的应对。为了应对日益严重的网络暴力问题,日本在修订刑法的基础上,注重通过行政法将社交平台、政府企业、学校平台等主体引入到对网络暴力治理的体系当中,通过将多个主体引入网络暴力治理中,形成了国家救济与社会自律、公民自律相结合的网暴治理模式。

一、日本网络暴力治理现状

日本刑法长期以来较为倚重于法律解释,而在立法层面变动较小。“二战”

战后日本刑法在修改进程中，变动主要集中在皇室犯罪、伦理犯罪、电子产品犯罪等，而对于侮辱罪等传统犯罪的构成要件，基本上没有作任何修改，至多是对法定刑进行了改变以应对传统犯罪危害性的提升。[①] 因此，日本仅依靠严苛而变化缓慢的刑法来对社会中的新现象进行管理是不够的。为了应对网络暴力，日本注重通过民法、行政法等将不同的社会主体纳入网络暴力的治理当中，以弥补刑法手段对网暴治理的不足。

（一）日本刑法对网暴的回应

网络暴力主要表现在对个人集中发布侮辱谩骂、造谣诽谤等恶意、不法言论，对他人的名誉权造成损害。为了保护当事人的名誉，《日本刑法》第 34 章“针对名誉的犯罪”规定了毁损名誉罪与侮辱罪来提供保护。根据 2022 年《日本刑法》修改前的规定，毁损名誉罪将会处 3 年以下劳役、禁锢或 50 万日元以下的罚金，而侮辱罪法定刑则是 1 万日元以下罚金或者 30 日以下拘役。二者法定刑相差悬殊，显然难以应对网络暴力时代下的治理需求。

木村花案是日本修改刑法侮辱罪规定以应对网络暴力新形势的契机。日本职业女摔跤选手木村花在其生前参加综艺节目的过程中，与其他参与嘉宾发生冲突，在节目播出后引发大量网友不满。随后网友在木村花的个人账户上对其进行了持续攻击，这导致木村花在数个月的时间内长期处于负面状态。随后由于不堪长期的网络霸凌，木村花于 2020 年 5 月 23 日在发表数篇推特（现 X）后自杀。2020 年 12 月和 2021 年 4 月，两名涉嫌留言侮辱木村花的犯罪嫌疑人被日本检方起诉至法院，法院最终以侮辱罪的罪名对二人各判处罚金 9000 日元（约合人民币 534 元）。法院之所以作出如此轻的判决，原因正是在于前文所述的，侮辱罪法定刑过低。相较于网络暴力所造成的严重后果，《日本刑法》对侮辱罪的规定明显未能达到罪责刑相适应。

“木村花案”后，法院对网暴加害者过轻的处罚引发民众不满，无论民间还是日本政府内部，对修改刑法相关规定、提高侮辱罪法定刑的呼声都日渐高涨。在吸收了众多群体的意见之后，法务省确立了在侮辱罪中引入惩役刑的方针，

---

① 参见张明楷：《日本刑法的发展及其启示》，载《当代法学》2006 年第 1 期，第 3～12 页。

并在2021年9月16日召开的第191次法制审议会总会上向相关的专家做了咨询,[①]在同年10月份的第192次会议上再次对侮辱罪的法定刑提高问题进行了讨论。[②] 在法务省法制审议会下属的刑事法(侮辱罪の法定刑関係)部会召开的两次会议中,第一次会议统计了侮辱罪的科刑统计以及涉及侮辱罪的30个案例[③],第二次会议则关注了侮辱罪的立法沿革、其他世界各国的立法问题研究等方面。[④] 在多方面的研究和关注之下,日本国会于2022年6月13日正式通过了关于侮辱罪修改的修正案,[⑤]将侮辱罪的法定刑提高至"1年以下惩役或禁锢或30万日元以下的罚金",公诉时效也从1年延期至3年。本次修法将分则罪名的刑罚种类都予以改变,这在日本刑法的历史中是罕见的,足见日本法学界对应对网络暴力的重视。

事实上对侮辱罪法定刑的提高,日本社会内部也是存在争议的。日本律师联合会在2022年3月17日发表的意见书中对侮辱罪的修改提出了不同的意见:(1)加大法律处罚力度,对侮辱罪判处监禁刑,会阻碍合法评论及言论自由;(2)作为针对网络诽谤行为的侵权行为的措施,应进一步采取措施扩大民事救济范围,比如,修改《关于特定电子通信服务提供者损害赔偿责任的限制及其发信者信息揭示法》(以下简称《网络服务供应商责任限制法》)[⑥],放宽发送者信息披露要求,优化损害赔偿数额等,以丰富民事救济为目标。[⑦] 日本对网络暴力治理的刑法修订放在各国中可以说都较为温和,其仅对一个主要条款进行了修改,但即使如此仍然面临日本社会诸多的质疑,日本法政部门也不得不依赖于其他的手段来对网络暴力进行治理。

---

① 法制審議会第191回会議議事録参照。

② 法制審議会第192回会議議事録参照。

③ 法制審議会－刑事法(侮辱罪の法定刑関係)部会第1回会議(令和3年9月22日開催)議事録参照。

④ 法制審議会－刑事法(侮辱罪の法定刑関係)部会第2回会議(令和3年10月6日開催)議事録参照。

⑤ 刑法等の一部を改正する法律案新旧対照条文(令和4年法律第67号、令和4年5月19日衆議院において修正議決)参照。

⑥ 特定電気通信役務提供者の損害賠償責任の制限及び発信者情報の開示に関する法律参照。

⑦ 日本弁護士連合会「侮辱罪の法定刑の引上げに関する意見書」,載 https://www.nichibenren.or.jp/document/opinion/year/2022/220317.html,2024年2月17日确认参照。

(二)社交平台的网暴治理

社交平台在对网络暴力的治理当中也起到非常重要的作用。日本对社交平台进行的网暴治理主要通过《网络服务供应商责任限制法》来规制。

《网络服务供应商责任限制法》最早颁布于2001年,修改前的该部法律在结构上是非常紧凑的,一共只有4个条文。其第1条规定了该法的立法宗旨,即规定了网络服务供应商的损害赔偿责任限制,以及受害者要求供应商提供侵害其权利的发信主体的相关资料的权利。其第2条则定义了该项法律所涉及的若干概念,包括"电子通信供应商""特定电信""特定电信设备""发送者"共4个概念。其第3条则规定了关于社交服务供应商的损害赔偿责任限制。在供应商未对侵权信息采取删除、阻止传送等措施的情况下,相关服务提供者原则上对此造成的损害不承担责任,除非满足下面两个条件中的任一个:相关服务提供者明知通过指定电信传播信息侵害他人权利时;有关服务提供者知道通过特定电信传播信息,并被视为能够知道通过特定电信传播信息侵犯他人权利的情况。这两个条件分别说明了技术上无法采取措施的网络服务供应商不会产生作为义务以及除非少数情况否则均无须承担全面监督平台信息之义务。此外,其第3条之二规定,网络服务提供者所采取的删除等措施在满足若干条件时将不会对侵权信息的发信人产生损害赔偿责任。其中条件之一在于所采取措施妥当,可以落入必要限度;条件之二则在于供应商认为信息的流通侵犯他人权利或权利受侵害者向供应商提出要求,在询问后的7天内未收到发信人不同意的回复。其第4条则规定了权利受侵害者要求供应商提供发送者身份信息的权利,主要包括了4项内容:第1项规定权利受侵害之人在其权利明显因传播侵权信息而受到侵害时或请求公开者行使损害赔偿请求权需要发送者信息,或者有其他正当理由需要公开发送者信息这两种情况下,可以要求网络服务供应商提供发信人的相关信息;第2项规定除非无法取得联系,否则网络服务提供者应当听取发信人的意见;第3项规定从供应商处获得发信人资料的人,不得任意使用该资料,侵犯其合法权利;第4项规定若供应商拒绝提供发信人相关资料造成权利被侵犯者重大损失时,除非具有故意或重大过失,否则不承担赔偿责任。

《网络服务供应商责任限制法》在实行了20多年后,随着信息网络技术的发展,其中的规定逐渐不能适应社会发展需要。为了畅通被害人的救济渠道,《网络服务供应商责任限制法》的修订逐渐得到重视。日本国会于2021年4月21日表决通过了修改后的《网络服务供应商责任限制法》。此次修订后,该法增加到18个条文,每个条文都进行了分章处理。修订后的法律对多个方面的内容做出了修订,其主要集中体现在两个方面:其一,审查可提出的披露请求的范围;其二,创建新的司法程序。

对披露请求范围的扩大是《网络服务供应商责任限制法》本次修订的一个重点。自2001年该法制定以来,通过Twitter(现X)等各种SNS发布的侵权帖子明显增加SNS等服务需要您登录才能使用该服务。由于这些特征,登录型服务的提供者拥有登录服务时的IP地址等(登录信息),但登录后的个人发布信息时的IP地址等大多数情况下并不拥有。在这种情况下,主张权利受侵犯者会要求登录型服务的提供商公开登录信息并要求公开发送者信息。然而,单纯的登录信息不属于旧法"与侵犯相关权利有关"的被披露的发件人信息类别。同样,根据法律规定,仅在登录期间进行通信的提供商不承担披露义务。修订后的法律则将公开请求的范围进行了修改,登录时的通信也将成为公开对象。具体而言,修订后的法律确立了"侵权相关通信"这一信息类型的概念,指的是登录类服务中登录期间的通信,而仅与侵权相关通信相关的发送者信息(登录信息)被归类为"特定",要求披露特定来电者信息的权利已制度化。因此,那些认为自己的权利因在登录型服务上发帖而受到侵犯的人现在可以向登录型服务的提供商请求登录信息等作为特定发件人信息。

而在创建新的司法程序方面,修订后的《网络服务供应商责任限制法》则增加了受害人获得发信人信息更加便利的司法程序。受害人获得来电者信息的披露需要的司法程序,除了与要求披露来电者信息的权利相关的现有程序,根据现行法律,还通常需要经过两个步骤的法院程序,分别为:(1)提交临时禁令,要求内容提供商披露发送者信息;(2)提起诉讼,要求披露发送者信息针对访问提供商的信息。由于需要这两步法庭程序,因此受害人需要花费大量时间和金钱才能获得来电者信息的披露。从受害者救济的角度来看,其一直希望减轻这一负担。因此,在2021年的《网络服务供应商责任限制法》修订当中,日本国会创建了一个新的灵活且快速的程序，被称为"披露来电者信息命令的法院程序"。根据修订后的法律，提出披露令申请的人可以在同一程序中申请发布两项附带处分，即提供令和禁止删除令。披露令的内容主要为法院以决定的形式要求与权利侵犯相关的内容服务供应商披露基于请求的发信人信息，而在其中提供令的内容主要为法院在认为有必要的情况下可以以决定的形式命令公开发信人向信息披露令的申请对象公布包括姓名、名称、地址等多方面的个人信息。与之相配套的是，禁止删除令是要求相关的内容服务提供者不得删除发信人的个人信息。这套程序以一种较为简便的方式规定了受害人申请救济的便利渠道。而且上述新增程序与《网络服务供应商责任限制法》第5条规定的披露请求程序并不冲突，受害人可以根据自身情况择机选择救济程序。

（三）学校等教育主体的网暴治理

日本的青少年网络欺凌问题也是非常严重的，相关研究机构得出的数据显示：2013年至2022年，发生在日本学校间的学生网络霸凌数量由2013年的8788起增加到2022年的23,920起，在10年的时间内校园网络霸凌事件的数量增加了3倍。① 考虑到刑法的规制往往过于严厉，因此日本法律注重通过发动学校等主体来对青少年所面临的网络暴力问题进行规制。

日本在2013年6月28日正式颁布了《防止欺凌对策促进法》②以制止校园霸凌现象。根据该法第2条规定的内容，其所主张的欺凌，是指与该儿童等有一定个人关系的其他儿童等主体，在该儿童等就读的学校等实施的心理欺凌行为。该部法律第7条、第8条、第9条分别规定了学校的创立者、学校及教职员工、监护人3类教育主体在防止青少年受到欺凌的责任。该法第19条则规定了应当如何应对利用网络来实施欺凌的行为。该条第1项规定，"学校举办者及其举办的学校应当保证在校就读的儿童及其监护人能够通过互联网传输的信息保持高度流通、发送者匿名等方式。信息，对这些人开展必要的教育活动，

---

① 参见《2013至2022财年日本学校报告的学生网络欺凌事件数量》，载statista数据统计网，https://www.statista.com/statistics/1226684/japan-number-reported-cyberbullying-cases-schools/，最后访问时间：2024年2月8日。

② いじめ防止対策推進法参照。

使他们能够预防和有效应对通过互联网发生的欺凌行为”；第 2 项规定，“国家和地方政府应支持相关组织和组织监测儿童是否参与网络欺凌行为，建立网络欺凌案件处理制度。旨在维护设施”；第 3 项规定，“当网络上发生欺凌行为时，被欺凌儿童或其监护人可以要求删除与欺凌行为相关的信息，或者要求删除发送者信息（指定电信服务提供商的损害赔偿责任）。《来电者信息限制及公开法》（2001 年第 137 号法）第二条第六项规定的发件人信息，如有必要，得请求法务局或区法务局配合”。在此基础上，该法第五章“严重情况的处理”对各学校在面临严重状况时的处理措施做出了规定，其中包括国立大学附属学校、公立学校、私立学校、非营利法人办校等多个主体。该法第 34 条则规定了在对学校进行评估、处理防止欺凌行为等措施时，确保不隐瞒欺凌事实，了解欺凌行为的实际情况，采取适当的反欺凌措施，必须尽早进行适当的评估并防止其再次发生。由此，构建了以学校为主的教育主体防范网络霸凌措施的制度体系。

（四）政府等对公主体的网暴治理

日本在网络暴力治理的过程中注重发挥政府的机能，通过政府与不同主体之间的协同配合来发挥更大的作用。例如，日本于 2008 年通过了《采取行动以营造青少年可以安全可靠地使用互联网的环境相关法律》（以下简称《青少年网络规制法案》）[①]，其一方面规定网络运营商有义务为青少年去除网上有害信息，提供免费过滤信息服务；另一方面也规定了总务省和经济产业省等部门对信息过滤组织应当持有的支持态度。例如，该部法律第 30 条规定：“国家和地方政府应当尽力对下列民间组织或者企业提供必要的支持：1. 过滤推广组织；2. 为过滤对年轻人有害的信息的软件的性能制定指南的私人组织；3. 开发、提供有害青少年信息过滤软件的企业和提供有害青少年信息过滤服务的企业；4. 开展帮助青少年获得正确使用互联网能力的活动的民间组织；5. 民间组织收到有关对青少年有害的信息的报告，并要求特定服务器管理员采取措施；6. 利用有害青少年信息过滤软件收集不需要限制阅览的内容信息，并将该信息提供

---

① 青少年が安全に安心してインターネットを利用できる環境の整備等に関する法律（青少年インターネット環境整備法）参照。

给有害青少年信息过滤软件开发企业及其他相关方的民间组织；7. 解决有关阻止青少年上网的措施、更新限制青少年上网的信息以及为营造青少年可以安全可靠地使用互联网的环境而采取的其他措施（不诉诸诉讼）的民事纠纷。作为公正的第三方为当事人解决问题；8. 开展其他相关活动的私人组织。"

另外，在日本的《防止欺凌对策促进法》第 4 条、第 5 条中，也规定了国家和地方政府在对网络暴力的治理过程中应当承担的责任，包括其应当根据相应的基本原则和地区的相关情况，全面制定和实施防止欺凌的措施。该法第 11 条、第 12 条分别规定了国家和地方政府预防欺凌应当制定的基本政策。其第 11 条规定，"文部科学大臣与有关行政机关负责人协作，制定全面有效地推进防止欺凌等措施的基本方针。防止欺凌基本方针应规定以下事项：1. 防止欺凌等措施的基本方向的事项；2. 有关防止欺凌等措施的内容的事项；3. 有关防止欺凌等措施的其他重要事项"；第 12 条规定："地方政府应当结合《防止欺凌基本方针》和本地区的实际情况，制定基本政策，全面有效地推进本地方政府的防止欺凌措施，制定政策。"

二、日本网暴治理的经验启示

综合上述对日本网络暴力的治理体系的思考，可得出经验启示如下：

首先，应当通过对法律的修订来使网暴治理有法可依。网络的快速发展使得传统的侮辱、诽谤等罪名的犯罪形式发生异化，其危害性、扩散性相较于传统形式的诽谤、侮辱罪已经有了质的提升。因此，应当通过修改法律、提升法定刑等措施来有效威慑潜在的网暴分子，提升对网络暴力的治理效能。对我国来说，在优化我国《刑法》适用过程中，应坚持已有罪名和新设罪名相结合的方式。一方面通过法条解释等发掘传统罪名在新时代的适用范围，另一方面在已有罪名无法规制时，也可以考虑通过设立"网络暴力罪"等来使得网络暴力行为的规制有法可依。而在具体的司法解释过程中，应加强法律规范与案件事实的衔接，对一些关于网络暴力形式的内容可以通过列举的方式进行明确，进而促进我国司法机关在网络暴力案件治理中发挥更大的作用。除此之外，对法律的修改也不应当仅仅局限于刑法，在面对网络暴力的时代时，手段相对比较温和的行政法、民法是更常用的治理手段,因此应当通过相关法律的修订使其更加合理地规制网民网络言行举止,严密规制网络暴力的法律体系。

其次,要注意完善受害者的权利救济渠道。网络本身的虚拟性、隐蔽性使得确定侵权信息发布人的难度较高,因此要求网络服务供应商在某些特定情况下提供侵权人的具体信息成为必然。但对网络服务供应商来说,被要求提供用户的个人信息,一方面会提高其经营成本,另一方面可能会导致部分用户的流失,其应受害者请求公开相关用户个人信息的积极性可能不高。在这种情况下,政府及立法机关应当及时制定相应的法律或行政程序来保障网络暴力的受害者向网络服务供应商请求信息公开的权力,以方便其进行责任的追究或提起诉讼要求赔偿等。另外,在某些情况下,也应当赋予司法部门通过法律程序来强制要求网络服务供应商公开相关信息的权力,以便法官能够根据申请人的情况来具体判断是否公开相关的网络用户信息的权力,为当事人信息权力的保护提供兜底性的保障。

最后,应当加强对未成年人的特殊保护。对于青少年而言,随着他们的学习、生活越来越紧密地与网络联系在一起,其遭受的霸凌很有可能不仅仅停留在校园生活当中,而是随之延伸到网络领域,相关主体应当以更加积极的姿态来对未成年人提供帮助。各大网络平台应当逐步建立网络信息过滤机制,在青少年用户在使用其所提供的网络服务时,可适时向他们推送有关网络霸凌防治、危险的有关内容;对青少年较多的交流平台要加大监控力度,在社会主义核心价值观的引领下切实做好青少年群体的相关工作。政府需要针对目前法规不健全的情况,作进一步细化,明确相关部门应当救济的行政职责范围,并落实相关责任的实施。而学校作为防范青少年网络暴力的主体,应当充分履行教育管理职责,引导学生合理表达情绪,对网络暴力行为及时进行调解、制止。

第四节　刑法规制、行政管理的韩国治理模式

韩国是世界上网络技术最发达的国家之一,《世界互联网发展报告(2024)》

显示,韩国互联网发展情况在52个国家和地区中位居前列。[①] 作为世界上互联网发展较为迅速的国家,韩国的网络暴力问题也较为突出。在对网络暴力现象通过刑法犯罪体系进行惩处之外,韩国还注重发挥行政法和行政部门的力量,通过行政法的授权来推动网络平台的信息过滤机制、网络实名制度等一系列治理制度的构建。中韩两国作为文化相承、地理相近的国家,韩国应对网络暴力的经验对我国将会产生有益的启示。

一、韩国网络暴力治理现状

在韩国,治理互联网时代出现的网络暴力现象是一个兼顾法律和行政的系统工程,韩国不仅通过严厉的刑法手段对网络暴力的加害人处以有期徒刑或罚金等刑罚措施,也尤其注重发挥行政部门的力量,通过构建网络内容的信息监管过滤系统和推行网络实名制等制度以求能够达到网络暴力治理法律效果和社会效果的统一。

(一)韩国刑法对网暴的惩治

韩国是世界上网络暴力最严重的国家之一,这一点尤其体现在韩国的演艺圈中。2008年崔真实案,2019年崔雪莉、具荷拉案,2022年刘恩珠、金仁赫案等,诸多的韩国明星因为无法承受网民网络暴力的压力而走上不归路。为了应对愈演愈烈的网络暴力现象,韩国社会往往会积极通过起诉等手段来追究行为人的刑事责任,以求保护当事人的利益。

《韩国刑法典》并未特别针对网络暴力的罪名做出规定,但根据网络暴力所涉及的不同领域,其可能会触犯若干传统罪名所规制的法益范围。首先,网络暴力最直接地侵犯他人的人格尊严和社会名誉。根据《韩国刑法典》第三十三章名誉犯罪的规定,当网络暴力涉及对他人名誉的侵犯的时候,有可能构成该法所规定的以下罪名:1. 第307条诽谤罪,“(1)通过公开指控事实诽谤他人的人,应处以两年以下有期徒刑或拘役,或处以500万韩元以下罚金。(2)公开散

---

① 参见中国网络空间研究院编著:《世界互联网发展报告(2024)》,商务印书馆2024年版,第82页。

布虚假事实诽谤他人的,处五年以下带劳役的有期徒刑、十年以下的吊销执照或1000万韩元以下罚金”。2.第308条对死者的诽谤罪,“以公开陈述虚假事实诽谤死者的,处以2年以下劳役的有期徒刑或500万韩元以下的罚金”。3.第311条侮辱罪,“公开侮辱他人的,处以一年以下有期徒刑或拘役或200万韩元以下罚款”。该章节的相关条款也规定了行为人进行申诉的权利,根据该法第310条的规定,犯有本法第307条第1款所规定的诽谤犯罪,如果所指控的行为属实而且是出于公共利益的目的,那么将不予处罚。事实上在韩国发生的多起针对艺人的网络暴力案件当中,大多也是以该章节的相关罪名对当事人来提起诉讼。比如根据《环球时报》发文,2019年9月,姜丹尼尔经纪公司方面对部分恶评“惯犯”以“侮辱罪”为名向首尔江南警察署提出起诉。[①] 除此之外,根据犯罪形式的不同,网络暴力行为在《韩国刑法典》中可能涉及的罪名还有第二十二章性道德犯罪中第243条的传播淫秽图片罪、第244条的制作淫秽图片罪等;第三十章恐吓罪中第283条的恐吓他人的犯罪。这种罪名的采用主要与网络暴力所体现的形式有关,当网络暴力是以触犯性道德或以恐吓他人的方式表现出来时,就能通过该法对网络暴力的行为人进行规制。根据韩民族网所作的新闻报道[②],2008年,韩国还一度考虑过设置专门的网络侮辱罪来规制网络暴力,但最终韩国国会立法调研处对大国家党提出的设立网络侮辱罪的效果表示疑问,并就若干方面提出意见:首先,即使设立专门罪名,网民也可能通过迂回方法规避网络制裁;其次,大部分不良、暴力语言是可以通过网络监控予以解决的;最后,培养正确网络伦理意识的社会氛围是比单纯的刑法制裁更有效的做法。

在《韩国刑法典》之外,还有若干部法律也对网络暴力行为可能涉及的罪名做出了若干规定。例如,韩国《关于促进信息通信网络使用及信息保护法案》(以下简称《信息通信网法》)第70条规定:“(1)通过信息通信网络向公众披露事实,故意诽谤他人名誉的,应处以3年以下有期徒刑。或不超过3000万韩元

---

① 参见《被逼得忍无可忍　韩国艺人决定联手反击恶评者》,载新浪网,https://news.sina.cn/gj/2019-12-17/detail-iihnzahi8156650.d.html,最后访问时间:2024年2月17日。

② 宋浩镇:《中国是唯一存在网络侮辱罪的国家》,载韩国民族网,http://www.hani.co.kr/arti/politics/assembly/319553.html,最后访问时间:2024年2月12日。

的罚款。(2)故意通过信息和通信网络向公众披露虚假事实以损害他人名誉而诽谤他人的,应处以7年以下有期徒刑、缓刑处以最高10年的资格,或处以不超过5000万韩元的罚款。(3)检方不得对违反受害人明确意愿而实施第(1)款或(2)款犯罪的人进行起诉。"韩国《电子通信框架法》(以下简称《电信框架法》)第47条规定,通过新媒体散播谣言者,将被处以5年以下有期徒刑,罚款可达5000万韩元(约合25万元人民币)。而如果电信行业的从业者涉嫌通过新媒体散播谣言,将会面临10年以下有期徒刑或1亿韩元以下罚金。《韩国刑法典》以及这些散落在外的刑法条款共同构建了在发生网络暴力的情况下针对施暴人的刑事制裁体系。

(二)网络信息过滤制度的构建

韩国在当今世界发达国家当中,拥有最为严厉的网络内容审查制度,韩国政府通过设置相应的审查机构和完善的审查标准来进行网络信息的审查与过滤,防治网络暴力所造成的危害。

韩国于1995年设立的信息通信伦理委员会(Information and Communication Ethics Committee,ICEC)是韩国此前主要的网络内容信息审查机构,也是世界上最早的网络审查机构。2001年,ICEC相继发布了《不当互联网站点鉴定标准》以及《互联网内容过滤法令》,在全国范围内过滤"违法和有害信息"以及预防"网络空间性暴力",限制色情以及"令人反感"的网站站点的接入。根据《电信事业法》的规定,除该委员会之外,还有3个韩国政府的下属机构同时负责对互联网的审查与封锁,分别是韩国放送委员会(Korean Broadcasting Commission,KBC)、韩国媒体分级委员会(Korean Media Rating Board,KMRB)和韩国互联网安全委员会(Korea Internet Safety Commission,KISCOM)。2006年韩国政府以信息通信道德委员会为基础,设置了韩国互联网安全委员会,负责监督韩国的电信商,阻止访问含有"颠覆国家政权""危害未成年人""网络诽谤""暴力、色情和裸体"信息的境内外网站。[1] 在2008年之后,韩国制定了《韩国通信委员会的建立和运行法》,明确了韩国通信委员会(Korea Communications Commission,

---

① See Chung,Jongpil,*Comparing Online Activities in China and South Korea: The Internet and the Political Regime*,Asian Survey,2008,p.727-751.

KCC)的相应职责和韩国放送通信审议委员会(Korea Communications Standards Commission,KCSC)的设立。KCC作为韩国总统下属的政府机构,其主要是从宏观的层面来对网络上的有害信息进行处理,而具体的事务则根据该法由第18条规定所设立的KCSC来执行。KCSC作为更加有针对性的专门性的互联网审查机构,在事实上取代了ICEC成为了韩国的互联网内容审查机构。KCSC与ICEC相比,第一个重大改变是根据相关的法律要求每日访问量超过10万的网站要求其用户注册真实姓名和社会安全号码,并担负其相应的监督工作;第二个改变是允许KCSC在收到投诉后立即暂停或删除任何网络帖子或文章30天。除此之外,KCSC还会对未成年人提供保护。根据《年轻人发展令》的规定,依据KCSC指定的标准来标识违法有害信息,在学校、图书馆、网吧等青少年较多的场所设立网络信息过滤机制。2009年,韩国还成立了韩国互联网安全局(Korea Internet & Security Agency,KISA),以促进互联网安全使用和互联网文化、检测和分析网络上的恶意软件/病毒、隐私保护、操作根CA、互联网和网络安全教育以及各种其他网络安全问题。作为韩国唯一的互联网和信息安全促进组织,KISA在保护个人信息、净化互联网环境方面将会发挥一定的作用。

除通过上述机构的设置来对互联网的内容进行审查之外,韩国的相关法律还赋予了政府高级官员对有害信息进行审查的权利。例如,根据《电信事业法》第53条第2款的规定,当信息通信部部长认定某一信息在危害公共治安或有伤风化时有权下令该公司停止传播,有时也可以下令限制它的某些传播渠道。一般来说,这种认定有以下3条标准:一是以犯罪为目的或以教唆犯罪为内容;二是其内容以实施反国家行为为目的;三是有害于良好风俗和其他社会治安。[①]此外,根据《促进信息化基本法》第11条第2款和第12条第2款的规定,信息通信部长有权任意利用多数人共同使用的信息通信网,对设有各类信息检索、储存、发送或接受设备的机关单位负责人提出设置屏蔽传播淫秽信息、暴力画面电脑软件的劝告。[②] 可见韩国的行政部门其职能在网络监管中的重要性。

---

① 参见[韩]申玹丞:《试论韩国的信息网络犯罪及相关文化政策》,载《东疆学刊》2007年第3期,第16~21页。

② 参见陈晓云:《韩国网络治理现状及启示》,载《新闻与传播研究》2010年第6期,第23~28、109~110页。

从客观的角度评价,应当说韩国构建的网络信息审查机制在屏蔽、过滤网络信息的过程中发挥了巨大的作用。相关统计数据显示,在2011年,韩国网站上有超过53,000条网帖和留言遭到删除。[①] 截至2013年,亦有超过63,000个韩国境内、境外网站遭到韩国政府屏蔽。[②] 然而,这些措施同时也引发了民众对于韩国政府网络监管过严、侵犯公民权利的抗议。

(三)网络实名制度的转圜

韩国是世界上最早实行网络实名制度的国家之一。关于网络实名制度的设置,其讨论最早起源于卢武铉政府时期,但当时韩国社会观念认为发展互联网经济是当务之急,在起步阶段即对互联网施以管制会影响经济发展,因此其仅停留在小范围、有条件的实名制阶段。[③] 例如,2004年3月制定的《公职选举与选举腐败防治法》,其规定了网民在选举时发表意见应当实名。而到了2005年左右,随着互联网的发展,更多的韩国民众成为网络暴力的直接受害者,韩国社会开始反思网络暴力的危害。在此背景下,《信息通信网法》于2007年7月开始实施,其规定了"限制性本人确认制"。根据该法规定,日访问量30万以上的网站应当要求网民实名。2009年4月,韩国政府又通过修法将实名制的范围扩大到日访问量在10万以上的网站,随后又扩大到全网发帖实名。实名制的实施对欺诈、诽谤、人身攻击等恶性事件切实起到了一定的遏制作用,但是随之而来的是韩国网络用户个人信息泄露事件不断发生,尤其是2011年7月份,韩国门户网站Nate遭到黑客袭击,超过1000万用户的个人信息被窃取。网络实名制越来越受到民众的质疑。而且,韩国实行网络实名制度对网络暴力的治理效果并不理想。在2010年4月份,首尔大学的一项研究宣称,网络实名制度实施后,诽谤跟帖数量从13.9%降低到12.2%,仅下降1.7%。随着Twitter(现X)、YouTube等外国社交平台的进驻,韩国网民更加倾向于无须实名制的外国社交平台,从而引发了韩国网民的"网络逃亡"(cyber asylum),网络实名制对网

---

① See Choe Sang-Hun, *Korea Policing the Net. Twist? It's South Korea*, The New York Times, 2012.

② See *Why South Korea is Really an Internet Dinosaur*, The Economist, 2014.

③ 参见董俊祺:《网络治理的多方博弈——韩国网络实名制的历史回顾》,载《南京理工大学学报(社会科学版)》2016年第3期,第87~92页。

络暴力的约束作用受到挤压。2012年8月23日,韩国宪法裁判所8名法官一致做出判决,裁定网络实名制违宪,韩国放送通信委员会将根据判决修改相关法律,并将废除网络实名制。但在2015年7月份,韩国宪法法院将选举活动期间的网络实名制重新纳入合宪的范围内,这在一定程度上又承认了网络实名制存在的合理性。

二、韩国网暴治理的经验启示

综合上述对韩国网络暴力的治理体系的思考,可得出经验启示如下:

首先,在进行法律治理的同时也应当注重对社会氛围、网民文化等多个方面进行德法兼治的治理。韩国网络暴力现象较为明显地体现在演艺圈中,近年来多位韩国艺人因不堪网暴而自杀,这与其演艺圈中的"ANTI"文化是分不开的。韩国的网络暴力治理多年来过于倚重通过利用严厉的刑法手段、不断加重对网暴行为者的处罚手段,这虽然能够改变网络暴力罪刑不均衡的现象,但单纯依靠刑法手段并不能真正解决问题。在韩国长达30余年的互联网发展史中,网络暴力现象似乎在韩国陷入了某种循环。韩国对网络暴力的治理愈加严厉,但每过一段时间便会有新的受害者出现,而青瓦台的请愿网站上也随之出现需要更加严惩加害者的呼声。由此观之,刑法手段非但不能真正解决问题,愈加严苛的刑法治理手段甚至有可能会导致社会情绪的反弹。我国在网络暴力治理的过程中也需要注意不能仅依靠刑法手段,还应当加强对公民的德治教育,改变我国网络平台中的社交氛围,形成良好的网络交流环境。网络时代本身就具有去中心化的特点,只有加强对网民的道德修养和法律意识的教育,才能真正从根本上减少网络暴力现象的发生。

其次,行政部门对网络信息的审查应当以法律为依据,确定合理边界。中韩两国均是在治理网络暴力过程中较为注重政府信息审查的国家,目前世界上主要的网络发达国家当中对HTTPS连接进行政府层面审查的国家仅有韩国和中国。这种政府对信息的审查一方面能够过滤不良信息,降低网络暴力行为对受害人的影响,但另一方面如果不能注意政府参与的边界,就会造成侵害公民权利的问题。因此,在我国政府部门对网络审查制度的建构也应当注意两个方面：一是统一职权。我国网络监管职权分散在政府多个部门，整合政府网络监管机构，建立职责明晰、职权相对完整的大部门制网络监管机构，对网络非法和有害信息实行统一受理、统一执法、统一监督，是网络暴力治理的一个重要手段。二是必须从中国国情的实际出发，通过正确处理"表达自由"与"公共福祉"、"隐私权"与"知情权"以及法律与技术之间包容共生的关系来谋求公民权利与社会利益的协调共存。

最后，在治理网络暴力的过程中应当注意对个人信息的保护。韩国实名制度的推行失败，其原因是多样的，但其最直接的导火索在于实名制下个人信息的泄露。我国网络暴力治理中"人肉""开盒"等个人信息的泄露现象也非常严重，对此我国工信、网信、公安以及相关行业主管部门应当严格依据《中华人民共和国网络安全法》《中华人民共和国个人信息保护法》等法律法规进一步强化管理，对违法违规收集使用公民个人姓名、住址、手机号码等敏感个人信息的依法依规严厉惩治；对个人信息网络灰黑产业坚决打击，切断灰黑产业的信息链条，严厉打击侵犯用户个人信息保护合法权益的违法违规行为。同时，政府自身也要加强队伍建设，提升公民信息保护意识，避免在行政治理过程中获取的公民个人信息被不法泄露以致公民的合法权益造成侵犯。

第五章

民事行政视野下的平台责任

网络暴力事件往往呈现出涉及主体数量广泛、取证人力与时间成本较高、违法成本与实际后果显著失衡等特点，主体上网络暴力的法治化治理离不开政府、网络平台以及公民等多元化主体的协同治理，方式上网络暴力的法治化治理离不开民事、行政、刑事的一体化治理。网络平台是网络暴力协同治理中的关键主体，民事与行政治理则是网络暴力治理的前置重要分流方式，因此厘清民事行政视野下的平台责任对于网络暴力法治化治理具有相当的必要性。民事行政视野下网络平台在网络暴力治理中无疑扮演着其他主体难以替代的角色，但是这并不意味着其应当承担无限制的治理与预防责任，合理配置网络平台在网络暴力事件中的权责是激发平台能动性的关键点。此外，在为网络平台合理配置网络暴力治理权责的基础之上，还需通过公益诉讼的方式督促平台积极履行自身权责，通过妥当的解释手段激活检察公益诉讼制度，充分发挥网络平台在民事行政领域的网络暴力治理分流能力。

第一节　网络暴力中平台的民事行政权责

对于网络暴力的治理而言，在治理资源有限以及宣传教育生效滞后的背景下，仅依靠公权利主体的管控或是网络用户自我素质的提升终究只能达成有限的治理效果，网络暴力的法治化治理必然需要将网络平台置于核心地位，《网暴指导意见》第20条明确指出，“促进对网络暴力的多元共治，夯实网络信息服务提供者的主体责任，不断健全长效治理机制，从根本上减少网络暴力的发生，营造清朗网络空间”。在网络暴力法治化治理的多元化主体当中，只有网络平台可以凭借自身的技术手段对网络暴力进行精准的识别与及时的干预，从而对于发生在虚拟空间的网络暴力进行事前、事中以及事后的全流程治理。因此，网络暴力的一体化治理除却本书其他章节所述的部分，还需通过法律法规合理确定网络平台在网络暴力事件中应当履行的民事行政义务。同时，针对网络平台的网络暴力一体化治理势必要以合理的网络平台权责配置为前提，既要以网络平台的现实技术能力为基础划定平台的识别与干预义务，又要对网络平台识别与干预网暴行为和言论的权力进行充分的赋能，从而充分发挥网络平台在网络暴力治理过程中的基础性地位。

一、网络平台的事前权责配置

在网络暴力一体化治理这一系统工程中，民事行政领域中的网络平台治理是其中重要的一环，而发挥网络平台治理的关键性作用必然要求“摈弃传统的网络中立和事后责任而赋予平台消极角色的思路”，[①]转而追求事前、事中以及事后的网络平台全流程治理，而网络平台事前权责的合理配置是发挥其网络暴力治理核心作用的基石。网络平台的事前权责包括合理构建平台公约制度体系、建立健全网络暴力识别预警机制、强化反网络暴力宣传引导力度。

（一）合理构建平台公约制度体系

2022 年国家互联网信息办公室（以下简称国家网信办）公布的《互联网用户账号信息管理规定》第 6 条明确规定：“互联网信息服务提供者应当依照法律、行政法规和国家有关规定，制定和公开互联网用户账号管理规则、平台公约，与互联网用户签订服务协议，明确账号信息注册、使用和管理相关权利义务。”2023 年国家网信办审议通过的《网络暴力信息治理规定》第 9 条进一步明确规定：“网络信息服务提供者应当制定和公开管理规则、平台公约，与用户签

① 石佳友：《网络暴力治理中的平台责任》，载《法律科学（西北政法大学学报）》2023 年第 6 期，第 14 页。

订服务协议，明确网络暴力信息治理相关权利义务，并依法依约履行治理责任。”

任何一个网络平台都无法脱离网络平台的公约制度展开运营，平台公约的存在一方面为网络平台用户在平台中展开活动提供了行为准则，另一方面也为网络平台处理网络暴力问题提供了行权依据。平台公约虽然一般由平台依据法律法规等单方面制定，但实践中网络平台往往需要用户同意平台公约才提供服务。因此，平台公约实质上是网络平台与用户之间形成合意的一种合同，正是双方的合意才使得网络平台有权在用户的行为违反平台公约时给予用户对应的惩戒措施，从而避免用户的言论自由等正当权利被网络平台以网络暴力治理为由肆意侵犯，也避免了网络平台在治理网络暴力问题时因与用户之间发生法律纠纷从而利益受损。平台公约在网络暴力治理中主要发挥两方面的作用：一是对于网络暴力行为作出定义，便于网络平台对网络暴力行为进行筛选以及处理；二是对于网络暴力行为的惩戒措施作出合理设定，便于对网络用户的行为进行正确引导以及在网络暴力事件发生后进行公正处理。

网络暴力行为的特点与定义如本书的开篇章节所述。《网络暴力信息治理规定》将网络暴力信息定义为“通过网络以文本、图像、音频、视频等形式对个人集中发布的，含有侮辱谩骂、造谣诽谤、煽动仇恨、威逼胁迫、侵犯隐私，以及影响身心健康的指责嘲讽、贬低歧视等内容的违法和不良信息”。常见的网络平台比如微博的《微博社区公约》却并无关于网络暴力行为的统摄性定义，其将网络暴力行为作为宣扬仇恨行为的其中一种加以禁止。而《微博投诉操作细则》则将网络暴力行为单独作为禁止的一类行为，并细分为如下数类：(1)侮辱谩骂，指通过使用攻击、诅咒类言论，贬损站内其他用户；(2)侵犯隐私，指曝光他人隐私，如姓名、住址、联系方式、照片等信息，公开号召、引导其他用户进行非理性人肉搜索；(3)造谣诽谤，指对未经证实的网络事件发布主观揣度的负面信息，故意捏造虚假事实，侵犯站内其他用户名誉；(4)贬低羞辱，指通过恶意截图、节选文字进行报复泄愤、混淆视听，对站内其他用户进行标签化定义；(5)道德绑架，指将个人意志强加给他人，戴“有色眼镜”对站内其他用户进行不客观、不理性的评价，刻意引发地域、性别、贫富对立等情况；(6)冒犯骚扰，指在特殊场景下，虽未使用侮辱攻击性词汇，但发布恶意调侃等内容，对站内其他用户造成冒犯与骚扰。

对比《网络暴力信息治理规定》与《微博社区公约》、《微博投诉操作细则》对网络暴力的定义可以发现,网络平台公约对于网络暴力的诠释相较于法律法规要更为具体细致。网络平台公约将侮辱谩骂、造谣诽谤、侵犯隐私等行为更进一步地作出了解释,同时将网络暴力信息的集中发布进一步细分为组织、煽动和引导不特定的网络用户发布相应信息。但是网络平台在平台公约中对于网络暴力行为所作的定义仍然存在如下问题:第一,其将网络暴力与仇恨言论混同或是将前者作为后者的一部分,以及对网络暴力言论的定义只是简单地进行列举,缺乏对网络暴力兜底性的规定,导致部分类型的网络暴力行为例如大量发送无意义信息遭到忽视,进而使得网络平台放纵此类网络暴力信息以及在处理此类网络暴力信息时缺乏依据;第二,其对于网络暴力信息的细分程度有限,过于笼统的网络暴力类型划分既无法对网络用户起到理想的引导作用,也难以作为平台后续识别以及处理网络暴力信息的依据。

因此,网络平台在制定平台公约时应当对于网络暴力信息作出更为全面详尽的诠释,为后续的信息识别与处理夯实基础。首先,应当借助网络暴力的典型特征厘清其概念外沿,同时又需要对网络暴力的概念作出统摄性的非封闭性的规定,从而将未来可能出现的新型的网络暴力信息纳入规制范围。其次,应当根据现实发生的网络暴力事件对于不同类型的网络暴力信息作出具象化的描述,切实发挥平台公约的行为引导与规制作用,防止处于模糊地带的网络暴力信息成为漏网之鱼,例如,网络上常见的借助玩梗的名义对公民的个人肖像、姓名等进行恶搞等行为。

网络平台的平台公约除对网络暴力行为进行统摄性的定义以及较为细致的分类以外,还需要对网络暴力行为设置对应的惩戒措施。但常见的网络平台公约例如《微博社区公约》并未规定针对网络暴力行为的惩戒措施,只是单一地规定禁止用户进行网络暴力,将网络暴力的惩戒措施规定于平台公约之外的附属文件中,这并不利于惩戒措施发挥其一般预防作用。此外,平台公约设置网络暴力惩戒措施还缺乏惩戒措施与网络暴力行为之间的对应关系。以《微博投诉操作细则》为例,其仅仅规定在用户发布网络暴力信息之后,网络平台可以视情况给予其删改内容、删禁个人认证、禁言封号等一系列的惩戒措施,但是却并未详细规定何种情况下处以何种惩戒措施，这不仅导致了惩戒措施无法发挥预期中的一般预防效果，同时也导致针对类似的网络暴力言论遭受不同严重程度的惩戒措施的情况，从而使得网络平台与网络用户之间因此产生争议，进而影响网络平台处理网络暴力情况的公信力。

因此，网络平台在设置平台公约时应当将网络暴力言论的认定与对应的惩戒措施置于同一平台公约之下，应根据网络暴力言论的恶劣程度、扩散程度等情节以及后果的严重程度决定对应的惩戒措施，抑或实行网络账号信誉机制，根据网络暴力言论的严重程度扣除对应的信誉分，同时对信誉分设置多个阶段，对于不同阶段下的低信誉分网络账号进行禁言、封号等对应的惩戒措施。适当地设置网络暴力言论的惩戒措施并非鼓励网络用户在网络平台中进行轻微施暴，而是恰恰相反，针对恶劣程度较高、有组织性、有网络暴力历史的网络暴力施行者应进行有区分的加重处罚，并将此以明文规定的方式纳入网络平台的平台公约之中。这不仅有助于对网络用户的行为进行正确的引导，还有助于树立网络平台在网络暴力治理中的平台公信力，形成“轻者教育引导，重者严格处罚”的网络暴力分流治理模式。因此，避免网络暴力治理一刀切、随机化的治理模式是网络平台构建良性运营环境的必然前提。

（二）健全网络暴力识别预警机制

中国互联网络信息中心（CNNIC）发布的《第 53 次中国互联网络发展状况统计报告》显示，截至 2023 年 12 月，我国网民规模达 10.92 亿人，较 2022 年 12 月新增网民 2480 万人，互联网普及率达 77.5%。在此背景之下，网络暴力往往呈现出群体性的典型特征，尤其是在重大事件例如唐山打人事件发生时，网络平台短期内会出现大量相关的评论与转发，而在传播的海量信息中混杂着大量的网络暴力信息，面对评论总量往往数以百万计的情况，人工审核与处理网络暴力信息无疑是不现实的，即便耗费了大量人力进行处理，处理耗费的时间也会导致网络暴力情况无法得到及时控制。因此，健全网络暴力的识别预警机制成为网络暴力治理事前阶段的重中之重。通过机器识别对于海量信息进行预先处理之后，再将难以识别的剩余信息交由人工审核，是及时发现网络暴力信息并将其遏制在萌芽阶段的关键。

网络暴力的识别预警机制可分为对于网络暴力信息内容的识别预警机制以及对于网络暴力高危账号的识别预警机制。《网络暴力信息治理规定》第14条规定:“网络信息服务提供者应当建立健全用户账号信用管理体系,将涉网络暴力信息违法违规情形记入用户信用记录,依法依约降低账号信用等级或者列入黑名单,并据以限制账号功能或者停止提供相关服务。”针对网络暴力高危账号的识别预警要求网络平台以账号的过往信息发布等情况为依据,将具有网络暴力信息发布历史的账号纳入重点监管范围之中。《网络暴力信息治理规定》第13条规定:“网络信息服务提供者应当建立健全网络暴力信息预警模型,综合事件类别、针对主体、参与人数、信息内容、发布频次、环节场景、举报投诉等因素,及时发现预警网络暴力信息风险。”针对网络暴力信息内容的识别预警则要求网络平台根据过往的网络暴力信息案例,提取其中的各项特征以便于在后续出现类似的网络暴力信息时予以及时屏蔽或预警处理。

网络暴力信息内容的识别预警机制主要根据既有的网络暴力信息范例提炼出相应信息的特征形式,将其作为素材构建网络暴力信息内容的识别模型。就具体的建模方式而言,针对事件类别、针对主体、参与人数、信息内容、发布频次、环节场景、举报投诉等多维度的模型要求,需要网络平台将网络暴力治理中的人工经验转化为模型中的算法规则,构建逻辑驱动型的算法模型。[①] 网络平台也可以在逻辑驱动的算法模型基础上,充分利用自身所掌握的数据优势,结合大量数据之下的机器学习,进一步提高网络暴力信息内容的识别预警的准确性与及时性。

网络暴力高危账号的识别预警主要基于以下几种识别模式:第一,通过对账号历史发布的评论、贴文以及弹幕等信息进行内容识别。将一定期限内账号发布过的被识别为网络暴力信息的内容进行标记,根据相应信息的严重程度、传播频次以及信息的发布时间对相应的信息进行数值累加,达到一定数值的账号则自动纳入网络暴力高危账号的识别预警数据库;只要账号一定时间内不再发布网络暴力信息,随着过往的网络暴力信息数值降低,账号则自动从网络暴

---

① 参见王燃:《论网络暴力的平台技术治理》,载《法律科学(西北政法大学学报)》2024年第2期,第129页。

力高危账号的识别预警数据库中移除。第二,对于账号的历史违规情况以及受到举报投诉的情况进行识别。一定时期内曾经因发布网络暴力信息遭到处罚或是受到一定数量举报投诉的账号,只要其后续发布的信息被识别为网络暴力信息的内容,便应当纳入网络暴力高危账号的识别预警数据库中,直到该网络账号一定时期内未再发布被识别为网络暴力信息的内容。第三,对于账号使用者进行识别。此种识别模式主要针对在同一网络平台有多个账号的网络用户。为了防止网络暴力施行者在某一账号因网络暴力被标记或封禁后更换其他账号继续发布网络暴力信息,对于能确认为同一使用者的数个网络账号,其中某一网络账号因发布网络暴力信息被列为网络暴力高危账号或被封禁后,对于该使用者的其他网络账号应当同步纳入网络暴力高危账号的识别预警库中。

(三)强化反网络暴力宣传引导力度

中央网信办在部署开展的“清朗·网络暴力专项治理行动”中指出要强化对网络暴力的警示曝光和正向引导,网络平台在网络暴力的治理过程中除了对于已经发生的网络暴力进行及时规制,还需要事前对网络用户进行合理引导,强化网络用户对于网络暴力法律后果的认知,促使网络用户提升自我道德修养,从而在事前就阻断网络暴力事件发生的根源,以最小的成本避免网络暴力事件产生的巨大损失。网络平台强化反网络暴力的宣传引导力度有如下几种途径:一是对于典型的网络暴力案例及其处置情况进行及时公开,建立网络暴力典型案例公开库;二是对于可能发生舆情失控的网络热点事件及时展开内容引导,督促引导网络用户理性发表观点;三是强化网络用户道德教育,培养网络用户形成正确的网络伦理与网络素养。

首先,网络平台应当及时公开典型网络暴力案例及其处置情况,这是因为:一方面公开网暴典型案例并建立公开库的做法有助于网络用户面对层出不穷的新型网络暴力手段时及时意识到自身的权利受损,并及时采取妥当的手段进行维权;另一方面公开网暴典型案例的处置措施能够产生特殊预防的效果,使得对平台公约并不了解的网络暴力潜在实施者知悉实施网络暴力面临的严重后果,进而减少网络暴力的发生。同时,公开网暴典型案例的做法是网络用户监督网络平台切实尽到自身监督管理义务的重要途径,通过网暴典型案例反映网络平台在网络暴力事件中处置情况的妥当性与及时性。

其次,针对容易引发重大舆情的网络热点事件,网络平台应及时对网络用户展开引导教育,避免舆论态势升级而引发更为严重的网络暴力,将网络暴力扼杀在萌芽阶段。网络平台针对附带网络热点事件词条的贴文、评论和视频等内容,应当在内容中增加友善讨论、避免人身攻击等反网络暴力的提示,对于发布内容被识别为网络暴力信息的网络用户应当及时进行警告提醒。对于在网络上引起群情激愤的社会恶性事件例如唐山打人事件等,网络平台应当及时邀请有影响力的网络博主与社会名人发布正向内容,呼吁网络用户采取合法方式释放情绪,避免形成使用网络暴力以暴制暴的恶性局面。

最后,网络平台应当定期展开对于平台用户的道德教育,避免网络用户因为网络空间的虚拟性以及内容发布时的匿名性产生扭曲的道德认知。网络平台通过知识问答、趣味视频等形式开展网络道德教育,促使网络用户培养正确的网络道德观,强化网络用户的道德素养与责任观念,引导其理性使用网络平台发表自身观点。此外,网络平台应当通过道德教育与依法依规惩处的组合拳,达成德育和法治并重,实现网络暴力的治标和治本双管齐下。

二、网络平台的事中权责配置

面对网络暴力的高发态势,网络平台仅履行上述的事前权责并不足以阻止所有网络暴力的发生,当网络暴力行为现实发生时,网络平台需要履行自身所应承担的事中权责,及时维护被网暴者的正当权益,尽早遏制网络暴力的扩散态势。因此,网络平台在网络暴力现实发生后应当构建网络暴力应急防护机制以及强化网络暴力信息处理,避免网络暴力态势失控后对被网暴者造成进一步的伤害。

(一)构建网络暴力应急防护机制

中央网信办在印发的《关于切实加强网络暴力治理的通知》中明确指出,要强化网暴当事人保护,网络平台应当健全有效的网络暴力应急防护机制以保护网络用户的合法权益免受网络暴力侵犯,应当为网络用户设置一键防护、私信防护以及便捷举报等有效的应急防护机制,以便于网络用户在遭受网络暴力时及时有效应对。

首先,在网络暴力发生之初,网络平台在识别到用户可能遭受网络暴力攻击时,应当通过私信和弹窗等能够引起网络用户注意的形式提醒其存在遭受网络暴力攻击的风险,并在消息提醒中为网络用户提供跳转一键防护的便捷渠道。网络用户通过一键防护可以直接关闭接收陌生人发送的消息、评论、转发等内容,并自动拒绝陌生人的其他任何互动形式,保障在网络暴力失控之前及时阻断网络暴力信息对网络用户的侵害。必要时网络平台可以为网络用户进一步提供一键相关词条、话题等内容屏蔽,确保网络用户在避免接收网络暴力信息的情况下能够继续正常使用网络平台。

其次,网络平台应当优化网络用户的私信接收规则,网络用户可以根据自身需要自主设置在回复前陌生人仅能发送限制数量的私信、仅接收好友发送的私信以及拒绝接收任何私信,可以根据自身对受到网络暴力的认识程度灵活进行私信设置调整,从而在不影响网络平台正常使用的情况下避免大量私信骚扰。同时,网络平台应当对网络用户之间发送的私信内容进行关键词屏蔽,对于涉及网络暴力的恶意私信进行识别,强化涉及网络暴力的私信过滤,形成对网络用户的实时保护。

最后,除阻断受网暴用户与网络暴力信息之间的接触外,网络平台还应当为网络用户提供针对网络暴力信息的便捷举报渠道。网络平台可以在显著界面例如私信、评论等接收界面设置网络暴力信息便捷举报入口,也可以在识别网络用户受网络暴力攻击时以私信、弹窗等形式直接提供网络暴力信息便捷举报入口。同时,网络平台还应当为网络用户提供针对网络暴力信息的便捷取证功能,对附带关键词以及相关话题、词条的内容进行一键取证举报。网络平台在接收到举报之后应当尽快进行处理,对确实属于网络暴力信息的内容进行删除以及屏蔽,对内容发布者进行对应的处罚。

(二)加强网络暴力信息处理

网络暴力事件发生之后,网络平台无论是通过其自身的识别预警机制还是通过网络用户的举报机制发现网络暴力信息,都应当及时进行处理。《网络暴力信息治理规定》明确指出,网络平台对于网络暴力信息应当立即停止传输并及时进行删除、屏蔽、断开链接、限制传播等处理，及时控制网络暴力信息的扩散传播。网络平台在网络暴力信息的处理过程中应当保障信息发布者的合理申辩权利，及时切断网络暴力信息的扩散传播，并且对于网暴信息的发布者进行妥当处罚。

网络平台对网络用户之间的纠纷争议进行裁决处理已经具备“准司法权”的特征，[①]网络平台借助自身的资源优势处于居中审判的地位，对平台用户的私权利产生直接的影响，因此网络平台在行使这一准司法权时必须遵守正当程序的准则。在网络暴力信息的处理中，网络暴力信息的认定存在一定的模糊性，难免与较为激进的合理评论之间产生一定的混淆，因此网络平台在对于被识别为网络暴力的信息进行处理之前，应当听取信息发布者的合理申辩，并根据信息发布者的举证和申辩作出最终处理。同时，由于网络暴力信息的快速扩散以及多数人压制的明显特性，网络平台一方面可以借助程序对双方举证申辩进行判断，另一方面可以对网络暴力信息先行预处理。

网络平台应当对网络暴力信息的扩散传播进行及时切断控制。首先，应当对涉及网络暴力信息的评论展开过滤，通过定期识别屏蔽相应网暴评论、合理设置不同评论显示优先级以及关闭相应内容评论区等措施进行应对。其次，针对呈现出网络暴力信息集中的词条、话题以及群组等定期予以清理，针对反复发布网络暴力信息的上述讨论空间予以直接关闭，对于发动或暗示引导观众发动网络暴力的视频直播等内容予以删除关停，避免其对于网络用户的不良引导。最后，应当由权威主体及时发布信息，避免众多网络用户因信息不对等成为网络暴力发起者的舆论工具，引导网络用户合理发表观点，使得理性发声成为舆论主流。

在控制网络暴力信息传播的同时，网络平台对于网络暴力信息的源头即信息发布者应当及时作出妥当处理。针对网络暴力信息的发布者，网络平台应当视情况予以不同处理：对于受到不良引导或是因为一时激愤发布网络暴力信息的发布者，应当进行提醒、删除内容并进行警示教育。对于警示教育后仍然发

---

① 参见许可：《网络平台规制的双重逻辑及其反思》，载《网络信息法学研究》2018 年第 1 期，第 118 页。

布网络暴力信息的账号应当予以一定时间的禁止评论、转发、发送私信的惩罚。对于煽动网络用户发布网络暴力信息的发布者以及频繁发布网络暴力信息的发布者，应当依法依规对其予以关停账号等措施。对于情节恶劣的网络暴力信息发布者，网络平台可以将其纳入黑名单之中，必要时不同网络平台之间可以共同构建网络暴力黑名单，对于黑名单中的网络用户不再提供网络服务。

三、网络平台的事后权责配置

当网络暴力事件发生之时，平台的事中权责主要目的在于阻断网络暴力信息的扩散传播以及遏制网络暴力对于网络用户的进一步侵害，但即便是封禁网暴信息发布者账号等网络平台的事中处理机制，更多地仍然倾向于保全措施而非惩戒措施。因此，在网络平台通过履行事中权责控制网络暴力的影响之后，其仍然需要履行自身的事后权责。针对网络暴力实行者被追究民事以及行政责任的情况，网络平台应当尽到协助义务，针对网络暴力受害者的权利恢复要求，网络平台应当建立妥当的权利救济渠道。

（一）落实网暴追责协助义务

目前在对于网络暴力实施者的行政以及刑事追责过程中，我国主要采取的是政府主导、网络平台协助参与的模式。[①] 由于目前我国网络平台的治理呈现出“政府管平台，平台管其他主体”的治理情况，[②]网络平台在网络暴力的追责方面享有政府所不具备的优势，而作为网络暴力信息的直接管理者，网络平台应在网络暴力实施者的追责过程中履行证据固定义务以及技术支持义务。

网络暴力事件呈现出多数人压制的特征，其往往围绕某一社会热点事件或者由实施者组织在某一时间段内持续展开，而遭受网络暴力的用户往往无力对海量的网络暴力信息进行逐一取证并固定，并且要求网络暴力的受害者自行进行取证容易使其遭受二次伤害，同时网络用户也并不一定具备证据固定保全的能力。等到网络用户报案后再由公安等政府部门介入进行固定取证则可能为

---

① 参见刘艳红主编：《网络暴力治理法治化研究》，法律出版社2023年版，第237页。

② 参见许可：《网络平台规制的双重逻辑及其反思》，载《网络信息法学研究》2018年第1期，第119页。

时已晚，网络暴力的实施者可能已经删除相应信息，因此，将网络暴力的证据固定义务交由网络平台承担是最为合理的责任分配模式。网络平台可以在网络暴力发生后根据关键词等内容对于网络暴力信息进行一键取证固定，同时对于遭到删除的网络暴力信息，网络平台也具有技术手段进行相应的溯源并取证。网络平台应当及时提醒遭受网络暴力的用户合法维护自身权益并将固定的证据提供给相应用户，对于严重的网络暴力事件，网络平台应当及时通报有关政府部门并应其要求提供相应证据。根据《网络暴力信息治理规定》的规定，网络平台应当及时保存信息内容、浏览评论转发数量等数据并协助用户快捷取证。

除履行证据固定义务外，在网络暴力的追责过程中，网络平台还应当为政府部门提供技术支持等协助义务。《网络暴力信息治理规定》第 25 条规定，“公安、网信等有关部门依法调取证据的，网络信息服务提供者应当及时提供必要的技术支持和协助”。而网络平台的技术支持与协助义务尚需进一步明确与细化，应当通过法律法规的形式将协助义务进一步明确为消除网络暴力信息、及时通报有关部门、协助确定网络账号主体等较为具体明确的内容，从而进一步压实网络平台的平台责任。

（二）构建权利救济渠道

网络暴力事件的发生对遭受网络暴力的用户造成正当权益的侵犯，虽然遭受网络暴力的用户可以通过诉讼等法律手段救济自身的合法权益，但是对于其所遭受的精神损害由于量化难度较大往往难以得到充分的救济。由于网络空间不断追逐社会热点的特性，即便网络暴力实施者最终被要求公开道歉，热度下降之后的道歉也仍然难以消弭网络暴力尤其是造谣诽谤型网络暴力所带来的影响。因此，网络平台作为网络暴力的直接发生地，其有义务采取一定的措施协助遭受网络暴力的用户得到充分救济。

网络平台应当对遭受严重网络暴力的用户在一定期限内保持持续关注，定期为相应用户提供情绪疏导和安慰，避免受网暴用户受到严重的精神创伤或是因情绪失控作出非理性的行动。《网络暴力信息治理规定》密切关注未成年人以及老年人遭受网络暴力的情况，其第 24 条规定网络暴力信息侵害未成年人、老年人、残疾人等用户合法权益的，网络信息服务提供者应当“为用户提供网络暴力信息防护指导和保护救助服务，协助启动防护措施，并向网信、公安等有关部门报告”。作为身心尚未健全或是已经衰弱的弱势群体，这两者在网络暴力中受到的精神创伤尤其需要得到重视，平台可以与具有资质的专业人员形成合作，为有心理需求的弱势受网暴群体提供及时有效的心理辅导与治疗，并在一定时间内对相应群体在网络暴力事件平息后的心理状态展开跟踪评估。

网络平台还应当协助遭受网络暴力的用户妥善维护自身权益，避免“造谣一张嘴，辟谣跑断腿”的现象发生。一方面，针对过去的网络暴力信息网络平台除了消除已有的相应信息，还可以采取开辟官方账号固定收录不实的网络暴力信息进行打假以及通过降低后续类似信息权重尽量减少其他用户浏览量等措施，避免网络暴力信息持续产生恶性影响。另一方面，针对后续的受网暴用户的权利维护手段，例如进行发文回应以及网络暴力实施者公开道歉等方式，网络平台应当予以一定的热度扶持，必要时还可以邀请具有社会影响力的权威人士帮助发声，从而最大限度地消除网络暴力信息所带来的影响。

第二节　民事行政视野下的平台公益诉讼

民事行政视野下网络平台责任的合理配置是实现网络暴力一体化治理的必要前提，而民事行政领域平台公益诉讼制度的激活落实则是网络暴力一体化治理生命力的保证。《网暴指导意见》对网络暴力一体化治理中网络平台的公益诉讼作出了规定，“网络服务提供者对于所发现的网络暴力信息不依法履行信息网络安全管理义务，致使违法信息大量传播或者有其他严重情节，损害社会公共利益的，人民检察院可以依法向人民法院提起公益诉讼”。通过法律法规设置针对网络平台的公益诉讼，有助于压实民事行政领域中网络暴力治理的网络平台责任，督促网络平台在网络暴力治理中切实履行自身民事行政领域的权责。但网络暴力涉平台公益诉讼机制的设置并不代表网络平台管理责任的无限扩张，该机制的适用仍然以网络平台的不作为损害社会公共利益和造成严重情节为前提，只有针对社会公共利益和造成严重情节作出妥当的解释才能发挥其限制功能，进而实现网络平台管理责任与治理成本之间的平衡。

一、损害社会公共利益的认定

(一)社会公共利益的界定

根据德国的公法理论,社会公共利益可以分为绝对的社会公共利益和相对的社会公共利益,绝对的社会公共利益指被社会所一贯承认的具有独特社会价值的利益,相对的社会公共利益则是国家的立法者根据社会的现实需要所创造出来的利益。[①] 同样地我国的社会公共利益也可以分类为绝对的社会公共利益和准社会公共利益,绝对的社会公共利益包含国防事业、文化教育事业以及基础设施建设等具有社会共识并且由国家法律明确规定的社会利益,准社会公共利益则是一定群体利益的聚合杂糅,其包含了商业开发、旧城改造以及民间团体的公益事业等是否属于社会公共利益仍然存在争议的情况。因此,相较于绝对社会公共利益的确定界限,准社会公共利益是否属于社会公共利益的概念外沿界定仍然需要进一步地判断。

在界定准社会公共利益是否属于公益诉讼意义上的社会公共利益时,应当认识到社会公共利益的界定具有模糊性和不确定性。在社会公共利益的内涵界定中,将社会公共利益这一概念的范围外延诉诸社会公众的价值判断虽然有助于立法者和执法者认识到社会的现实需要,但是当是否侵犯社会公共利益成为检察院公益诉讼的前置要件时,依赖社会公众的价值判断便会带来相应的困境,即便是同一时间点,不同的社会公众的价值认知也仍然存在差异,从而导致社会公共利益的认定出现同案不同认定的困境,社会公众投票等手段只能作为社会公共利益认定的辅助手段而非决定性因素。因此,必须赋予社会公共利益这一概念明确的外延限制,才能发挥其在网络暴力涉平台公益诉讼中的构成要件机能。

在社会公共利益的概念界定中,并不能简单地将个体利益的聚合体与社会公共利益画等号。例如,针对一户家庭的房屋进行征收,虽然其影响的利益是这户家庭中数个个体的利益聚合,但是毫无疑问这种征收行为并未影响到社会

---

① 参见陈新民:《德国公法理论》(下册),山东人民出版社2001年版,第383页。

公共利益。有学者指出,个人利益虽然是社会公共利益的出发点以及落脚点,但是并不能将社会公共利益视为个人利益的简单总和。①

本书认为,对于社会公共利益中的公共属性应当从影响范围不特定性的角度进行理解,而非从受利益影响者数量的角度进行理解,原因在于受利益影响者的数量并不能完全排除利益影响的特定性,相反影响范围的不特定性才能反映"公共"这一概念背后的随机性与普遍性。对于社会公共利益中"利益"的理解则应当落脚于个人利益,因为即便是绝对的社会公共利益诸如国民健康、国民教育等最后仍然可以回归于个人利益,因此判断社会公共利益中的利益影响只需判断最终是否有个人的合法利益受到损失即可。综上而言,网络暴力涉平台公益诉讼中的社会公共利益应当认定为处于不特定范围内的个人合法利益的抽象聚合。

(二)社会公共利益的损害判断

在网络暴力涉平台公益诉讼中,网络暴力事件绝大部分情况下造成的社会公共利益损害并不属于绝对的社会公共利益,而是立法者出于社会需要考虑而设置的准社会公共利益,其损害的准社会公共利益是否属于公益诉讼范畴中的社会公共利益仍需进一步进行判断。同时《网暴指导意见》的规定使用了"致使损害社会公共利益"的表述,社会公共利益的损害究竟是否由网络平台未履行法定义务所导致同样需要进一步进行判断。因此,对于网络平台不依法履行信息网络安全管理义务是否损害了社会公共利益的判断应当从两个角度展开:一是网络暴力所侵犯的准社会公共利益何种情况下属于社会公共利益,二是网络暴力侵犯社会公共利益与网络平台的不作为之间的因果关系认定。

对于网络暴力所侵犯的准社会公共利益何种情况下属于社会公共利益的判断,本质上是对于网络暴力所侵犯的准社会公共利益是否具有公共性的判断,因为网络暴力毫无疑问必定会侵犯网络用户的个人合法利益。如前文所述,对于网络暴力所侵犯的利益是否具有公共性的判断依据在于其影响范围的不特定性。因此,可能损害社会公共利益的网络暴力主要可以分为两个类型:

---

① 参见唐山清:《论公共利益与个人利益的辩证关系》,载《社会科学家》2011 年第 2 期,第 74 ~ 75 页。

一是针对具有不特定性群体展开的网络暴力攻击。例如,针对某一粉丝群体或是某一游戏群体发起的网络暴力,这种类型的网络暴力毫无疑问地侵犯了不特定个人的合法利益。二是围绕某一社会热点事件展开或是获得大量网络用户关注的网络暴力。此种类型的网络暴力一方面已经影响到了网络空间的正常活动秩序这一绝对社会公共利益,另一方面达到一定规模的网络暴力已经形成了从个人利益到公共空间的风险外溢,随时可能影响不特定人的个人合法利益。同时,在判断网络暴力是否侵犯社会公共利益时应当注意网络暴力随时间持续发展的特性。例如,部分的网络暴力可能初期仅仅只是针对个人发起网络暴力,但随着时间发展,网络暴力的对象可能扩及支持受网暴者的其他网络用户,从而发展至损害不特定对象的个人合法利益。

网络平台不依法履行信息网络安全管理义务与社会公共利益损害之间的因果关系判断本质上属于纯正不作为犯的不作为与损害结果之间的因果关系判断。针对不作为犯的因果关系判断主要有如下几种观点:一是他行为说。该观点认为不作为犯在损害结果发生过程中进行的其他行为致使行为人无暇履行作为义务,因此他行为与损害结果之间存在因果关系。[①] 二是他因利用说。该观点认为不作为犯利用了导致损害结果发生的自然因果流程,因此行为人的不作为与损害结果之间存在因果关系。[②] 三是相当因果关系说。该观点认为只有行为人的不作为与损害结果之间具有相当性关系时,才认定两者之间存在因果关系。[③] 对比上述几种不作为犯的因果关系判断观点可以发现,在网络暴力涉平台公益诉讼中使用相当因果关系说更为妥当,他行为说与他因利用说对于网络平台不作为与社会公共利益损害结果之间的因果关系认定过于严苛,其使得网络平台缺乏通过两者不存在因果关系避免公益诉讼的合理空间,容易使得网络平台在网络暴力治理过程中出现权责失衡的困境。

在网络暴力涉平台公益诉讼中,对平台不作为与社会公共利益损害之间的相当性关系进行判断还需进行视角基准的选择。在网络暴力问题中应当以网

---

① 参见黄荣坚:《基础刑法学》,中国人民大学出版社2009年版,第189页。

② 参见许玉秀:《当代刑法思潮》,中国民主法制出版社2005年版,第103页。

③ 参见李川:《不作为因果关系的理论流变与研究进路》,载《法律科学(西北政法大学学报)》2016年第1期,第45页。

络平台行为时所认识到的状况作为判断基准,因为针对网络暴力的危害发展,网络平台作为法定的义务主体相较于社会一般人具有更为深入的认识和更高的预见可能性。将网络平台行为时认识的状况作为相当性判断的基准有利于网络平台对网络暴力施以更为严格的管控义务,同时对于自身因合理原因未及时发现的网络暴力情况以及超出自身管控能力极限的网络暴力情况所造成的社会公共利益损害,网络平台可以借此否认两者之间的相当性,避免对自身提起的公益诉讼,从而实现在网络暴力治理这一问题上分配给网络平台既不过分宽松又不过分严苛的管控义务。

二、严重情节的认定

除前文所述的损害社会公共利益这一构成要件外,网络暴力一体化治理中的平台公益诉讼还需要同时具备严重情节的构成要件。《网暴指导意见》中使用了"违法信息大量传播或者有其他严重情节"的表述,根据文义解释构成网络暴力涉平台公益诉讼中的严重情节至少需要与造成违法信息大量传播具有同等的严重程度,但仅凭文义并无法解释何种传播规模称得上致使违法信息大量传播以及具体还包括哪些类型的其他严重情节。因此,对上述问题进行厘清是网络暴力中平台公益诉讼机制顺利适用的必要前提。

(一)违法信息大量传播的认定

《刑法》第286条之一规定了拒不履行信息网络安全管理义务罪,对拒不履行信息网络安全管理义务罪列举了数种情形,其中便包含网络服务提供者不依法履行信息网络安全管理义务导致违法信息大量传播的情形。最高人民法院、最高人民检察院在《非法利用信息网络、帮信犯罪解释》第3条中将"致使违法信息大量传播"细化为"(一)致使传播违法视频文件二百个以上的;(二)致使传播违法视频文件以外的其他违法信息二千个以上的;(三)致使传播违法信息,数量虽未达到第一项、第二项规定标准,但是按相应比例折算合计达到有关数量标准的;(四)致使向二千个以上用户账号传播违法信息的;(五)致使利用群组成员账号数累计三千以上的通讯群组或者关注人员账号数累计三万以上的社交网络传播违法信息的;(六)致使违法信息实际被点击数达到五万以上的;(七)其他致使违法信息大量传播的情形”。

网络暴力涉平台公益诉讼与拒不履行信息网络安全管理义务罪中的造成违法信息大量传播具有同质性,两者均是网络平台未履行法律法规规定的信息网络安全管理义务进而导致网络暴力信息的大量传播,因此对于网络暴力涉平台公益诉讼中违法信息大量传播的认定可以借鉴拒不履行信息网络安全管理义务罪相关的司法解释。但网络暴力涉平台的检察公益诉讼与直接构成犯罪的刑事诉讼之间仍然存在差别,检察公益诉讼仍然需要严格适用民事诉讼法与行政诉讼法的规定。[①] 民事行政视野下的网络暴力涉平台公益诉讼与网络暴力涉平台刑事诉讼之间仍然存在严重性质上的差异,网络暴力涉平台刑事诉讼相较于前者具有兜底性质的作用。因此,网络暴力涉平台公益诉讼在借鉴适用相应刑事诉讼的司法解释时,应当在参照司法解释规定的传播类型的基础上对于传播数量的要求予以适当减少。在网络暴力涉平台公益诉讼中适当减少传播数量的要求有利于在网络平台责任缺位时检察公益诉讼能够尽早地介入,这一方面有助于遭受网络暴力侵害的社会公共利益及时得到恢复,另一方面提醒网络平台及时改正自身缺位的错误并切实履行在民事行政视野下的信息网络安全管理义务,从而避免更进一步构成刑事犯罪。

(二)其他严重情节的认定

拒不履行信息网络安全管理义务罪中除了规定导致违法信息大量传播的情形还规定了其他数种情形,包括“致使用户信息泄露,造成严重后果的”以及“致使刑事案件证据灭失,情节严重的”情形。因为除了上述两种拒不履行信息网络安全管理义务罪列举的严重情节,司法实务中还可能出现其他的严重情节需要以其他严重情节的兜底规定加以涵盖的情形,针对网络暴力平台公益诉讼中的其他严重情节的认定,在借鉴刑法规定的基础上还需进一步讨论。

《非法利用信息网络、帮信犯罪解释》对于致使用户信息泄露并造成严重后果作出了更为细化的规定,要求导致用户所泄露的信息达到一定数量或是泄露的信息被利用造成经济、人身安全等方面的重大损失。网络暴力涉平台公益诉

---

① 参见张雪樵:《检察公益诉讼比较研究》,载《国家检察官学院学报》2019 年第 1 期,第 159 页。

讼在认定此种严重情节时，一方面可以要求对用户信息的泄露数量适当减少，另一方面可以考虑将造成经济、人身安全等方面的重大损失改为造成较轻损失或者存在造成重大损失的风险，从而充分激活网络暴力治理中的检察公益诉讼制度。

致使刑事案件证据灭失并情节严重的情形则无法为网络暴力涉平台公益诉讼所直接借鉴。倘若规定造成刑事案件证据灭失才构成网络暴力涉平台公益诉讼中的严重情节，导致的直接后果便是检察公益诉讼与刑事诉讼的开启时间点的重合，从而丧失了设立检察公益诉讼的以压实网络平台信息网络安全管理义务的初衷。例如前文所述的网络平台的事后权责配置中便包含了证据固定义务，其中网络平台所需要固定的证据并不仅限于刑事案件证据，对于民事案件的证据以及行政执法的证据网络平台同样负有协助固定的责任。因此，网络平台只需要未固定导致灭失的证据达到一定数量便应当构成网络暴力涉平台公益诉讼中的情节严重，而无须再要求灭失的证据类型必须为刑事案件证据，因为此时这一情节已经导致了社会公共利益的损害难以追责获得救济的严重后果。

值得讨论的是，实施网络暴力的行为规模是否可以作为网络暴力涉平台公益诉讼中严重情节的一种。针对有组织、成规模实施网络暴力或是借助网络暴力恶意营销炒作的行为，倘若网络平台未及时履行信息网络安全管理义务，使得此类网络暴力的实施者或参与者长期存在并展开活动，虽然该网络暴力行为可能损害社会公共利益，但不宜单独作为一种严重情节进而以检察公益诉讼制度的介入处理。《关于切实加强网络暴力治理的通知》中虽然重点强调了网络平台对于上述类别的网暴主体应当从严从重处罚，对于失职失责的网络平台应当问责处罚，但是监管部门可以通过警告或行政处罚等手段进行问责处理，而单独将实施网络暴力的行为规模作为网络暴力涉平台公益诉讼的构成要件仍然存在解释论上的困境。公益诉讼的程序滞后性不利于尽早保障网络用户的合法权益以及网络空间的健康秩序，而通过非诉讼手段能够避免等到此类网暴主体多次实施网络暴力构成其他严重情节时再行介入处理。

第三节 民事行政视野下的平台权责实践

在本书的前述内容中已经对于民事行政视野下网络平台所应承担的各环节网络暴力治理责任进行了阐述,但网络平台在网络暴力的现实治理之中并非对相应的法律法规进行简单的生搬硬套,网络暴力的治理实践中网络平台并非总面临理想化的治理现状。一方面,法律法规无法完全覆盖网络平台在网络暴力治理过程中面临的所有情况,对于法律法规规定的缺漏之处或解释未竟之处,网络平台需要结合现实的网络暴力事件情况以及自身对于相应法律法规的理解认知进行处理。另一方面,网络平台在承担网络暴力治理的各环节责任时并非简单地追寻效率的极致化,其必然需要考虑网络暴力治理所付出的经济成本,需要追求网络暴力治理效果与治理成本的平衡,因此实践中如何在法律法规的框架下寻求经济高效的各环节网络暴力治理模式是网络平台考虑的重中之重。本节中将要讨论抖音、微博等知名度较高的网络平台治理网络暴力的实践情况,并与前述章节中网络平台在法律法规框架下应当承担的网络暴力治理责任的理论分析进行对比,进而总结明晰民事行政视野下网络平台在网络暴力治理实践中的优秀做法与不足之处,同时亦可以借此完善网络暴力治理的现有法律法规的缺漏之处与解释未竟之处。

一、网络平台的事前权责实践情况

民事行政视野下网络平台所承担的事前权责是网络暴力溯源治理、全面治理的重要基础,网络平台在网络暴力发生的事前阶段需要通过构建平台公约制度以及反网络暴力宣传制度确保平台用户了解网络暴力的法律后果,从源头上减少网络暴力事件的发生。同时,网络平台还应当在事前健全针对网络暴力信息的识别预警机制,进而在网络暴力发生的事中阶段及时介入,尽量减少网络暴力信息的快速“滚雪球式”的传播。在网络平台的网络暴力治理实践中,对于具体如何构建平台公约制度、进行反网络暴力宣传以及建立网络暴力信息的识别预警机制，不同的网络平台存在不同的实践情况。

（一）抖音事前权责实践情况

在平台公约制度的构建上，抖音设立了《抖音社区自律公约》作为平台用户的指引规范与行为准则，并在总则中明确了违反《抖音社区自律公约》的相应后果，包括删除或屏蔽相应内容、封禁账号以及进一步构成违反犯罪行为的处理。在《抖音社区自律公约》的“平台禁止及不欢迎”板块中设置了一节专门规定网络暴力行为的规制。在网络暴力行为这一章节中，抖音将网络暴力行为分为侮辱谩骂等数类行为，并在各类行为下均进行了细化，在更为明确地规制各项网络暴力行为的同时也避免了网络暴力概念的泛化与滥用。除此之外，抖音还在该章节中提供了平台用户遭受网络暴力行为时的引导，帮助抖音的平台用户在遭受网络暴力时可以据此及时地完成对应信息的屏蔽以及举报。此外，抖音在《抖音网络暴力信息治理规范》中除了同样明晰了网络暴力信息的各种类型外，还着重强调了针对网络暴力信息发布者的处罚措施以及平台用户在面对网络暴力时可以应用的防护机制。

在网络暴力的识别预警机制构建上，抖音通过进一步细化网络暴力信息的分类标准，强化网络暴力信息的识别能力，加强对于网络暴力舆情的发现与监管。针对被识别预警模型判定为不当评论的，抖音将对信息发布者进行反复提醒，同时抖音通过私信的临时对话设定功能限制陌生人的对话信息发布，从而配合网络暴力信息的识别预警机制在事前的萌芽阶段规避网络暴力事件的发酵。在面对特定事件例如新冠疫情发生时，抖音还会对网络暴力识别预警模型进行升级，对于热点事件中的当事人等特殊群体，抖音将通过加强巡查力度和集中整治评论区与私信的做法进一步加强网络暴力信息的识别。

在反网络暴力宣传方面，抖音定期发布重点打击呈现高发态势的某一类型网络暴力行为的公告，例如抖音发布的重点打击泄露隐私、P图公开辱骂等网络暴力言论的公告。抖音发布的网络暴力案例一般由三部分构成，即事件的行为定性与处理结果、事件经过的简要描述以及事件过程中的截图证据。此种反网络暴力案例的设置可以有效避免平台用户对于冗长的案例失去兴趣，其附带事件截图证据的做法也可以帮助加强平台用户对此的阅读兴趣，同时将简明的事件行为定性与处理结果作为每个案例的标题进行着重表示也有助于强化反网络暴力宣传的教育作用。

（二）微博事前权责实践情况

在平台公约制度的构建上，微博依据相关的法律法规以及主管部门的管理政策和用户共同制定了《微博社区公约》。《微博社区公约》在“用户权责”章节中规定了平台用户的行为不得违反法律法规和损害他人合法权益，但该平台公约中并未设置章节专门规定网络暴力信息的处置，其仅仅设置了“不良信息管理规则”这一章节。不良信息管理规则中的不良信息只是部分涵盖了网络暴力信息的内容，部分的不良信息类型例如标题党等恶意营销行为并不属于网络暴力信息的范畴，而部分的网络暴力信息类型例如信息轰炸无法被不良信息所概括从而遗漏。因此，《微博社区公约》对网络暴力信息缺乏专门规定和明确定义的情况并不利于网络暴力信息的全面规制处理。由“不良信息管理规则”这一章节中的兜底性规定来看，《微博社区公约》对于网络暴力信息等不良信息的关注重心在于其对网络生态造成的不良影响，而并非着眼于其对于作为网络暴力受害者的平台用户的权利受损，这种做法一定程度上反映了微博在网络暴力事件的处理过程中更多地将自身的角色定义为公共秩序的维护者而非私权利的救济者。该立场下有利于网络平台对于网络暴力态势的整体把控，但并不利于网络暴力受害者的全面保护。

在网络暴力的识别预警机制构建上，微博搭建了对应的网络暴力识别处置模型，通过完善健全网络暴力信息的标准和样本，构建了 14 个网络暴力相关模型，覆盖了 8 种类型的网络暴力信息。通过 16 个模型策略，其搭建的网络暴力识别处置模型日均可以处置网络暴力信息约 50 万条；通过相应 700 余个关键词的添加，其网络暴力识别处置模型可以更为精准地覆盖各种类型的网络暴力内容；通过不断完善网络暴力的识别处置模型，可以降低网络暴力事件的发生概率，将网络暴力事件爆发的风险尽早地扼杀于萌芽阶段。

在反网络暴力宣传方面，微博采取了三管齐下的措施。首先，微博在平台用户的社区公告中会每周公布网络暴力治理工作的周报，在周报中公布每周的网络暴力事件处理情况。网络暴力事件处理情况包括网络暴力事件治理数据以及网络暴力事件治理案例,其中治理数据包含了网络暴力信息的拦截清理数量以及网络暴力实施账号的处罚数量,治理案例则将该周之内在微博中发生的热点事件作为网络暴力治理的典型参考。微博通过公布周报以及时回应网络平台用户对于网络暴力舆论的关切。其次,微博通过安排平台中具有相当知名度和影响力的博主直播连麦探讨网络暴力的预防和治理,提高网络平台用户对网络暴力相关内容的认知,主动理性发言,抵制网络暴力。最后,微博通过发布《防网暴功能实用指南》等方式向平台用户普及遭遇网络暴力时的处置对策,引导教育平台用户在网络暴力面前积极维权以及及时应对,避免网络暴力损害的迅速扩张。

二、网络平台的事中权责实践情况

在网络暴力的治理实践中,尽管网络平台在事前环节中通过各种方式从源头上减少网络暴力的发生,但仍然会出现相当数量的网络暴力信息,尤其是在热点事件发生时,网络暴力信息的数量极容易超出机器识别与人工审核的承载极限,进而在网络平台中开始发挥其消极影响。当网络暴力信息被发布者以外的网络平台用户接收时,网络平台如何及时地处理相应信息和信息发布者以及保护网络暴力信息所针对的对象,是网络暴力治理实践中的关键性问题。

(一)抖音事中权责实践情况

在构建网络暴力应急防护机制方面,抖音上线一键防暴功能。抖音的平台用户可以通过“抖音小安”抖音号的私信菜单栏开启一键防暴功能,开启此项功能之后,网络平台用户将仅仅接受互关好友的评论与私信,完全屏蔽其他用户发送的各类信息,从而避免网络暴力事件的受害者进一步遭受网络暴力的伤害。此外,在网络暴力事件爆发之前,通过综合短视频、评论以及私信等各环节数据,系统识别到平台用户存在遭受网络暴力风险时,抖音还会主动通过电话呼叫、客户消息等方式联系可能存在遭受网络暴力风险的用户,为这些用户提供相应的网络暴力防护的指引和帮助。同时,抖音的平台用户也可以主动关闭私信功能以及通过设置屏蔽词自行对于私信和评论展开过滤,用户在接受陌生人带有网络暴力内容的信息时平台还会主动进行干预,从而最大限度地避免平台用户直接接触网络暴力信息。对于直播间、话题榜单等具有公共属性的平台空间,抖音则尝试通过加大巡查力度的方式对网络暴力信息展开清理。

在加强网络暴力信息处理方面,针对网络暴力信息的处理,仅在2022年第一季度,抖音便在网络暴力信息的专项治理当中对于涉及网络暴力信息的视频、评论以及私信等内容按情节进行了处置,总共处理相关的违规评论5.31万条,下架违规视频4.26万个。针对网络暴力信息发布者的处理,抖音在加大对发布网络暴力信息的违法违规账号主体的处罚力度的同时,还设置了根据首发、多发、煽动组织以及跟风发布的类型不同予以不同处罚的机制,根据行为的严重程度以及后续网络暴力的再发可能性设置梯次化的处罚体系。此外,根据不同的违规情节严重程度和违规的次数,抖音将对网络暴力信息的发布者实施禁言乃至无限期封禁的处罚。2022年1—3月,抖音累计封禁以及禁言发布网络暴力信息账号5988个。同时,针对发布网络暴力信息的违法违规账号主体的关联方例如账号所属的MCN机构展开连带处罚,从而避免同一主体通过不断更换账号的方式变相逃脱网络暴力处罚的情况。

(二)微博事中权责实践情况

在构建网络暴力应急防护机制方面,微博同样设置了一键防暴功能,平台用户可以在感受到大量言论攻击时开启此项功能,开启此功能后可以在一定时限内拒绝接收未关注人的私信与评论,同时也不会显示未关注人转发自身微博的消息。此外,平台用户还可以自行调整接收评论或私信的范围,将接收范围选定为自己关注的对象以及关注自己一定时限以上的粉丝,而遭到屏蔽以后屏蔽对象发送的私信消息仅显示一条,且平台用户查看该私信消息时倘若发现其构成网络暴力信息,还可以通过快速举报通道对该消息进行即时的投诉和屏蔽。同时,平台用户在收到构成网络暴力信息的评论时,还可以开启评论防火墙功能,微博的系统将自动对黑名单、不良信用记录用户的评论以及蕴含构成网络暴力信息关键词的评论进行过滤。此外,平台用户可以通过用户屏蔽功能来避免与特定用户的互动,并禁止其关注自己的微博账号,还可以通过关键词屏蔽功能自行添加特定的关键词从而拒绝接收相关的微博消息和互动消息。

在加强网络暴力信息处理方面,从微博发布的微博网暴治理工作周报来看,微博每周通过机器拦截涉及网络暴力信息的内容上百万条,人工清理涉及网络暴力信息的内容上千条。同时,微博不断加强对于网络社区板块以及网络群组的管理,针对匿名投稿、隔空喊话等传播网络暴力信息的行为进行了较大力度的排查整治。针对网络暴力信息发布者的处理,微博每周主动禁言发布网络暴力信息的违规用户上百人,并对上百个因发布网络暴力内容遭到投诉举报的账号予以阶段性禁言的处置。同时,微博针对多次遭投诉有效的用户实施加重处罚,并将处置结果在其个人主页中进行公示,将处罚结果同步告知举报者,从而进一步加强了对于实施网络暴力行为的治理。

三、网络平台的事后权责实践情况

在事中过滤处理网络暴力信息并由网络平台对网络暴力信息的发布者予以处罚之后,网络暴力事件的影响并未完全消弭。一方面对于网络暴力事件所针对的对象而言,网络暴力实施者所造成的伤害并不会因对其的处罚便完全恢复,被网暴者遭到的精神伤害以及名誉等权利的受损仍然亟待救济。另一方面对于实施严重的网络暴力行为的主体,其触犯相应的法律法规需要通过对应的民事乃至刑事手段进一步追究其责任,此时网络平台仍然需要尽到追责的协助义务。

(一)抖音事后权责实践情况

在落实网暴追责协助义务方面,以抖音反网暴法律咨询服务中心的意见为例。其建议平台用户通过截屏、录屏等方式对相关文字、链接等证据进行保存,必要时可以通过公证处公证的方式固定对方实施网络暴力行为的证据。而针对实施网络暴力行为的账号主体信息,则仍然需要遭受网络暴力的用户通过向人民法院提起民事诉讼,将侵权账号列为被告之后再通过法院的调查取证来获取账号相关主体的个人信息。倘若账号主体使用手机号、虚假账号或代理服务器等,将会进一步增加追踪其真实身份的难度。因此,在网络暴力行为的追责过程中,网络暴力的受害者仍然面临着高昂的维权成本。

在构建权利救济渠道方面,抖音专门建立了心理关怀团队,为网络暴力事件的受害者提供心理辅导和精神慰藉。抖音安全中心联合字节跳动公益、AIlab 等团队共同组成专项小组，为用户提供心理关怀服务。此外，抖音还上线了反网络暴力法律咨询的功能，该项功能由抖音与中国法律咨询中心合作推出，为已经遭受网络暴力的用户免费提供法律咨询服务。平台用户可通过检索网络暴力相关的关键词并从“维权指引”处使用该项功能，从而在遭受网络暴力事件后获取权利救济的相应法律意见。自该项功能上线以来，抖音反网暴法律咨询服务中心仅 3 个月便为 208 名用户提供了相应的法律咨询服务。

（二）微博事后权责实践情况

在落实网暴追责协助义务方面，微博建立的网暴投诉专区设立了“一键取证”功能，方便遭受网络暴力的用户及时针对涉及网络暴力的违规行为进行投诉以及证据留存。一键取证的证据内容涵盖文本消息、图片消息、语音消息等各种类型消息。对私信内容进行投诉后，平台用户可批量选聊天证据进行投诉从而进行证据的留存。但在实施网络暴力的账号主体个人信息上，网络暴力事件的受害者同样需要以提起诉讼的方式进行获取才能获得赔偿等民事救济。

在构建权利救济渠道方面，微博致力于提升用户体验、保障用户权益，营造友善健康的平台社区氛围。微博的网络暴力治理实践关注重心在于有效降低和预防网络用户遭受网络暴力的风险，以及平台用户在遭受网络暴力致使合法权益遭到侵犯时的即时保护。对于网络暴力发生之后的平台用户权利救济，微博对之则存在一定程度的忽视。然而，只有将网络暴力治理的成本投入在事前、事中以及事后各个阶段合理分配才是实现网络暴力全流程治理的应有之义，也是保障用户权益的重要举措。

第六章

我国网络暴力的刑法治理现状与现实困境

第一节 我国网络暴力的司法回顾

一、死亡博客案:网络暴力治理的起点

2009 年 12 月 23 日,被媒体冠以中国“网络暴力第一案”的死亡博客案由北京市第二中级人民法院依法作出二审判决,贯穿本案审判始终的是民众对网络空间中个人之隐私、名誉与群体之知情权、表达自由的冲突的大讨论。

2007 年年底,姜某因发现丈夫王某与他人存在婚外情跳楼自杀身亡,离世前她在自己注册的个人博客“北飞的候鸟”上记录了自己得知此事后的心路历程,并留下了丈夫与第三者的照片。姜某离世后,她的博客被网友转载到天涯社区论坛中,随后姜某的大学同学张某奕注册非经营性网站、大旗网制作专题网页、天涯网发文均对此事进行了更为详细的披露。随之而来的是网友的怒火,大量网友留言对王某的行为表示不齿并怒骂,王某、第三者及双方父母的姓名、工作单位、家庭住址等详细信息被一些网友通过人肉搜索公开,更有网友在线下对王某及其家人进行骚扰,对其现实生活造成重大影响。2008 年 3 月,深感网络与现实均无处栖身的王某将 3 家网站诉至北京市朝阳区人民法院。在起诉状中,王某称:“众多网民在跟帖中,使用侮辱和诽谤的语言,对我施行‘网络暴力’。”①这

① 《男孩与医生泳池中冲突,家长大闹后,女医生自杀……判了》,载搜狐网,https://www.sohu.com/a/552670437_161795,最后访问时间:2024 年 1 月 21 日。

是中国第一例真正进入司法程序的网络暴力事件，该案原告虽不是遭遇“人肉搜索”的第一人，却是第一位将遭遇诉诸法律的维权者。

2008 年 12 月，朝阳区人民法院作出判决，认定张某奕与大旗网构成对王某隐私权与名誉权侵犯，判令两名被告删除相关文章及照片，在网站首页刊登道歉函，并分别赔偿王某精神损害抚慰金 5000 元和 3000 元，天涯网因及时删帖被判免责。张某奕上诉后，二审法院维持原判。①

法院认为，张某奕与大旗网的行为违反了我国《互联网信息服务管理办法》及《互联网电子公告服务管理规定》的相关规定，即互联网信息服务提供者应当向上网用户提供良好的服务，并保证其所提供的信息内容合法。任何人不得在电子公告服务系统中发布含有侮辱或者诽谤他人、侵害他人合法权益的信息。针对被告张某奕将王某的真实姓名、工作单位、家庭住址、与其他女性存在婚外情一事公开发布在“北飞的候鸟”网站是否侵犯了王某的隐私权与名誉权这一争议，法院判决指出，隐私一般是指仅与特定人的利益或者人身发生联系，且权利人不愿为他人所知晓的私人生活、私人信息、私人空间及个人生活安宁。公民的个人感情生活包括婚外男女关系问题，均属个人隐私范畴。因此，依据原《民法通则》第 101 条，法院认定张某奕的行为构成对王某的隐私权与名誉权的侵害。

事实上，法院在作出一审判决时，原《民法通则》中并没有“隐私权”这一概念，“个人隐私”尚未在当时的民事法律中被直接规定为一项民事权利，如何定义隐私、隐私权的内涵与外延、个人隐私的保护方式等基本问题在相关法律中都只能找到含糊不清的回答。原《民法通则》第 101 条规定：“公民、法人享有名誉权，公民的人格尊严受法律保护，禁止用侮辱、诽谤等方式损害公民、法人的名誉。”《关于贯彻执行〈中华人民共和国民法通则〉若干问题的意见（试行）》（现已失效）第 140 条规定，“以书面、口头等形式宣扬他人的隐私，或者捏造事实公然丑化他人人格，以及用侮辱、诽谤等方式损害他人名誉，造成一定影响的，应当认定为侵犯公民名誉权的行为”。法院在本案中引入隐私权的概念以

---

① 参见死亡博客案，北京市朝阳区人民法院（2008）朝民初字第 10930 号民事判决书、北京市朝阳区人民法院（2008）朝民初字第 29276 号民事判决书。

及审查标准,实际上是按照当时的司法解释将隐私权作为公民名誉权的一项内容加以保护。但值得注意的是,2008 年 4 月 1 日起施行的《民事案件案由规定》已将隐私权纠纷作为当事人提起诉讼的案由之一。对隐私权的争论使该案也被称为"人肉搜索第一案"。

死亡博客案随着二审判决生效宣告终结,但"网络暴力"一词却真正走进了公众视野。该案还提出了两个更深层次的法律问题:一是网络暴力事件中侵权责任的法律缺位如何填补;二是网络服务提供者在瞬息万变的网络空间中应当承担何种监管责任。

二、分散式的网络暴力治理格局

(一)重点打击人肉搜索型网络暴力时期

死亡博客案使"人肉搜索"在相当长一段时间内成为网络暴力的代名词,因此立法者将治理网络暴力的第一剑指向了人肉搜索。面对人肉搜索型网络暴力,刑法应当恪守谦抑、审慎入罪的态度在当时的规范制定层面基本达成共识。2008 年 8 月,正值全国人大常委会委员分组审议《刑法修正案(七)草案》之际,时任全国人大财政经济委员会副主任委员、预算工作委员会主任朱志刚表示,"网上通缉""人肉搜索"泄露公民姓名、家庭住址、个人电话等基本信息,同样是严重侵犯公民基本权益的行为,其造成的危害甚至比出售公民个人信息更为严重,因此建议将"人肉搜索"行为在刑法中予以规范。[①] 但是,考虑到"人肉搜索"仍是一个新鲜概念,其正负影响还没有得到清晰界定,不应当将其匆忙纳入刑法规制范围,否则可能构成对公民知情权、信息传播自由权的侵害,《刑法修正案(七)》最终并未采纳将人肉搜索入罪的建议,其只强调对特殊主体出售或非法提供公民个人信息,以及采用非法手段获取公民个人信息的行为予以规制。

2010 年 7 月 1 日生效的原《侵权责任法》第 2 条首次在法律中明确提出隐

---

① 参见《又一起诉讼请求被驳　"人肉搜索"边界在哪里?》,载新浪网,https://news.sina.com.cn/o/2008-09-24/085414492797s.shtml,最后访问时间:2024 年 1 月 21 日。

私权这一概念，将其从名誉权中剥离出来，成为一项独立的人格权。该法第 36 条指出了网络空间内发生侵权行为的责任主体，除实施侵权行为的网络用户外，网络服务提供者利用网络侵害他人民事权益、知道或者接到被侵权人通知后知道有网络用户正在利用互联网侵犯他人民事权益而不履行监管义务的，均应承担相应的侵权责任。

2012 年 12 月 28 日，全国人民代表大会常务委员会（以下简称全国人大常委会）《关于加强网络信息保护的决定》出台，这意味着立法者开始在全局意义上关注公民个人信息保护问题。2013 年 1 月 1 日，新修订的《治安管理处罚法》生效，该法延续了修订前第 42 条的规定，将散布他人隐私作为侵犯他人人身权利的违法行为。

面对日新月异的互联网环境，仅依靠前置法难以适应网络暴力治理的现实需求，因此需要刑法介入形成合力。2013 年的蔡某青侮辱案，标志着我国“人肉搜索”行为入刑这一重要节点。蔡某青因怀疑徐某在自己的服装店试衣服时窃走一件衣服，将徐某在店内的监控截图配上“穿花花衣服的是小偷”等字幕后，上传至微博，并以“求人肉搜索”等方式对徐某进行侮辱。仅仅两日后，徐某就因不堪受辱跳水自杀。[①] 法院认定蔡某青的行为构成公然侮辱他人，情节严重，以侮辱罪对其判处刑罚。

侮辱罪、诽谤罪在规制网络暴力中作为核心罪名被激活后，2015 年《刑法修正案（九）》紧随其后作出 3 项重要修订：一是降低侮辱罪、诽谤罪这一类自诉犯罪的诉讼难度，修正案规定在《刑法》第 264 条中增加 1 款作为第 3 款：“通过信息网络实施第一款规定的行为，被害人向人民法院告诉，但提供证据确有困难的，人民法院可以要求公安机关提供协助。”以公权力机关的介入协助被害人尽早固定证据、锁定行为人、追究其法律责任、维护自身的合法权益。二是扩大侵犯公民个人信息的主体范畴，修改《刑法》第 253 条之一，规定任何自然人或单位，只要违反国家规定，向他人出售或者提供公民个人信息，情节严重的，或者窃取，或者以其他方法非法获取公民个人信息的，均要承担侵犯公民个人信息

① 参见何帆主编：《新编最高人民法院司法观点集成·刑事卷Ⅲ（第 2 版）》，中国民主法制出版社 2023 年版，第 1339 页。

的刑事责任。法网的扩张昭示着刑法在网络暴力治理中的参与度逐渐升高,利用"人肉搜索"在网络上恶意公开他人隐私、泄露他人个人信息的行为人,将不再游离于刑事法管控之外。三是拓宽网络服务提供者的法律责任,在刑法第286条后增加1条,作为第286条之一,即拒不履行信息网络安全管理义务罪,其中第1款第1项、第2项规定,网络服务提供者不履行法律、行政法规规定的信息网络安全管理义务,经监管部门责令采取改正措施而拒不改正,致使违法信息大量传播或用户信息泄露,造成严重后果的,应当承担刑事责任。此条能够督促网络服务提供者履行监管义务,从而加强对"人肉搜索"等网络乱象的间接管理。

2017年6月1日,《网络安全法》生效实施,其第42条、第64条规定了网络运营者对其收集的用户个人信息具有保护义务,以及违反该义务将承担的法律责任。此规定重申了网络服务提供者在网络暴力事件中应当履行的监管义务,对公民的隐私权与个人信息的保护更进一步。

(二)重点打击网络语言暴力时期

经过梳理不难看出,死亡博客案后国家虽已着手治理网络暴力,但相关法律法规并未对网络暴力本身进行专门的立法调整,而是着眼于网络暴力的表现形式,通过对该表现形式进行拆解,依据其所侵犯的法益加以规制,从而间接实现对网络暴力的治理。① 例如,针对"人肉搜索",立法者对隐私权保护、个人信息保护领域的立法空白进行了重点填补。然而,随着互联网强匿名、流量可变现、信息光速传播等特性被不断开发,加上民众对网络暴力的认识愈发深刻,网络暴力呈现出了更丰富的表现形式。在这一阶段,只完善"人肉搜索"对应的法规范已不能保证对所有网络暴力治理的有法可依,造谣诽谤、谩骂侮辱、拱火煽动、恶意营销等网络暴力行为接连涌现。"人肉搜索"型网络暴力的核心是被害人的信息与隐私被部分网民运用技术手段公开,被害人在现实世界完全透明,随时有可能遭受他人线下的侵扰。与之不同的是,这一时期的网络暴力开始以语言暴力为核心,"人肉搜索"只是为行为人攻击被害人提供便利的手段之一,

---

① 参见刘艳红:《网络暴力治理的法治化转型及立法体系建构》,载《法学研究》2023年第5期,第81页。

成千上万的网民形成一个不见面的联盟，在线上对被害人实施不间断的、情绪宣泄式的攻击。立法者在细化公民隐私权、个人信息保护立法的同时，同样看到了这类网络暴力对公民名誉权、个人在网络空间中的安全感、网络空间良性秩序与和谐风气、现实社会和谐稳定等的破坏。

从 2017 年开始，国家网信办陆续出台了一系列规范性文件，结合网络暴力可能发生的场景，更大范围地对涉网络暴力主体、涉网络暴力行为进行了规制。义务主体既有普通民众，例如网络信息内容生产者、网络信息内容服务使用者，也有相关平台，例如互联网新闻信息服务提供者、互联网论坛社区服务提供者、跟帖评论服务提供者、微博客服务提供者、网络信息内容服务平台，还有国家机关，例如国家和地方互联网信息办公室。规范否定的也不再仅是散布他人隐私、泄露他人个人信息的行为。例如：针对部分社交媒体意图收割流量牟利而故意煽动舆情、引导舆论，在网络暴力事件中推波助澜的行为，2017 年《互联网跟帖评论服务管理规定》第 12 条禁止跟帖评论服务提供者及其从业人员为谋取不正当利益或基于错误价值取向有选择地删除、推荐跟帖评论，禁止利用软件、雇佣商业机构及人员等方式散布信息。针对个别网民故意编造、散播谣言，以诋毁、诽谤他人的行为，以及通过侮辱、谩骂、人身攻击等激烈方式对特定对象宣泄情绪、表达不满、引诱其他网民参与“审判”的行为，《网络信息内容生态治理规定》第 6 条第 1 款第 10 项禁止网络信息内容生产者制作、复制、发布含有侮辱或者诽谤他人，侵害他人名誉、隐私和其他合法权益内容的违法信息。《互联网论坛社区服务管理规定》则从更宏观的层面强调服务提供者的主体责任，要求建立健全信息审核、公共信息实时巡查、应急处置及个人信息保护等管理制度，严密保障信息安全。

2021 年 1 月 1 日《民法典》生效实施，人格权编就公民的名誉权、隐私权、个人信息进行专章保护，侵权责任编对原《侵权责任法》第 36 条规定的平台责任进行了优化。同年 11 月 1 日，《个人信息保护法》生效，这标志着我国公民个人信息保护的法律体系至此更加完整。

总体而言，我国当前为反网络暴力制定的各项规则仍散见于各部门法中，民法、行政法、刑法以及诸多部门规章、司法解释，均有能够被运用在网络暴力治理中的条款。但是，由于“网络暴力”本身并非一个法律概念，在始终缺少一个权威的基础定义的情况下,我国并没有反网络暴力的专属立法,法规范指向的是可能引发网络暴力的行为,而非网络暴力本身。

三、一体化评价机制的尝试

在反网络暴力这一时代任务上,我国从未松懈,但越来越多由网络暴力造成的沉重后果令人唏嘘,也摧残着网民在网络空间中的安全感。因在泳池与他人发生冲突被指责殴打未成年人的安医生,一心寻亲遭生母拉黑后被辱骂自导自演的刘学州,给外卖员打赏 200 元表示感谢却被攻击吝啬的普通女生,都在网络暴力编织的密网中选择了结束自己的生命。2022 年 4 月,中央网信办发起"清朗 · 网络暴力专项治理行动",同年 11 月颁发了《关于切实加强网络暴力治理的通知》,要求以压实网站平台主体责任为抓手,加大网络暴力治理力度。我国网络暴力法治化理念走上了向构建网络暴力治理体系方向转型之路。

《网络暴力信息治理规定》于 2024 年 8 月 1 日起施行。在信息预防预警上,《网络暴力信息治理规定》要求网络服务提供者建立健全网络暴力信息预警模型和样本库,精准识别与管理涉网络暴力信息,做好超前预防工作,通过建立健全用户账号信用管理体系的方式,将用户的信用记录与其在网络空间中的言行挂钩,把好用户准入的第一关。在信息干预处置上,该规定要求网络服务提供者履行管理职责,加强对网络视听节目、网络直播等服务内容的管理,加强对跟帖评论信息内容的管理,加强对网络论坛社区和网络群组的管理,规范用户行为,建立审核机制,及时阻断相关信息传播,避免网络暴力行为无序扩大,且不得在网络暴力事件中借机营销炒作。对于违规的用户、机构,网络服务提供者应当对其采取警示、删除信息、限制功能、关闭账号、入驻清退等处置措施。在保护机制建立上,该规定要求网络信息服务提供者建立完善网络暴力信息防护功能,设置一键关闭陌生人信息等防护屏蔽选项,在特定情形下为用户提供网络暴力信息防护指导和保护救助服务,开发针对网络暴力信息的快捷取证等功能,还特别强调了对未成年人用户的优先保护。可以说,《网络暴力信息治理规定》初步搭建了一个事前、事中、事后的全链条、多元化的网络暴力治理体系。

值得注意的是,2023 年 7 月发布的《网络暴力信息治理规定(征求意见稿)》第 2 条第 2 款尝试对“网络暴力信息”做出界定:“本规定所称网络暴力信息,是指通过网络对个人集中发布的,侮辱谩骂、造谣诽谤、侵犯隐私,以及严重影响身心健康的道德绑架、贬低歧视、恶意揣测等违法和不良信息。”但这一内容在正式公布的《网络暴力信息治理规定》中被删除。至今距离网络暴力第一案裁判生效已过了 13 年有余,官方文件中仍然没有对“网络暴力”的完整定义,这从侧面反映出网络暴力行为的复杂性。

针对性地治理网络暴力,需要刑法及时回应国民的诉求。2023 年 9 月,《网暴指导意见》生效,显示出我国立足现实、响应国民呼声,召唤刑法入场更大范围地参与网络暴力治理的计划。《网暴指导意见》在反网络暴力问题上,构建了极为全面且严厉的治理体系:一方面,涉网络暴力的罪名呈现出全面开花的局面,牵涉侵犯公民人身权利罪、侵犯财产罪、妨害社会管理秩序罪 3 大类别共 5 个罪名;另一方面,涉网络暴力犯罪所受到的刑罚将更加严厉,如《网暴指导意见》第 8 条明确指出未来要矫正“法不责众”的错误倾向,重点打击恶意发起者、组织者、恶意推波助澜者以及屡教不改者,并设定了 5 项从重处罚的行为。①

深化网络暴力治理,是净化网络空间、建设网上精神家园绕不开的一道关卡。在网络暴力尚是新生名词、概念具有极强的不确定性时,我国选择了一条暂不构建基础性法律、由各部门法先行对其进行间接治理的立法路径,通过将网络暴力行为拆分成多种具有严重社会危害性的一般行为进行打击,以实现对网络暴力这一特定行为的规制。当前,网络暴力不断蔓延,推动网络暴力治理体系化,是全面依法治网的必然选择,也是未来反网络暴力立法的前进方向。

第二节　我国网络暴力的刑法治理现状

一、后果严重的网络暴力事件频发

蔡某青侮辱案中徐某自杀身亡、蔡某青以侮辱罪被判处有期徒刑 1 年的结

① 参见储陈城:《刑法应对网络暴力的流变及其基本立场》,载《中国刑事法杂志》2023 年第 4 期,第 49～50 页。

局并未遏制网络暴力发展的态势。随着互联网的普及率越来越高,大量私人信息快速涌入网络空间,网络的虚拟环境为公众搭建了前所未有的自由表达空间。但受制于网民素质的良莠不齐,非理性信息极易在网络空间泛滥,某一热点事件的真相逐渐被谩骂和攻击淹没,取而代之的是极端的对立与情绪化的表达,网络空间的匿名性、群体发声的去责任化、信息传播过程中“沉默的螺旋”导致的强势“民意”问题、舆情蔓延中的羊群效应引发的盲从问题,共同触发了越来越频繁的网络暴力。

2016 年“江歌案”引发了网友对刘某及其家人的“人肉搜索”,一位家住青岛的阿姨被当作刘某的母亲无辜“躺枪”,她的老年手机 3 天时间内接到了超过 2000 个骚扰电话与短信;①2018 年童先生因儿子被狗咬伤怒而将狗摔死,受不了来自网络的辱骂、指责甚至死亡攻击,童先生的妻子选择割腕自杀给狗偿命,然而在这之后网络攻击的矛头又指向了狗主人;②2019 年因网上流传的视频,一位男童被误指为杀害 10 岁女童的杀人犯,孩子因忍受不了多方的辱骂而不敢回家,在外“流浪”近 10 天,回家后变得不爱说话、精神不振;③2020 年谷女士被捏造结识快递员并多次发生不正当性关系的微信聊天记录,并被捏造相关视频、图片,被偷拍视频以及捏造的信息相继扩散到 110 余个微信群(群成员总数 2 万余人),多个微信公众号、网站将其合辑转载推文(总阅读数 2 万余次),引发大量低俗、淫秽评论,严重影响了谷女士的正常工作生活;④2021 年,25 岁已婚妈妈唐某被骗钱后发帖称自杀,欲以此逼迫诈骗方返还财物,获救后被指“假死博关注”,部分网友认为受到欺骗,从关心转为谩骂,唐某饮酒烧炭自杀身

---

① 参见《江歌案刘某遭人肉　青岛大妈“躺枪”接 2000 多骚扰电话》,载搜狐网,https://www.sohu.com/a/204404345_115479,最后访问时间:2024 年 1 月 25 日。

② 参见《摔狗者遭人肉　其妻“割腕偿狗命”　狗主人也未能幸免》,载百度网站,https://baijiahao.baidu.com/s?id=1605032740735388200&wfr=spider&for=pc,最后访问时间:2024 年 1 月 25 日。

③ 参见《多起热点事件中无辜者被误伤　遭遇网络暴力如何维权》,载中新网,https://www.chinanews.com.cn/m/sh/2019/10-31/8994108.shtml?ivk_sa=1023197a,最后访问时间:2024 年 1 月 25 日。

④ 参见《侵权有代价,造谣必严惩!十大提名案件之女子取快递被造谣出轨案》,载微信公众号“最高人民法院”,https://mp.weixin.qq.com/s/TKTwPGmyVFN05bNACNZEEQ,最后访问时间:2024 年 1 月 25 日。

亡；[①]2022 年卖了 17 年糖水坚持不涨价的“糖水爷爷”，无法忍受网友对他“不戴口罩、不戴手套、食材不干净”的指责及“卖糖水是因为子孙不孝，无依无靠”的无端揣度，决定不再出摊；[②]2022 年，寻亲男孩刘学州自杀身亡；[③]2023 年，染着粉发在爷爷病床前分享自己考研成功喜悦的郑灵华，在与抑郁症抗争半年后选择了自杀，此前她因为染了粉色的头发而遭受到来自无数网民用词粗俗的辱骂，在这个过程中，病床上的爷爷也未能避免来自网络的诅咒；等等。[④]

网络暴力事件不仅难以遏制，甚至有愈演愈烈之势，极端网络暴力事件多次出现，遭受网络暴力的当事人一时之间似乎成了无数网民的眼中钉，仿佛人人欲除之而后快。据统计，2012 年至 2016 年我国网络暴力事件数量年平均增长率约为 11.84%，2013 年至 2015 年网络暴力事件数量增长率为 267%，[⑤]中国司法大数据研究院社会治理发展研究部部长李俊慧在第 12 期南都数字经济治理论坛上也表示，涉网络暴力案件整体呈现逐年上升趋势。[⑥] 梳理近年来的网络暴力事件能够发现，引发网络暴力的原因向着日常生活中最普通的言行迁移，从“网络暴力第一案”中王某由于出轨遭受“人肉搜索”，到当前由于染了粉发、孩子过世后仍穿着得体、给外卖员打赏等都会成为被攻击的理由；而网络暴力造成的伤害结果却逐渐极端化，许多被害者以生命为代价终结了这场暴力。

出现这一现象的原因是，一方面，由于新兴网络技术的发展，互联网的准入门槛越来越低，网络用户规模逐年扩大，参与网络暴力的主体基数也随之增多；另一方面，在网络空间中，只要能够找到一个讨论度高的话题，就能迅速产生集

---

① 参见《惠州 25 岁妈妈被指“假死博关注”，遭网暴后二次自杀身亡!》，载搜狐网，https://www.sohu.com/a/491016639_121123713，最后访问时间：2024 年 1 月 25 日。

② 参见《武汉“糖水爷爷”走红后被网暴……家人被电话骚扰》，载观察者网，https://www.guancha.cn/politics/2022_08_13_653526.shtml，最后访问时间：2024 年 1 月 25 日。

③ 参见《寻亲男孩刘学州自杀身亡：与亲生父母决裂后遭网暴，自诉年少时被猥亵患抑郁》，载腾讯新闻，https://new.qq.com/rain/a/20220124A04Q0O00，最后访问时间：2024 年 1 月 25 日。

④ 参见《杭州“粉发女孩”郑灵华走了，她与网络暴力的战斗还在继续》，载腾讯新闻，https://new.qq.com/rain/a/20230222A012FF00，最后访问时间：2024 年 1 月 25 日。

⑤ 参见李华君、曾留馨、滕姗姗：《网络暴力的发展研究：内涵类型、现状特征与治理对策——基于 2012—2016 年 30 起典型网络暴力事件分析》，载《情报杂志》2017 年第 9 期，第 142 页。

⑥ 参见《司法大数据显示：依法惩治网络暴力违法犯罪势在必行》，载百度网，https://baijiahao.baidu.com/s?id=1779562475691131176&wfr=spider&for=pc，最后访问时间：2024 年 1 月 27 日。

群效应,对当事人的攻击也更为集中。在网络暴力面前,人人都有可能成为受害者,据调研显示,61.11%的受访网民或多或少遭遇过网络暴力行为,其中,5.41%的受访网民表示遭遇"非常多",7.30%的网民表示遭遇"比较多"。[①] 在网络暴力事件中,成千上万的参与者由于拥有正义或自诩正义的初始动机,其认为自己与他人形成了一个拥有共同目标的集体,有资格对被害人进行道德批判,被害者此时是他们的对立方,因此非理性的行为、情绪化的表达反而会得到大量认同。实际上这种表达已经偏离了其最初动机,成为一种情绪宣泄。这一过程中,不仅被害人被推上了风口浪尖,网络空间的道德秩序与法律秩序更是被不断扭曲,当键盘生出的虚拟字符能够成为法典,为他人"定罪量刑",必将有损于整个社会的和谐安宁。对网络暴力展开全方位的治理已经成为互联网时代一项刻不容缓的任务。

二、刑事法律规制缺位

(一)民事、行政法律治理乏力

从立法层面看,关于网络暴力的治理,我国的民事法律与行政法律都已经有了大量的规定。

在民法领域有诸多能够被用于规制网络暴力的法律法规、司法解释。从规制"人肉搜索"型网络暴力开始,我国对于公民隐私权与个人信息保护的法规范就逐渐完善,还形成了完整的个人信息保护法律体系,利用网络公开他人隐私与个人信息的行为一律应当承担侵权责任,侵犯他人名誉权的行为亦同理。但是,即使被告人承担了民事责任,那些遭受了严重网络暴力的被害人依然无法完全得到弥补。根据《民法典》侵权责任编的相关规定,被告人承担侵权责任的形式主要为停止侵权、赔礼道歉、消除影响、赔偿经济损失及合理开支、赔偿精神损害抚慰金等。在普通网络暴力案件中,这些赔偿或许能够填补原告的伤害,但对于前文那些因网络暴力造成了"社会性死亡",甚至失去了生命的被害

① 参见企鹅有调:《2022年全国网民网络安全感满意度专题报告——网络暴力防控与网络文明专题》,载报告厅网站2022年12月23日,https://www.baogaoting.com/info/226315?-sid-for_share=99125_4。

人而言,仅依靠来自被告人的民事赔偿必然是远远不够的。

同样,关于反网络暴力的行政法规也只能作用于轻微网络暴力行为。通过梳理相关行政法规能发现,实施网络暴力行为构成行政违法的,最终都会以《治安管理处罚法》第42条为基础处罚依据,但是该法第42条也只是作出了“处五日以下拘留或者五百元以下罚款”“情节较重的,处五日以上十日以下拘留,可以并处五百元以下罚款”的规定,此种程度的法律责任与当前危害后果日益极端的网络暴力事件明显不相匹配。《网络信息内容生态治理规定》第21条规定:“网络信息内容服务使用者和网络信息内容生产者、网络信息内容服务平台不得利用网络和相关信息技术实施侮辱、诽谤、威胁、散布谣言以及侵犯他人隐私等违法行为,损害他人合法权益。”虽然本条未表明其旨在规制网络暴力行为,但在该规定的征求意见稿中,本条明确使用了“网络暴力”这一概念,其描述的行为模式也与网络暴力行为相契合。该规定第40条对法律责任作出规定,规定构成犯罪的应当依法追究刑事责任,这表明有关机关已经意识到依靠民事法律与行政法律已经无法高效地治理网络暴力行为,刑法作为保障法必须给出积极的应对。①

(二)可适用罪名多与被追诉行为人少的矛盾

目前,我国在与反网络暴力相关的刑事法规范中,没有专门针对网络暴力犯罪行为的罪名,关于网络暴力犯罪的刑法规定主要集中在《刑法》与相关司法解释中,虽然诸多针对互联网信息治理的行政法规中也有零散的规定,但多是以“构成犯罪的,依法追究刑事责任”草草带过。根据网络暴力行为的类型与侵犯的法益不同,刑法将其归入了不同罪名的规制范畴。

侮辱罪与诽谤罪是刑法规制网络暴力最为核心的两项罪名,除了《刑法》第246条的基础性规定外,2009年全国人大常委会《关于维护互联网安全的决定》、2013年《网络诽谤解释》对何为“捏造事实诽谤他人”,如何认定“情节严重”“严重危害社会秩序和国家利益”以列举的形式作出了较为详细的阐述。同时,《网络诽谤解释》还扩充了寻衅滋事罪、非法经营罪的外延,使利用网络实施

---

① 参见石经海、黄亚瑞:《网络暴力刑法规制的困境分析与出路探究》,载《安徽大学学报(哲学社会科学版)》2020年第4期,第83页。

辱骂、散布虚假信息、起哄闹事、有偿发布虚假信息等行为具有构成以上二罪的空间。在当前的网络环境下，遭受语言暴力与谣言暴力的被害人常常同时遭受着个人信息与隐私的泄露。例如重庆公交车坠江事故发生后，有媒体传言事故的起因是公交司机为了躲避穿着高跟鞋开车的邝女士，在事故发生仅仅6小时内，邝女士不仅遭受了铺天盖地的谩骂与诅咒，她的个人信息也被人肉搜索暴露得一干二净。[①]《刑法修正案（九）》增设了侵犯公民个人信息罪，2017年《公民个人信息罪解释》对何为“提供公民个人信息”、“以其他方法非法获取公民个人信息”，以及具体的入罪标准、量刑情节进行了解释，为顺利对行为人定罪量刑扫除了障碍。

与刑法体系内拥有如此丰富可用于网络暴力治理的罪名形成对比，司法实践中罕有对网络暴力的行为人追究刑事责任的案例。在裁判文书网以“网络暴力”为关键词检索，共查询到75份法律文书，其中刑事案件仅有3起，且均非以网络暴力为案由，只是在文书中作为相关案情被草草提及。以“刑事案件”“人肉搜索”为关键词，检索到的6份法律文书也均与网络暴力行为不相关。在能够检索到的几起侮辱、诽谤案件中，法院作出的判决也未能彰显刑法的威慑力。2014年云南的刘某侮辱案，法院因认定其行为未达到“情节严重”而不构成犯罪；[②]2016年安徽的章某等8人诽谤案，因自诉人无法提供详细的被告人信息而被驳回；[③]2022年宛某诽谤案，因被告人下落不明、自诉人不能提供证据证明自己未实施被告人所说的违法犯罪行为、自诉证据不确实充分等，法院作出不予受理、驳回起诉两次裁定，自诉人上诉后，又因上述缘由被驳回上诉，维持原裁定。[④] 侮辱罪与诽谤罪作为自诉罪名，对行为人追究刑事责任高度依赖被害人主动提起诉讼，但自诉人通过刑法途径追究网络暴力者的刑事责任却面临着重重困难，加上实践中裁判者缺乏运用刑法制裁网络暴力的思维，导致诸多刑事法律规范陷入了无用武之地的尴尬境遇中。

---

① 参见《回顾重庆公交车坠江事件被冤枉的女司机：人性比想象的更复杂》，载网易，https://m.163.com/dy/article/HB18SFRP0553A42Q.html，最后访问时间：2024年1月28日。

② 参见刘某侮辱案，云南省昆明市中级人民法院（2014）昆刑终字第47号刑事附带民事裁定书。

③ 参见安徽省贵池区人民法院刑事裁定书，（2016）皖1702刑初00105号。

④ 参见安徽省庐江县人民法院刑事裁定书，（2022）皖0124刑初143号；安徽省庐江县人民法院刑事裁定书，（2022）皖0124刑初261号；安徽省合肥市中级人民法院刑事裁定书，（2022）皖刑01刑终623号。

令人欣慰的是，随着谷女士被诽谤一案宣判，相关罪名“自诉转公诉”的程序被激活，近年来检察机关也在追诉网络暴力行为人中发挥着越来越大的作用。当前刑法呈现出全面介入网络暴力治理的态势，2023 年以来，司法机关着力打造一批指导性案例，为日后网络暴力相关案件提供参考。2023 年 9 月，最高人民法院发布 7 起依法惩治网络暴力违法犯罪典型案例，刑事案件占 4 起，且其中 3 起为公诉案件。同年 11 月，公安部公布依法惩治网络暴力违法犯罪 10 起典型案例，其中 8 起为刑事案件，虽然绝大部分案件仍在侦办中，但仍然显示出司法机关动用刑法从严打击网络暴力的决心。在追逐正义的道路上，网络暴力的被害人将不再是孤身一人。

（三）刑法积极介入的倾向与规范表述模糊的矛盾

为了更好地应对日益猖獗的网络暴力行为，2023 年“两高一部”结合网络暴力展现出的新样态发布了《网暴指导意见》，较为体系化地阐明了现行刑法对网络暴力行为的应对策略。在没有新的刑法修正案针对网络暴力创设新的罪名的前提下，《网暴指导意见》采用了解释论的思路，将发生在网络空间的行为通过扩张解释纳入规制现实空间犯罪的传统罪名中，也为信息网络犯罪的相关罪名增添了新的外延。该意见体现了刑法积极化的倾向，对达到法定情节的网络暴力行为依法定罪处罚。

“网络时代不可避免地会出现传统刑法与新型网络犯罪事实之间的‘代沟’，弥补这种‘代沟’的最佳方案是对传统刑法规范作出适合当下社会现实的扩张解释。”[①]《网暴指导意见》第 2 条关于网络诽谤的规定是对 2013 年的《网络诽谤解释》第 1 条的重复阐述，其第 3 条将在信息网络上采取肆意谩骂、恶意诋毁、披露隐私等方式，公然侮辱他人的行为视作侮辱罪的客观行为要素，以“暴力”侮辱他人不再仅限于现实生活中直接针对他人肉体的侮辱，还包括网络空间里虚拟的语言暴力侮辱。此外，《网暴指导意见》还将《网络诽谤解释》第 2 条第 1 款第 2 项“造成被害人或者其近亲属精神失常、自残、自杀等严重后果的”由“情节严重”这一入罪门槛，升级成为“严重危害社会秩序”这一自诉转公

① 欧阳本祺：《被害人保护视野下网络暴力的刑法规制》，载《江西社会科学》2024 年第 1 期，第 74 页。

诉门槛,从而加大了对极端网络暴力行为的打击力度。这样既确认了网络诽谤与网络侮辱行为的入罪化立场,也延展了诽谤侮辱行为的空间维度。[①] 其第4条将组织“人肉搜索”这类公开他人隐私、个人信息的网络暴力行为解释在侵犯公民个人信息罪中。其第5条针对借网络暴力事件实施的恶意营销炒作行为,规定出于“蹭炒热度、推广引流等目的”,利用自媒体发布传播网络暴力信息的,达到“情节严重”程度的,构成非法利用信息网络罪。《刑法》第287条之一第1款第2项规定非法利用信息网络罪的客观行为为“发布有关制作或者销售毒品、枪支、淫秽物品等违禁物品、管制物品或者其他违法犯罪信息的”,《网暴指导意见》第5条将恶意炒作煽动网络暴力行为解释在本罪中,实际上是将网络暴力信息的危害程度视为与制作或者销售毒品、枪支、淫秽物品等违禁物品、管制物品的信息危害程度相当,从而扩张了该罪客观构成要件要素的内容。

综上可见,《网暴指导意见》对罪名的解释存在扩张趋势,这对充分利用现有刑事法规资源、破除复杂多变的网络犯罪下刑法供给不足的困境提供了路径,也为刑法积极参与从严打击网络暴力行为创造了条件。但是应当注意的是,这种扩张解释的思路实际上是为了最高效地应对某种社会现象,很容易把眼光局限于亟待解决的问题而忽视罪刑法定原则这一刑法的根本性原则。[②] 因此,为了在打击犯罪的同时恪守罪刑法定原则,刑事法规范应当尽量减少运用抽象性强的概念,力求法概念的明确性。《网暴指导意见》中仍然存在较多需要二次解释的概念。例如第1条中的“社会性死亡”应当以何种标准衡量,“等严重后果”的外延为何,这关系到侮辱罪入罪门槛的划定;第2条、第3条规定的网络诽谤、网络侮辱行为虽然概括性地列举了其行为方式,但它们与现实空间的诽谤、侮辱行为之间有何区别,如何能使传统的侮辱诽谤行为造成的法益侵害程度与网络侮辱诽谤行为相当,都需要解释进一步明确,这关系到行为罪与非罪的认定;第4条与第8条出现了多个非刑法概念,包括“人肉搜索”“水军”“打手”“‘涉性’话题”“深度合成”,这些名词并非刑法领域的专有词汇,而应借助网络技术、新闻传媒等专业知识来界定,如果他们内涵不清晰、外延不明确,

---

① 参见孙道萃:《网络暴力犯罪:一个刑法的规范分析》,载《中国应用法学》2023年第5期,第82页。

② 参见欧阳本祺:《论网络时代刑法解释的限度》,载《中国法学》2017年第3期,第167页。

很可能会成为精准定罪量刑的阻碍。此外,该指导意见还存在一些需要进行价值判断的短语,如"扰乱网络秩序,破坏网络生态""恶意营销炒作""观点有所偏颇""言论有些偏激"等,这些都增加了法律适用的不确定性。

刑法积极介入治理网络暴力,是为了公民的人格权、在网络空间的安全感、网络空间与现实空间的和谐安宁,但是不能为了追求打击犯罪而忽视刑法的人权保障功能。从严打击网络暴力犯罪,也应当注重扩张解释的合理边界。当下刑法正被推动走向反网络暴力的最前线,唯有对网络暴力行为及其构成要件作出更为具象的表述,"挤压内涵丰富的语词在网络暴力范围界定中的比例",[①]才能在恪守罪刑法定原则这一底线的同时,提升刑法的治理效力。

第三节　网络暴力刑法治理的现实困境

一、法规范体系性不足

探究网络暴力的刑法治理困境,不能将眼光仅仅局限在刑事法规范中,对任何违法行为的治理都需要民法、行政法、刑法各司其职,形成衔接有力的统一体系。然而正如前文所述,我国反网络暴力立法具有较强的离散性,基础性法律的缺位容易导致不同领域的法规范缺乏一致的规范逻辑,法规范体系性不足。[②]

(一)法规范运用实效性差

立法的体系性不足横向上体现为参与网络暴力治理的法规范多而不精,立法工作质效有待提升。我国涉网络暴力的法规范碎片化地分散在民法、行政法、刑法和各部门法之下的部门规章及其他规范性文件与司法解释中,尤其是国家网信办出台的一系列规范性文件,成为确定网络暴力事件中各方行为准则、法律责任的重要规范来源。虽然这些法规范数量有余,但治理效能却差强

① 储陈城:《刑法应对网络暴力的流变及其基本立场》,载《中国刑事法杂志》2023年第4期,第46页。

② 参见刘艳红主编:《网络暴力治理法治化研究》,法律出版社2023年版,第73页。

人意。例如,《微博客信息服务管理规定》划定了微博客服务提供者的管理义务,但在责任条款部分却草草带过,仅在第 17 条规定“微博客服务提供者违反本规定的,由有关部门依照相关法律法规处理”。该模糊的表述使其在治理活动中难以真正发挥作用。法律法规呈碎片化,加之大量的行政法规及部门规章仅有较低的法律位阶、可适用性有限、所规定的内容模糊性高,导致了被害人维权困难重重,行政执法部门与司法机关的职责混杂,极易出现部门之间推诿扯皮、同案不同判的情形。

(二)部门法衔接不畅

纵向上看,部门法之间关于网络暴力的法规范衔接不畅。刑法作为保障法,具有谦抑性、最后性,只有民法、行政法干预乏力时,刑法才应介入。但是当前部门法之间对网络暴力行为划定的管辖范围并不清晰,甚至出现了边界重合的情况。例如,《网络诽谤解释》第 2 条规定两年内曾因诽谤受过行政处罚,又诽谤他人的,即属于成立诽谤罪所要求的“情节严重”,但是具有行政违法性质的诽谤行为在《治安处罚法》中却会得到“六个月内曾受过治安管理处罚,又违反治安管理规定的,从重处罚”的评价。[①] 此外,当前还存在同一法律概念在不同的部门法规范之间具有不同定义的问题。以对“个人信息”的定义为例,我国目前还不存在对“人肉搜索”型网络暴力进行专门规制的法规范,而是通过对公民个人信息进行体系性立法完成对该法益的保护,从而间接规制“人肉搜索”型网络暴力。纵观公民个人信息保护的法律体系,“个人信息”这一概念出现在诸多法规范中,例如《民法典》第 1034 条、《网络安全法》第 76 条、《个人信息保护法》第 4 条等都对“个人信息”作出了相应解释,刑事案件则主要以《公民个人信息罪解释》对“个人信息”的定义为依据,然而该司法解释所作的定义与其他部门法规范具有一定差异,其在个人信息的范围、类型划分上尚未形成统一的理解,因此在具体案件的法律适用中容易出现事实定性模糊的情况,行为人所实施的侵犯公民个人信息的行为,究竟是单纯的民事侵权行为还是已触犯刑事法律,便相应地存在差异。虽然网络暴力的治理迫在眉睫,刑法应当破除“规制失

---

① 赵宏:《网暴案件中的民行刑责任与一体化衔接》,载《北方法学》2023 年第 5 期,第 19 页。

位”的现状,但这并不意味着应当盲目扩大刑法的功能,动用刑法惩治网络暴力的行为人,也要坚持罚当其所,不能混淆犯罪行为、违法行为与侵权行为。

二、现有罪名与网络暴力行为不完全相容

按照网络暴力的行为方式划分,可以将其分为3类:一是“人肉搜索”网络暴力,二是网络语言暴力,三是捏造传播网络谣言暴力。[①]《网暴指导意见》也以此为基点,划定了以侮辱罪、诽谤罪、侵犯公民个人信息罪为核心,非法利用信息网络罪、拒不履行信息网络安全管理义务罪为辅助的反网络暴力罪名框架,加上《网络诽谤解释》规定的寻衅滋事罪,此6项为法律明确规定的网络暴力行为可能触犯的罪名。然而,这样看似严密的罪名框架仍然会面临评价难题。

(一)积量构罪模式无法完美匹配网络侮辱诽谤行为

Web3.0时代,信息传播早已从过去的“一对多”转化成了“多对多”的行为模式,[②]网络空间内遍布着保证信息光速扩散的高速公路,个体能够在其中自由发布、传播信息,这使得单一的网络暴力行为能够迅速扩张为网络暴力现象,引发群体性事件。网络空间中的侮辱、诽谤行为借助这种传播机制,衍生出新的样态,即利用信息网络大量实施的低危害性行为,单次行为的社会危害程度甚至与一般网络违法行为相当,但最终积累得到了具有相当严重程度的危害后果。[③]《网络诽谤解释》与《网暴指导意见》对网络侮辱诽谤行为成立犯罪依然延续了侮辱罪、诽谤罪“情节严重”的要件,其中诽谤罪还详细规定了“同一诽谤信息实际被点击、浏览次数达到五千次以上,或者被转发次数达到五百次以上”的标准,对此类行为的刑法规制呈现出积量构罪的量化入罪模式,[④]由情节轻重

---

① 参见徐才淇:《论网络暴力行为的刑法规制》,载《法律适用》2016年第3期,第102~104页。

② 参见李斌:《新闻传播“去中心化”趋势与“中心再造”路径》,载《传媒》2017年第24期,第37页。

③ 参见皮勇:《论新型网络犯罪立法及其适用》,载《中国社会科学》2018年第10期,第126~127页。

④ 参见刘期湘:《人工智能时代网络诽谤“积量构罪”的教义学分析》,载《东方法学》2019年第5期,第127页。

来决定行为的罪与非罪。量化“情节轻重”,实际上也是对法条进行细化,从而提升了以侮辱罪、诽谤罪治理网络侮辱诽谤行为的可操作性,因此应当肯定当前的路径具有可行性。但也应看到,现有规范设定的积量构罪模式还未与网络侮辱诽谤行为完全适配。

首先,网络侮辱行为成立侮辱罪难以实现“情节严重”的证成。根据《刑法》第246条的规定,以暴力或者其他方法公然侮辱他人,情节严重的,成立侮辱罪。解读该条款可知,侮辱罪的客观行为包括两类,一是使用暴力手段公然侮辱他人,二是使用其他方法公然侮辱他人。“其他方法”是指通过非暴力分语言、文字等手段对他人进行侮辱,且该手段必须达到与暴力侮辱相当的程度。[①] 网络暴力虽以“暴力”命名,但被害人遭受到的并非现实世界中拳打脚踢类的暴力,而是辱骂、诅咒类语言文字带来的伤害,网络暴力所使用的“隐喻性”语言往往难以达到“暴力侮辱”的相当程度,这就导致以“使用其他方法公然侮辱他人”对网暴行为人进行定罪几乎不可能实现。[②] 在司法实践中,存在着大量因未达到“情节严重”这一构成要件而无法入罪的网络暴力行为,与之形成对比的是,网络暴力行为对被害人造成的严重危害后果并不亚于直接在现实世界中对被害人使用暴力。受制于“相当性”的要求,加上《网暴指导意见》仍未对侮辱罪“情节严重”这一基础入罪门槛给出回答,网络语言暴力行为在当前积量构罪的犯罪模式下,尚未形成清晰的、可操作性强的定罪路径。

其次,依据点击、浏览、转发次数定性网络诽谤行为可能陷入法益侵害程度与应罚性的冲突。在网络暴力事件中,诚然有诸多网络暴力的发起者积极呼吁网民对其信息进行点击、转发,最终达到了相应罪量,但也有部分行为人是由于营销号甚至机器人的自动转发导致该信息的传播达到定量要求,此种情形导致的不法结果源自第三人的行为,对行为人进行处罚则与责任主义相悖。[③] 因此,将“情节轻重”具象化的定量标准,是否能够真正评价该行为的应当受到刑罚处

① 参见刘宪权主编:《刑法学(第5版)》,上海人民出版社2020年版,第598页。

② 参见刘宪权、周子简:《网络暴力的刑法规制困境及其解决》,载《法治研究》2023年第5期,第21~22页。

③ 参见付玉明、刘昕帅:《行为解构与危险溯源:“网络暴力”的刑事治理》,载《四川大学学报(哲学社会科学版)》2023年第6期,第173页。

罚性仍有讨论空间。

(二)利用他人主动公开的个人信息进行“人肉搜索”难以入罪

现行刑法关于侵犯公民个人信息罪的行为方式,都以“违法”为前提。2017年发布的《公民个人信息罪解释》主要从“非法”获取、出售或者提供公民个人信息的“数量”和违法所得“数额”等方面对本罪的入罪标准进行规定。《网暴指导意见》利用侵犯公民个人信息罪打击的是“组织‘人肉搜索’,违法收集并向不特定多数人发布公民个人信息,情节严重”的行为,且“违法收集”与“向不特定多数人发布”属于并列要素,缺一不可。然而,现实中的“人肉搜索型网络暴力”中的信息收集行为,通常不是“违法收集”行为。以微博为例,遭遇网络暴力的人,其个人信息例如工作单位、生活照片等往往置于个人主页,处于人人可见状态,网络暴力者稍加拼凑就可以发现其较为充分的个人信息,无须通过非法搜集、买卖即可获取。同时,这些个人信息也可以通过熟人、知情人披露等方式逐渐暴露出来。网络暴力的实施者可以较为轻松地将被侵害者公开的信息,或者他人披露的信息利用网络力量进行整合,进而对其进行群体性的“道德审判”。[①] 该行为不属于“违反国家有关规定”,因为目前并没有法律、行政法规或部门规章明文禁止在互联网上转发他人已公开的个人信息。[②] 这意味着,“人肉搜索”型网络暴力行为通常并不符合《刑法》第253条之一关于侵犯公民个人信息罪的规定,难以按该罪对其予以定罪处罚。但对于受害者来说,个人信息一旦暴露在大众视野中就无法为自己辩解,只能束手无策地受群体攻击,甚至在走投无路的情况下作出极端选择。

(三)“伸张正义”的语境下寻衅滋事罪无法适用

《网络诽谤解释》第5条规定,“利用信息网络辱骂、恐吓他人,情节恶劣,破坏社会秩序的”以及“编造虚假信息,或者明知是编造的虚假信息,在信息网络上散布,或者组织、指使人员在信息网络上散布、起哄闹事,造成公共秩序严重

---

① 参见石经海:《论网络暴力的实质与刑法适用规则的完善》,载《法律科学(西北政法大学学报)》2023年第5期,第75页。

② 参见刘宪权、周子简:《网络暴力的刑法规制困境及其解决》,载《法治研究》2023年第5期,第22页。

混乱的”,以寻衅滋事罪定罪处罚。可见,寻衅滋事性网络暴力行为是否成立寻衅滋事罪,关键在于行为是否能被评价为“破坏社会秩序,情节恶劣(严重)”或“破坏社会秩序,造成公共秩序严重混乱”。实际上,要达到这种程度认定具有很大难度。与以传统“暴力”实施的寻衅滋事罪不同的是,线上寻衅滋事型网络暴力主要是在网络上针对被网暴者个人的侵害,是一种以“伸张正义”、表达“言论自由”等“冠冕堂皇”的方式实施,并使被网暴者处于道德劣势的软暴力。不仅不必然造成他人恐慌,引发社会秩序的混乱,而且在很多时候是以“舆论监督”“社会卫士”“维护社会秩序”等正面形象或形式存在于网络空间的。因此,对被害人造成严重精神伤害的网络暴力行为并不必然导致公共秩序或者社会秩序发生混乱,进而可能无法构成寻衅滋事罪。

(四)针对特定群体的网络暴力缺少对应罪名

当前的罪名框架主要指向个人法益的保护。例如,侮辱罪、诽谤罪指向公民的名誉权,侵犯公民个人信息罪指向公民的个人信息安全,其余罪名虽然兼顾了社会效果,但最终指向的还是对单一受害者的保护,集体法益并不在网络暴力刑法治理的核心考量内。除了针对个人的网络暴力,还有一类网络暴力是针对特定群体的,即网络仇恨言论。仇恨言论是指因为对个人或群体的种族、宗教、性别、残疾、地域等身份特征具有敌意、偏见或歧视而向他们产生的带有攻击性的口头言论或书面表达。[①]

仇恨言论引发的网络暴力并不少见,术后在病床上拍下带妆照片的张某、[②]百日誓师大会上慷慨宣誓的高三女生、[③]直播唱歌的张奶奶[④]所遭受的网络暴力或者是基于对网红的刻板印象,或者是来自对“小镇做题家”的偏见,或者是源于对残疾老人的歧视。相较于针对个人的言语攻击,仇恨言论往往是针对某

---

① 参见王文华、陈丹彤:《重大突发事件中“仇恨犯罪”的形式规则——以“刑事一体化”为视角》,载梁根林主编:《刑事一体化:源流、传承与发展》,北京大学出版社2022年版,第1107页。

② 参见《“病媛”上热搜:病人化妆拍照,就是原罪吗?》,载百度网,https://baijiahao.baidu.com/s?id=1712287670753969009&wfr=spider&for=pc,最后访问时间:2024年2月22日。

③ 参见《高考誓师女孩被网暴 媒体:别人的梦想不是你攻击的理由》,载新浪网,https://news.sina.cn/2023-03-01/detail-imyiiyev4721658.d.html,最后访问时间:2024年2月22日。

④ 参见《网络霸凌残疾老人,戾气这么重?》,载百度网,https://baijiahao.baidu.com/s?id=1703464600400661232&wfr=spider&for=pc,最后访问时间:2024年2月22日。

个团体或族群发出声讨，选择参与这场暴力的网民，必然由于某一社会问题对特定群体积攒了长时间的敌意。这类言论的传播，不仅是对暴力中心当事人的伤害，更容易激化社会矛盾与冲突，破坏稳定和谐的社会关系。网络仇恨言论在刑法中并非完全没有规制空间，例如针对民族团结的“煽动民族仇恨、民族歧视罪”，针对国家统一的“煽动分裂国家罪”等，但对于在网络空间中更普遍存在的对于性别、地域、职业等的仇恨言论，刑法中暂无特定罪名进行规制。①

三、“自诉为主”程序制约了网络暴力犯罪打击成效

根据《刑事诉讼法》第 210 条对自诉案件的规定，侮辱、诽谤案件属于法定的告诉才处理的案件，适用这两项罪名时以“自诉为主，公诉为辅”为思路；侵犯公民个人信息案，由于被告人可能被判处 3 年有期徒刑以下刑罚，因此在被害人有证据证明的情况下，也可以向法院提起自诉。可见，涉网络暴力犯罪的 3 个核心罪名都能够启动自诉程序，依靠被害人提起自诉是治理网络暴力犯罪的重要路径。但是，“自诉为主”的大方向受制于自诉人取证能力、自诉案件证明难度等问题，其未能在打击网络暴力犯罪中发挥实效。《网暴指导意见》虽然意图扩张此类案件的公诉范围，但也因程序衔接上的争议陷入了违背制度设计初衷的危险之中。

（一）自诉人取证能力有限

被害人难以依靠自己的力量完成证据的收集固定，是阻碍其提起自诉的一大原因。取证能力有限集中表现为以下三个方面。

第一，电子数据的特征决定了其调取固定困难。在网络暴力犯罪中，电子数据是最主要的证据类型。电子数据具有强技术性，不仅是网络暴力犯罪，当下各类网络犯罪行为都是以新型网络科技为媒介，其中以“深度合成”等生成式 AI 技术为最。因此，调取并保全相关电子数据要求被害人具有相当的信息网络的专业知识与操作经验。倘若被害人不能成功穿透互联网的虚拟性完成取证，

① 参见王文华：《反仇恨言论视域下网络暴力的法律治理》，载《中国应用法学》2023 年第 5 期，第 69 页。

可能连锁定网暴行为人的真实身份都难以做到。电子数据具有时效性，代理服务器并不会为了某些数据提供专门服务，其只是暂时为它们提供一个存储空间，旧的数据随时可能会随着信息的更新而被覆盖。因此，与收集物证、书证等其他传统证据种类相比，被害人收集电子证据更需要及时、快速、全面地取得证据。电子数据还极易灭失，这一特性使得不法分子对证据的篡改、毁灭成为可能，而普通的被害人很难具有识别或对抗这些问题证据的能力。此外，被害人还需要掌握一定的法律知识，否则其收集到的证据会因为缺乏真实性、完整性、相关性或合法性而不被法院采纳。

第二，自诉人所拥有的调查取证权不足以支撑其完成全案证据的调取。自诉人欲完成电子数据的调取，不仅需要掌握专业技术打破电子数据本身的特性所造成的取证难题，还要从根源上解决自诉人取证正当性的问题，即网络暴力犯罪中的被害人作为自诉人提起诉讼时，是否享有充足的调查取证权。《刑事诉讼法》第 43 条赋予了辩护律师在辩护过程中的调查取证权，第 54 条赋予了公检法机关在办理刑事案件过程中的调查取证权，但是其却未明确规定拥有自诉权的被害人有权向有关单位和个人收集、调取与案件相关的材料。《数据安全法》第 35 条同样将电子数据调取权赋予公安机关、国家安全机关而没有赋予公民个人，被害人个人无权直接向网络平台等第三方收集证据。因此，网络暴力的被害人虽有权直接提起诉讼，但其所能提供的证据很多情况下只来源于其个人的手机、电脑等电子产品，除了自己的个人情况，网络平台上的公开信息是许多被害人能收集的最大限度的证据。但是网络暴力案件的证据多为电子证据，由第三方网络平台所掌握，在缺乏充足的调查取证权的情况下，被害人会失去掌握关键证据的机会。虽然委托诉讼代理人也是被害人可选择的救济途径，但代理人在刑事案件中享有的权利也只能由被代理人赋予，且不能超过被代理人的权利范围。《网暴指导意见》第 11 条重申了落实公安机关协助取证的法律规定，但这里的协助取证发生在立案前，目的是保证被害人所掌握的证据达到立案标准，避免因证据不足被阻挡在自诉程序的大门外。[①] 这一规定的确令人

---

① 参见周加海、喻海松、李振华：《〈关于依法惩治网络暴力违法犯罪的指导意见〉的理解与适用》，载《中国应用法学》2023 年第 5 期，第 58 页。

高兴，它再一次充足了自诉案件的被害人请求公安机关协助确证的制度支撑，但是网络信息更迭迅速，海量的信息可能使得原有的证据被迅速淹没，因此公安机关的协助取证不仅在立案环节具有重要意义，在被害人进行诉讼的全流程都有不可替代的价值。①

第三，网络暴力"黑产化"的发展趋势，进一步增加了案件事实的复杂程度和认定难度，而且会引发控辩双方力量对比的失衡。② 随着网络技术的发展和利益的驱动，类黑社会型暴力渗透到网络空间中。在一些商业领域中，时常出现一些个人或者单位有组织、有策划、有产业链条的网络黑灰产行为，比如雇佣"水军""打手"恶意炒作等，以达到不正当获利的目的。给学生上过网课后猝死的刘老师，就是这种团体性网络暴力的受害者。刘老师在课上遭遇"网课爆破"，这些入侵者干扰课堂，做出过分举动，其"入侵"内容多样、人数众多，从开麦说话、播放歌曲、刷屏霸屏到直播淫秽视频、辱骂师生等。有的网络课堂会突然闯进二三十人，这些人用一些网络热词或者知名明星等人物的名字作为 ID 名，发布一些不堪的言论。"网课爆破"是一项有组织的网络暴力，一般会由知情人先泄露网课时间和房间号码，随后会有专门的"组织者"下达爆破令，在固定的时间集合"爆破"网课，阻止或扰乱正常的网课教学。③ 这些团体内部之间形成了高度的职业化、有组织化，分工明确。作为被害人，在没有任何外部力量可以依靠的情况下，几乎很难对抗这些网络黑灰产业。

(二)自诉人举证责任沉重

根据《刑事诉讼法》，我国公诉案件中认定被告人有罪要达到的证明标准为"案件事实清楚，证据确实、充分"，自诉案件依据何种证明标准定案未有另行规定，只在其第 211 条规定了自诉案件的开庭标准为"犯罪事实清楚，有足够证据"，因此应当认为，我国审理自诉案件对被害人提出了与公诉案件一致

---

① 参见蔡元培：《网络暴力自诉案件中的证据供给与风险预防》，载《中国应用法学》2023 年第 5 期，第 92 页。

② 参见谢登科：《网络暴力犯罪的公私协同治理模式》，载《法律科学(西北政法大学学报)》2023 年第 5 期，第 95 页。

③ 参见《女教师上网课后猝死，是谁在恶意入侵网课？谁须为此负责任？》，载百度网，https://baijiahao.baidu.com/s?id=1748440605675041615&wfr=spider&for=pc，最后访问时间：2024 年 3 月 1 日。

的证明要求。这一证明标准是所有类型诉讼中最严格的证明标准,[①]对于调查取证能力有限的被害人来说无疑又是一道沉重的关卡。要达到这一标准,被害人要保证其所收集证据的真实性、合法性与关联性,除了本人的陈述、被告人当庭的供述与辩解,被害人往往还需要一定的证人证言、物证、书证,有些案件还需要专业机构出具的鉴定意见,提交了这些证据后,法官将依据《刑事诉讼法》第 55 条第 2 款来审查是否达到了"证据确实、充分"。倘若被害人提供的证据无法形成完整的证据链条,只能得到"依照现有证据,不能认定被告人有罪"的判决。

网络暴力作为一个群体行为,被害人因此受到的伤害往往具有"多因一果"的特点。与现实生活中的暴力行为不同,该故意伤害案件中的自诉人只需要证明行为人的暴力行为与自己的受伤害结果之间具有因果关系,而网络暴力案件的被害人却需要在堆积成山的语言暴力中精准寻找到一切的源头,再通过简单的昵称、符号等抽象信息确定隐藏在背后的加害者的身份信息(比如姓名、性别、家庭住址、联系方式等)以及他们在这一事件中扮演的角色,提出证据证明自己的损失(比如大量隐私被泄露、精神遭受严重损害、社会性死亡等)与这些被告人的行为具有直接因果关系。这是出于刑事案件需严谨对被告人定罪的要求,但也应考虑到网络暴力对被害人造成的主要是心理、精神上的创伤,很难如受到肉体伤害一样通过伤情鉴定来衡量的情况,这会使势单力薄的被害人遭受了更大的举证压力。据学者统计,我国告诉才处理的自诉案件中,无罪判决率高达 41.8%,其中因未达证明标准而被判决无罪的在全部无罪判决中占比高达 85.0%。[②] 在这一压力下,被害人很难如愿获得被告人的有罪判决,面对的结果或者是被说服撤回自诉,或者是在法官的劝说下接受调解或与被告人达成和解,这很难判断达成以上结果的被害人究竟是出于本意,还是在败诉与获得些许赔偿中进行了理性的利益衡量后作出了无奈选择。

---

① 参见蔡元培:《网络暴力自诉案件中的证据供给与风险预防》,载《中国应用法学》2023 年第 5 期,第 90 页。

② 参见胡凌宇、何邦武:《刑事自诉案件证明标准的反思与重构》,载《北方论丛》第 2022 年第 2 期,第 91 页。

（三）“自诉转公诉”的诉讼模式或违背制度设计初衷

《关于依法惩治网络暴力违法犯罪的指导意见》有意改变被害人提起自诉难、网络暴力刑事案件有罪判决率不高的状况，故细化了侮辱罪、诽谤罪“自诉转公诉”的诉讼程序，以期为被害人及时提供法律救济。在“自诉转公诉”的情形上，第12条以“概括＋列举”的形式，明确了“严重危害社会秩序”的标准，曾经作为入罪标准的“造成被害人或者其近亲属精神失常、自杀等严重后果”现在升格成公诉机关介入案件的情形之一，通过扩大对“严重危害社会秩序”的解释来扩张公诉案件的范围。在程序的衔接要求上，《关于依法惩治网络暴力违法犯罪的指导意见》用了“应当依法提起公诉”和“应当依法立案”的表述。可见，对于达到法律与司法解释规定的网络暴力案件，不论被害人是否已经提起公诉，不论被害人是否愿意提起诉讼，都将一律强制启动公诉程序。

采用“自诉转公诉”的方式应对网络暴力事件，很大程度上是考虑到被害人举证能力低、维权成本高的困境，体现了刑法正在积极介入对网络暴力的治理，这应当得到肯定，但同样不应忽视的是自诉制度设立的初衷。国家垄断刑罚权的重要原因之一在于犯罪行为造成了对社会秩序的破坏，需要国家在追诉犯罪中完成对社会秩序的重建，同时向民众重申社会的规则与行为的边界。但现代刑法仍然保留着“告乃论、告乃坐”的亲告罪，这则是出于对被害人诉讼地位的保障。将部分行为设置为自诉罪名，把是否追诉犯罪行为的权利赋予被害人，给予被害人选择是否发动刑事程序的自由，在此种情形下，国家将部分追诉犯罪的权力让渡给被害人，被害人对其被侵害的利益享有高度的处置权，尤其是在保护被害人个人隐私与伦理关系的考量下，如若被害人不愿将其被害事实公之于众，国家也应放弃对犯罪行为进行处罚。侮辱罪、诽谤罪作为典型的自诉罪名，主要保护的是公民的名誉权、隐私权等私权利，若国家在不考虑被害人起诉意愿的情况下径行提起公诉，可能不仅无法给予被害人最实际的救助，反而会因案件细节的披露造成对被害人的二次伤害，引发更强烈的不稳定因素。当前国家治理网络暴力犯罪呈现出积极扩张公诉案件范围的趋势。不可否认的是，这将大大化解自诉人面临的取证难、维权难的困境，有利于加大对网络暴力犯罪的打击力度，并增强司法实践中法律适用的统一性。但若过于关注刑法惩罚犯罪的效果而忽略被害人情感和个案的特殊性，也易导致司法效果与社会效果的背离，有违自诉制度自设置之初即具有的特殊价值。①

四、“法不责众”倾向使刑事程序的启动陷入尴尬境地

众口铄黄金，在网络上遭受一人的辱骂和骚扰等不会被视为遭受了网络暴力，网络暴力事件呈现出明显的群体性，而分布广泛的网民在不具备意思联络的情况下，共同对某一事件中的当事人发表不良言论，就形成对被害人的网络暴力。针对群体造成的危害结果，如何确定参与者的法律责任，确认其有责性后应当如何追责，就是当前治理网络暴力所面对的“法不责众”困境。

（一）因果关系难以证成制约司法机关向个人归责

网络暴力中的因果关系难以证成主要体现在，非共同犯罪模式下如何将群体造成的危害结果归责于部分行为人。

从传统刑事归责理论的角度看，其所要解决的问题是“违反刑事义务的行为能否视为行为人的行为”“刑事归责的本体内容是确定行为人是否应受谴责”。② 认定行为人的刑事责任的前提是行为人的行为与法益受侵害的结果之间有因果关系，然而在网络暴力事件中行为与损害结果之间的因果关系往往具有间接性，行为人遭受的伤害并非来自某一人的言语，而是难以忍受网络背后成千上万的不良信息，每一位参与者对于受害人而言都是施暴者，都是网络暴力的直接实施者。以网络暴力致人自杀身亡为例，传统理论通常认为虽然网络暴力给被害人带来了精神损害，但这并不意味着侮辱、诽谤、侵犯公民个人信息的行为会类型化地导致他人自杀的结果，真正造成其死亡的还是被害人在自由意志支配下的自我选择。③ 这样的判断源自传统的暴力手段已不能包容网络空间中的新型暴力手段，网络暴力不直接攻击被害人的肉体，但因遭受网络暴力而引发的精神障碍不比肉眼可见的伤口更易愈合。问题在于，不论此次网络暴

---

① 参见谢登科：《网络暴力犯罪案件的程序适用与误区澄清——以亲告罪与自诉程序的关系为视角》，载《江西社会科学》2024 年第 1 期，第 87 页。

② 冯军：《刑事责任论》，社会科学文献出版社 2017 年版，第 18 页。

③ 参见徐颖：《论“网络暴力”致人自杀死亡的刑事责任》，载《政法论坛》2020 年第 1 期，第 135 页。

力事件是网民自发参与的，还是作为“网络水军”被组织起来而行为人之间是没有意思联络的，此时共同犯罪“部分实行，全部责任”的归责原理不再适用，面对众多网络暴力的参与者，司法机关很难做到清晰划分每个人应当承担何种责任。

从介入因素的角度看，从最初针对被害人的网络暴力行为到最终的损害结果之间往往掺杂了多种复杂的主客观因素。例如，在流量能够变现的大背景下，许多社交媒体不再致力于发布优质信息，而是追赶流量成为网络暴力事件的推波助澜者，在网络上寻找热点事件、热点人物，对其围追堵截，以意见领袖的姿态引导网民参与评论，非但对其中大量攻击、骚扰、诽谤、侵犯当事人隐私的行为与言论不加限制，还将其视为维持热度、流量变现的工具。在这一过程中，大量不当言论或行为在网络空间中被不断传播，其影响力也逐渐超出了可控范围，甚至偏离最初的讨论焦点，产生舆论失焦现象。① 行为人起初可能只是想表达对被害者的不满或谴责，但在舆论发酵后，事件的发展已超出了行为人可预测的空间。这种情况下如何认定最初的“表达”行为与最终的损害结果之间具有刑法上的因果关系，将放大后的结果归责于行为人是否违背了罪责自负的原则。此外，即使我们能在舆论层面上将损害结果归咎于被害人所遭受的网络暴力，但是在达成证明标准的层面上，在被害人遭遇网络暴力的一段时间中是否发生过其他造成被害人精神崩溃的事件，需要被害人或公安机关提供更多的证据来排除合理怀疑。②

（二）涉事人数众多限制司法机关向群体追责

治理网络暴力面对着“法不责众”的困境已成为各界的共识，因此《网暴指导意见》第 8 条特别强调在治理网络暴力违法犯罪时要“切实矫正‘法不责众’的错误倾向”“重点打击恶意发起者、组织者、恶意推波助澜者以及屡教不改者”。由此能够看出国家积极动用刑法打击网络暴力的决心，但存在两方面问题：一是如何建立这部分人与法益侵害结果之间的因果关系；二是这样的打击

① 参见蹇昶、杨宗科：《舆论失焦中网络暴力的法律规制》，载《传媒》2023 年第 9 期，第 95 页。

② 参见田宏杰：《网络暴力刑法治理中的“法不责众”困境及其化解》，载《法学杂志》2024 年第 1 期，第 34 页。

思路只是将“首恶必办,胁从不问”换了一种表达方式,“首恶必办,胁从不问”本就是司法机关面对法不责众困境作出妥协而选择的治罪模式,数不清的“众”依旧隐藏在键盘背后,困境并未实际化解。① 以校园内遭碾压致死的小学生的母亲跳楼轻生为例,她生前遭受的网络暴力,除了被一些自媒体造谣其有专业团队借机炒作为索要高额赔偿故意煽动舆论,更多是对她进行阴阳怪气、冷嘲热讽的言语攻击,比如“她既懂得利用舆论,也懂得见好就收,这个女人不简单,这句话也不带有任何贬义”“还能穿得这么正式,是想当网红吗”“她好像在说别人家的孩子”。这些参与者并非网络暴力事件的发起人、组织人,但在他们键盘下敲出的每一个字符都会变成大山,压倒本就承担着丧子之痛的被害人,评论的匿名性甚至会使他们无法遭受任何道德的谴责。如果动用刑法惩治这些参与者,一方面有违背刑法谦抑性的嫌疑,另一方面司法机关也要面对司法资源有限、执法成本过高的现实难题。当前对网络暴力的打击思路,很类似于打击聚众扰乱社会秩序罪、聚众斗殴罪等聚众性犯罪,对首要分子施以刑罚,但是惩治网络犯罪的相关罪名均非聚众犯罪罪名,运用非聚众犯罪罪名来追究群体事件中少数主导者的刑事责任是否妥当?此外,不可忽视的是,未成年人中的网络普及率日益升高,未成年人对信息辨别能力与自控能力较低,更容易被舆论裹挟参与到网络暴力事件中。例如,为了维护偶像而在社交平台上掀起的“粉圈大战”往往都伴随着针对对方粉丝的网络暴力,而很多情况下未成年人正是这些事件的组织者、煽动者,这也给司法机关追究主导者责任设置了不小的障碍。

---

① 参见田宏杰:《网络暴力刑法治理中的“法不责众”困境及其化解》,载《法学杂志》2024 年第 1 期,第 35 页。

第七章

公民网络暴力的刑法治理路径

当前网络作为公民发布言论的重要信息平台,日渐增多的网络暴力现象和造成的混乱情境刺激着社会大众的神经。目前学界对“网络暴力”的刑事治理研究如火如荼,但其主要集中于刑法内部视角探讨刑事治理存在的问题,存在公民网络言论自由的义务边界模糊,行为规制的罪名类型化不足的困境。而基于对网络公私场域的划分,应当以公私域的划分区分公民言论自由的边界,专注于网络暴力的类型化作为惩戒乱象的利剑,系统性划分网络暴力典型形态并对网络暴力罪名适用问题予以系统解决,对网络暴力的治理路径的深度进行罪名的妥帖适用与深度拓展。

第一节 公民网络言论自由的义务边界

公民在网络上的言论发布有着宪法所认可的言论自由权利,但言论自由不是随意发表言论,其可能因恐吓、捏造谎言而构成犯罪,对于公民发表言论的自由与可能构成犯罪之间的二律背反,应通过划定义务边界保障公民于网络场域发表言论的限度,达到二者之间的平衡。

一、网络场域的公民言论自由的意义和内涵

(一)公民言论自由的保护目的及意义

随着从口口相传到线下纸质媒介,再到利用网络进行日常交流和信息获取

的媒介转化与主要信息传播方式的迁移，新型信息社会拓展了言论自由的边界并赋予言论表达情感、满足需求和开展娱乐的崭新生命力。社交媒体的匿名化、信息传播的即时性、在线网络的易得性和网络身份多样性等网络独有的特征使得人们发表言论有着极高的自由度，这种高度自由有着积极与消极兼有的双重表现。网民发表观点与交互信息成为个人社交、政民互动与经济活动的重要组成部分，并增强了人民在公共事务管理、个人权利保障中的重要作用。

1. 增强公共事务管理的人民监督

言论自由在形成和巩固全过程人民民主、促进人民参与公共事务以及发挥人民民主价值层面有着重要的宪法价值。我国《宪法》第2条第3款规定，“人民依照法律规定，通过各种途径和形式，管理国家事务，管理经济和文化事业，管理社会事务”。人民利用各种途径和形式参与国家事务和民主事业，并形成了理论与实践相结合的全过程人民民主形式，这是以人民为中心、为理论价值取向的全链条、全方位、全覆盖民主，是党带领人民探索人民直接或间接治理国家的民主道路，让人民充分享有民主权利的国家治理体系，其体现人民意志的重要实践正是以言论自由为基础吸收人民意见、接受人民监督，让人民充分参与公共事务，享有民主权利。① 言论自由是保障人民监督真实、有效实施检举、揭发等监督行为的前提。我国始终重视对“人民监督权力”的权力监督体制构建，在发布《监察法》作为党内自我监督的法律依据、设立中共中央监察委员会作为党内监督机构的基础上，强调党外的人民监督、群众监督路线。② 过去我国设立工农检察机关、监察通讯员负责群众的检举和揭发，③此后将对公权力机关与公众人物的人民监督写入《宪法》第41条，规定了中华人民共和国公民对任何机关和国家工作人员有提出批评和建议的权利，并对前者的违法失职行为有向有关国家机关提出申诉、控告或者检举的权利，我国的人民监督路线得到了宪法条文的支持，实现了新的发展。随着网络时代信息技术的发展与对人民意

① 参见王阳亮：《人民监督权力：全过程人民民主的内在价值与保障机制》，载《探索》2022年第3期，第50页。

② 参见《首次设立党内专门监督机构》，载中央纪委监察部网，https://www.ccdi.gov.cn/special/dzzdjl2/jdjg_dzzdjl2/201606/t20160623_80847.html，最后访问时间：2024年3月7日。

③ 参见邬思源、崔丽莹：《论新中国初期人民监察通讯员制度及其实践》，载《中共党史研究》2009年第8期，第51页。

见表达的进一步重视，与信息技术的有机结合使人民监督焕发出新的生机。近年来，我国政府聚焦线上的网络场域，积极探索“互联网＋政务服务”制度的创新性架构，[①]构建公众可以通过线上的各种网页、媒体来对政府机关和国家机关工作人员进行监督的社会公众网络监督制度，例如公民可以通过特定网页提交包括法律草案在内重大决策的意见建议，[②]人民也可以通过“互联网＋督查”提供工作建议，[③]大大拓展了社情民意的表达机制，在增强公共事务运行透明度的同时潜移默化形成了网络的民众监督自觉和监督程度。

2. 个体行使正当权利的重要保障

在表达对公共利益的人民监督外，言论的表达其实是信息之间的交互事件，网络作为常态化的信息交流平台，公民在其上可以通过发表信息实现与海量信息的互通有无，其在发挥个人在信息处理的主体性和创造性基础上实现个体之间交互发展的自我进步有着重要地位。在个体发展层次上，行为金融学中的羊群效应理论认为，人们可以观察别人的行为学习新的信息。[④] 互联网有着错综复杂的超链接网状结构，其中众多个体发布的信息永远处于更新和变化之中，即使网络中天然存在不对称的公开信息和私人信息茧房，个体也可以通过互相表达互相观测对方信息总量，不断实现个体对于某个决策的把握程度，达到最优决策。网络场域的言论不仅包括个体在网页上的日常描述、价值判断与行为决策，其对于不同社会群体尤其是弱势群体的重要性也更为突出。无论是突发大病的重症患者，抑或是危难时刻的当事人，网络上众多网民均可以利用言论自由的积极行为追求个体发展、促进和谐社会关系。例如 2023 年 9 月，网络上众多好心“熊猫侠”的声声呼吁下，一场在对 16 岁“熊猫血”危重女孩紧急

---

① 参见《国务院办公厅关于印发进一步深化“互联网＋政务服务”推进政务服务 “一网、一门、一次”改革实施方案的通知》，载《中华人民共和国国务院公报》2018 年第 19 期，第 16～21 页。

② 参见《法律草案征求意见》，载中国人大网，http://www.npc.gov.cn/flcaw/，最后访问时间：2024 年 3 月 7 日。

③ 参见《国务院“互联网＋督查”平台》，载中国政府网，https://tousu.www.gov.cn/dc/，最后访问时间：2024 年 3 月 7 日。

④ 参见廖理、李梦然、王正位：《观察中学习：P2P 网络投资中信息传递与羊群行为》，载《清华大学学报（哲学社会科学版）》2015 年第 1 期，第 50 页。

情况下的全网求血得到了紧急援助。[①] 此外,言论表达在促进个人发展的基础上,间接促进了互联网企业价值的实现,言论表达的副产物——个人信息(抑或是个人信息去标识化后的数据)已经成为促进经济发展的生产要素中“第四种生产要素”,其价值驱动着互联网经济中的后果性决策。在技术飞速发展的背景下,个人信息处理者不再通过一对一的方式获取个人信息,而是利用快速且成本极低的爬虫等技术批量获取个人在社交媒体平台已经公开或者特定机构发布的个人信息,从而继续催生更多存储与处理个人信息的互联网信息产业,促进了我国经济产业的转型与腾飞。信息作为新型生产力发挥信息资源市场配置合理性的作用,个人的言论表达在其中的基础性重要地位毋庸置疑。

(二)网络场域的公民言论自由的内涵

网络场域的公民言论作为言论的一种,与一般的言论表达具有宏观相似、微观相差的内涵。马克思曾言及言论自由的重要性,“发表意见的自由是最神圣的,因为它是一切的基础”。[②] 言论自由作为公民参与民主生活、促进自我发展的基础条件与重要的人权组成部分,被写入我国《宪法》第35条。一般认为,言论自由包含积极的自由表达的各种手段,指国家公民有通过言语、图画或动作等各种举止公开表达意思的自由。[③] 另有学者认为言论自由更包括消极的、否定性的自由性质,即公民可以私下地自言自语而不受法律的诸多规制,并在公开表达时不被干扰和侵犯。[④] 因此对于网络场域的言论自由内涵分析,应当关注以下几个方面:

一是网络场域的言论自由的内容。网络场域的言论自由的内容众多且通常借助新兴的多媒体等媒介形式予以多样化表达。整体上,公民的言论自由更强调于内容的公开表现,言论内容包括自我思想、情感外化的各种意见主张与价值判断,并借助包括文字、录音、视频、音像产物、电子技术等诸多媒介手段表

---

① 参见《父亲全网求“血”!16岁女孩急需“熊猫血”,“有这个血才能救我女儿的命”》,载大象网,https://www.hntv.tv/rhh-7494365186/article/1/1698954429962489857,最后访问时间:2024年2月21日。

② [德]卡尔·马克思、弗里德里希·恩格斯:《马克思恩格斯全集:1851年8月—1853年2月》(第11卷),中共中央马克思、恩格斯、列宁、斯大林著作编译局译,人民出版社1995年版,第573页。

③ 参见张明楷:《言论自由与刑事犯罪》,载《清华法学》2016年第1期,第57页。

④ 参见林纪东:《比较宪法》,五南图书出版公司1980年版,第197页。

达。网络场域发表的言论需要媒介方能传播，网络这一新兴媒介产生了诸如公众号推文、现场即时直播、短视频等涵盖多种场域、传播性强、即时性高的媒介新形式，任一民众公开发表的话题在某些情况下都会被广大民众知晓。值得注意的是，公民的言论表达内容应当是受法律保护的内容，在互联网为人类提供了虚拟空间和身份匿名的便利下，公民可以通过单个或多个账户身份发出更具丰富性和多样性的表达。但部分民众在网络匿名性的“安全感”和部分别有用心者的鼓动下，极易发表出较现实中难以造成的不当言论、传谣造谣等内容，甚至形成危害国家安全、煽动民族仇恨、淫秽和侮辱他人人格的诽谤性内容，涉嫌《刑法》第103条的煽动分裂国家罪和第246条的侮辱罪、诽谤罪等罪。以上情形表明，不是所有的言论均可以不受限地表达，部分不当、不法的言论内容不被宪法与法律规定保护，并被宪法所明令禁止与限制，甚至会受到严厉的制裁与惩处。

二是网络场域言论自由的形态。网络场域的言论自由包括表现个人的自主性的积极的、肯定性自由和保障性的消极的、否定性自由，二者相辅相成，实为言论自由的不同表现形态，前者体现出个人在网络场域的公共场合发表言论时自我决定发表内容、形式以及对象的自主形态，后者则更表现出言论在实现发表前后以排除他人非法干涉的一般特质。由于网络的去中心化、开放性等特征，部分突破法律边界的危害性言论通过这一前所未有的表达渠道，远远超过了传统的信息传播范围而极难被限制、清除，从而造成了社会秩序的破坏，但正常的网络批评作为公民日常行为的一部分，在网络上积极、主动发表的指责、质疑、监督与举报等言论属于合法的言论自由，他人不得干涉。

三是网络场域言论自由的种类。有学者将言论自由的种类被分为微观、中观与宏观三类。微观层次的言论自由包含讲学、表达等自由的合称，否定了包含集会、结社、游行、示威等具有一定激烈性质的意见表现形式以及选举、投票等在内的带有政治与活动色彩的言论表现形式。中观层次的自由则不然，在一般的讲学和表达自由等温和的言论表达形式外包含具有激烈表达意见的形式，中观层次的观点也被我国宪法学家何华辉先生所认可。[①] 宏观的言论自由则包

① 参见何华辉：《比较宪法学》，武汉大学出版社1988年版，第214页。

含最为广泛的言论自由表达形式，包含带有政治意味上的政党活动与选举自由。① 针对宪法中的法条描述与实践反馈，本书认为网络中的言论自由应是中观的言论自由，网络场域下公民的社交媒体发言、加入兴趣群组以及话题探讨等或温和、或激烈的表达自由是公民日常生活的一部分，不应被剥夺，而我国选举、政党活动自由是人民代表大会制度这一人民民主专政组织形式以及中国共产党领导的多党合作和政治协商制度的重要组成部分，不宜被归入言论自由的范畴内。虽然随着网络场域的日常化与大众化，网络日益成为政府机关与公民交互、民情舆情沟通的渠道，如民众参与入驻抖音平台官方的民意投票、调查活动并在评论区以录音、文字以及"表情包"这些一般带有文字的或动或静内容的图片等与后台的工作人员积极互动，但该类活动应属于公权力机关体察民情的平等互动，而非政治活动。

综上所述，我们即可初步得到网络场域公民言论自由的含义，即网络场域内公民享通过网络各种媒介手段，利用文字、录音、视频、音像产物、电子技术等传递自己的主张、价值取向而不受他人干涉的权利，包括言论（说话、讲学）、出版（刊行、著作）、集会、结社、游行、示威等自由而不包括选举、投票在内的政党活动。②

二、网络场域内公民言论自由的现实挑战与保护限度

"网络构建了我们社会的新社会形态，而网络化逻辑的扩散实质地改变了生产、经验、权利与文化过程中的操作和结果"，③网络生活与日常生活联系日益紧密。而随着网络技术的发展使得言论的波纹效应突破了虚拟与真实的屏障，言语这一无形的存在化为了有形的武器，公共场域与私人场域的区分也逐渐变得界限不分明，二者的融合与利益的多元冲突，使得私人事件在某些不法分子

---

① 参见杜承铭：《论表达自由》，载《中国法学》2001 年第 3 期，第 57 ~ 58 页。

② 网络场域内的集会自由包括网络上诸多网络群聊的自由加入与退出，结社自由则包括为特定目的发起、组织与运行社会群体进行的社会团体活动，游行自由与示威自由包括网络上曾发生的群体性自觉抵制与警示日货行动。

③ ［美］曼纽尔·卡斯特：《网络社会的崛起》，夏铸九、王志弘等译，社会科学文献出版社 2001 年版，第 569 页。

的助推下成为扰乱社会秩序的公共危机。利用公私场域划分这一理论架构，对言论自由权利与公民言论自由的义务界限予以分析，有着适当且依旧鲜活的价值体现。

（一）网络言论自由权保护的确证与诠释

域外立法中，言论自由具有世界范围内的普遍性认可与法律规定，世界人口评论网站（World Population Review）的一项调查表明，现代世界 165 个国家都做了言论自由的保障政策或类似法律规定。① 1948 年联合国《世界人权宣言》第 19 条规定“人人有权享有见解和言论自由”，该项规定作为国际法习惯的一部分对约 150 个国家具有约束力；②《欧洲保障人权和根本自由公约》第 10 条也有“人人享有表达自由的权利”的表述。③ 随着科技的进步物理空间与网络空间联系日益紧密，各国对言论自由的法律规定由起初仅聚焦于物理空间的范围扩展至对互联网使用、新闻媒体服务以及信息传播过程的权利保护。其中典型的例如《美国宪法第一修正案》第 1 条即强调“国会不得制定任何法律……剥夺言论自由”，并支持包括新闻自由、线下的游行、示威自由与互联网使用过程中的批评政府的政治冒犯性言论以及商业化服务言论等；④《德国网络基本法》第 5 条规定个人的言论自由权利和消极限制，即“每个人都有表达及传播他们的观点的权利，通过书写或其他可视化方式可以通过被允许的途径获得信息而不受任何阻碍”，但要受到一般法律的限制和未成年保护和个人权利保障的消极约束。⑤ 我国同样如此，在我国《宪法》规定有言论自由的基础上，《刑法》《民法典》《个人信息保护法》等法律法规以及《网络诽谤解释》等司法解释条款内

---

① 参见《Freedom Index by Country 2024》，载 World Population Review，https://worldpopulationreview.com/country-rankings/freedom-index-by-country，最后访问时间：2024 年 3 月 7 日。

② 参见联合国：《世界人权宣言》，载联合国官网，https://www.un.org/zh/about-us/universal-declaration-of-human-rights，最后访问时间：2024 年 3 月 7 日。

③ 参见《European Convention on Human Rights-The European Convention on Human Rights》，载 Council of Europe，https://www.coe.int/en/web/human-rights-convention/，最后访问时间：2024 年 3 月 7 日。

④ 参见 FreeChina：《The Constitution of the United States of America（中英对照）》，载 Freedom Initiative，https://freedomcn.org/usa-constitution/，最后访问时间：2024 年 3 月 1 日。

⑤ 参见《德国联邦共和国基本法（最新修改至 2017 年 7 月 13 日）》，载 WIPO，https://www.wipo.int/wipolex/zh/legislation/details/17609，最后访问时间：2024 年 2 月 12 日。

容中均有网络言论自由的限制。[①] 2023 年 9 月 5 日,我国最高人民法院发布的包括吴某某诽谤案在内的 7 起依法惩治网络暴力的违法犯罪典型案例亦证明司法实践中亦存在对言论自由的司法限度。[②] 综上所述,各国实践中公民言论自由的权利制度包括保障性规定与限制性规定,二者从不同侧面有着对言论自由的切实实行与维护、保护公民积极参与各种网络在线讨论等各种信息表达。

(二)网络言论自由权的保护原则

网络言论自由权受到世界各国的普遍承认,应受到法律保护,然而任何权利都是有限度的,网络不是法外之地,网络空间内的言论自由权也会受到法律的管辖,有着特定的义务。一般认为,网络言论自由应坚持受到公共利益的个人的容忍义务、隐私权的诸多现实限制的相对主义保护原则。

网络场域内的言论自由保护原则一向存在诸多观点。传统的一种观点是要求完全保障或绝对性排除表达自由限制的绝对主义观点,完全保障论例如约翰·穆勒《论自由》书中即倾向于言论自由的绝对性,"我们永远不能确定我们所竭力要禁绝的意见是错误的,即使是我们可以确定其错误,禁绝他仍为过错";[③]绝对性排除论认为任何限制言论自由的法律都应因违反《美国宪法第一修正案》而归于无效。[④] 但由于观点的相持与发展,有学者提出"接近完全保障原则"与"一般性排除限制原则"作为部分情况下的例外表现。[⑤] 另一种观点是受到公共利益等限制的相对主义观点,也称为言论自由的优位性原则,其中发展出包括美国 1964 年"《纽约时报》诉沙利文案"确立的"实质恶意"准则,即公共官员与公共任务提起诽谤案件时必须证明被告明知诽谤内容陈述错误或忽

① 参见刘成琼:《司法视野中网络言论自由的限制分析》,载中国法院网,https://www.chinacourt.org/article/detail/2015/11/id/1758001.shtml,最后访问时间:2024 年 2 月 13 日。

② 《依法惩治网络暴力违法犯罪典型案例》,载中国法院网,https://www.chinacourt.org/article/detail/2023/09/id/7550501.shtml,最后访问时间:2024 年 1 月 20 日。

③ [英]约翰·穆勒:《论自由》,孟凡礼译,广西师范大学出版社 2011 年版,第 19 页。

④ 参见曲广娣:《言论自由及其与自治的关系——解读亚历山大·米克尔约翰的〈表达自由的法律限度〉》,载《比较法研究》2009 年第 5 期,第 109~110 页。

⑤ 参见[美]亚历山大·米克尔约翰:《表达自由的法律限度》,侯健译,贵州人民出版社 2003 年版,第 40 页。

略案件真相。[①] 霍姆斯法官提出的“明显的即刻危险论”认为不正当的言论应当具备国会有权制止的、具有实质性危害的明显且现实的危险特征，方能被公权力限制和处罚，这为美国的言论自由案件提供了重要的审判理念，其后美国最高法院以自由解释立场转向和修正使用该原则。其中一个是禁止事前抑制的原则，即言论出版等表达出现前禁止公权力的事前介入与压制，包括禁止事前的行政取缔制度或许可证制度。[②] 具体到网络场域内，各种网络暴力行为的发起多依赖于网络这一去中心化、网状型、多向度的环境因素，绝对的言论自由并不符合目前的治理需求，而更适宜确立受到公共利益所限制的相对性的言论自由原则。通过在网络空间运用法律法规以及各项技术措施来预防网络暴力违规、违法甚至犯罪行为已达成社会共识，这一措施虽然带有侵入性，但在适当的枷锁之下一定的限制方能更好地保护个人的言论自由。

目前公共利益优先规则、容忍义务以及个人隐私权均限制着网络场域内的言论自由的肆意泛滥。一是公共利益优先规则。这在各国法律中均有着表述。例如：《加拿大权利与自由宪章》规定每个人发表意见和表达的自由需受“为民主与自由社会证明是正当的法律所描述的合理条件”所限制。[③] 我国《宪法》第51条规定中内含有中华人民共和国公民行使网络言论自由不得损害国家利益、社会利益和其他公民的合法利益的表述。我国《民法典》等法律中也认为公民有为公共利益参与社会事务与监督的权利和扶危救困的义务，经检索《民法典》中则出现11次“公共利益”或类似字眼，并认为可以为公共利益征收、征用个人土地和实施舆论监督等。[④] 二是容忍义务，或称容忍合理损害义务，是指权利人需要容忍公权力或私权利对其权利人造成的合理损害。这一义

---

① 参见刘迎霜：《名誉权中“公众人物理论”省思——以司法裁判实证分析为视角》，载《社会科学》2014年第6期，第93～94页。

② 参见杜钢建：《论表现自由的保障原则》，载《中外法学》1995年第2期，第18～19页。

③ 参见陈根发：《加拿大诽谤法中的公共利益负责传播原则》，载中国法学网，http://iolaw.cssn.cn/zxzp/201406/t20140609_4627930.shtml，最后访问时间：2024年2月17日。

④ 例如，《民法典》第117条规定，“为了公共利益的需要，依照法律规定的权限和程序征收、征用不动产或者动产的，应当给予公平、合理的补偿”；第132条规定，“民事主体不得滥用民事权利损害国家利益、社会公共利益或者他人合法权益”；第243条规定，“为了公共利益的需要，依照法律规定的权限和程序可以征收集体所有的土地和组织、个人的房屋以及其他不动产……”。另外，在该法的第358条、第534条、第999条、第1009条、第1020条、第1025条、第1036条等也有“公共利益”或类似字眼出现。

务来源于道德宽容与社会合作的需求，以及社会共同体形成过程中的最低限度的承诺。[①] 网络场域下言论自由权的行使需要互相尊重，多向交往的不同背景、不同年龄与学识的差异性必然会导致个体所表达的言论的倾向性，并可能在特定情形下导致部分观点相左者的否定与驳斥，即虽然"我们"拥有言论发表的自由，但也需要容忍最低限度内他人对观点的反对和行为侵扰。三是个人隐私权。个人隐私权意在保护权利人的私人信息与数据。网络的开放性与对个人日常的全方位渗透已使得个人信息与数据在网络存档留存，并形成几乎透明的个人信息与数据画像，部分不法者通过非法手段公开曝光他人隐私数据与信息，侮辱谩骂与电话轰炸造成恶劣的网络权利侵害案件，众多的"人肉开盒"与"挂人"等隐秘的网络暗影行为极易造成了被害人"社会性死亡"甚至自杀等严重后果。然而，虽然有着如上原则对言论自由的边界线定，但对于网络场域言论自由的限度仍然有着极大的模糊性，需进一步研究。

（三）网络言论自由权的具体限制标准划定

网络空间作为互动性的全球新型社会，主体身份的自由切换、个人空间的开放性以及信息技术支持逐渐打破了公私场域的划分。例如，网络媒体将私人事件收编为公共场域进行讨论，在侵犯个人隐私的同时将私人事务公共化。[②] 网络暴力行为作为社会转型时期产生的风险之一，其治理价值取向在逐渐从个人本位转为社会本位下，依旧需重视个人与社会（公共）场域的概念划分，以公共利益和私人利益的实质解释为网络暴力在公共场域与私人场域的具体规制标准确定提供新的思维方式。

公共场域与私人场域的划分理论争议已久，但随着风险社会下二者的交融与弥合，不能仅凭借人数量划分公共与私人场域，且该划分较为僵硬，无法适应现有风险社会的社会变化，而需要以公共利益和私人利益的实质解释予以区分判断。一般认为，公共场域存在着上下级的权利多层级关系，需以公权力等国

---

① 参见胡杰：《论容忍义务》，载《苏州大学学报（哲学社会科学版）》2013 年第 2 期，第 77 页。

② 参见陈长松：《论网络空间公共场域、私人场域的融合及影响》，载《学术论坛》2009 年第 11 期，第 157～158 页。

家强制力维护公权力秩序,发生在公共场域的网络暴力指涉及公共利益相关的人或事的网络暴力。私人场域则是以拥有独立人格个体为基础而非独立的生活能力或责任能力的私人自主交往空间,发生在私人场域的网络暴力指不涉及任何公共利益而与私人利益相关的人或事的网络暴力。[①] 维护二者的平衡以及确立二者的界限是法律的重要任务,其治理正当性在于对网民非理性情形下对于一般事件思维片面化、泛道德化下的"道德讨伐"和"网络处刑"的纾解,例如对包括对公权力机关的恶意诋毁与侮辱谩骂造成公信力显著降低以及个体引发的群体社会秩序紊乱事件等重大危险的预防和治理。我国《网络诽谤解释》对实际点击数、浏览次数和被转发次数的规定,从侧面表现出私人场域的一般事务已经进入到公共场域,此时需要对社会秩序和公共利益予以预防和治理。

前述的公共利益优先规则、容忍义务以及个人隐私权在不同角度限制着言论自由的失衡,但也存在公共利益与私人利益之间概念不清、限定不明的缺漏。对于公共利益与私人利益划分,应当考虑以下几个方面:一是场域的流动性。我国《宪法》第 51 条规定,"中华人民共和国公民行使自由和权利的时候,不得损害国家的、社会的、集体的利益和其他公民的合法的自由和权利"。这里的国家的、社会的、集体的利益即公共利益,并与公民合法权利相区分的在一定条件或范围下不特定多数人相一致的利益,包括维护社会秩序的需要(例如威慑犯罪行为、维护司法秩序和维护法律运行)的整体性利益。[②]《网络诽谤解释》第 3 条中列举了网络场域内侵犯社会秩序和国家利益的典型情境,包括引发群体性事件的,公共秩序混乱的,引发民族、宗教冲突的,诽谤多人造成恶劣社会影响的,损害国家形象严重危害国家利益的,造成恶劣国际影响的以及其他严重危害社会秩序和国家利益的情形。私人利益则是来自"责任主义"这一以保障现代社会中个体从事社会活动所赖以为本的"预期性算计"的能力。其对于公民个人与法人这两个对象有着不同义务划分,其中包括不得侵犯他人个人私生活

① 参见许钟灵:《公私场域划分下的网络暴力刑法治理》,载《北京理工大学学报(社会科学版)》2024 年第 2 期,第 7 ~ 9 页。

② 参见王志远:《在"公益"与"私权"之间:违法性认识问题再认识》,载《法学家》2015 年第 1 期,第 118 ~ 119 页。

的隐私保障,不得侮辱诽谤、污蔑他人的名誉保障以及不得侵犯他人著作权的知识产权保障,还包括互联网信息服务提供者等法人机构不得制作、复制、发布、传播含有危害国家安全、损害国家荣誉、扰乱社会秩序以及侵害他人合法权益等法律、行政法规禁止的内容。由于虚假信息或不良信息的传播效应,网络草根化与自媒体下信息传播的广泛与迅速引发激烈的讨论,并由较小范围内的私人讨论变为极具影响力的公共表达。二是对象的不特定性。网络暴力的参与者与受害者可能是多对一、多对多的模式,在事件发生过程中,也可能在二者之间转变,包括个人发布信息后被扭曲是非曲直引发舆论混战,以及部分民众为赚取流量针对某群体讨伐谩骂。值得注意的是,在政治、经济、社会与文化精神场域具有一定影响力的公众人物,包括代表国家形象的国家工作人员以及被广泛知晓的人物,涉及他们的事件则兼具公共性和私人性。公共人物若因职业或事务代表国家、特定形象参与公共事务并涉及公共利益时,个人名誉让位于公共利益而受到法律特殊约束与保护,公民可以依法对其进行监督。而在发表恋爱、婚姻等涉私人生活的言论时,针对公众人物的网络侮辱、诽谤行为一般属于对个人权益的侵犯,除特定人物外一般不涉及公共利益。三是后果的差异性。公共利益与个人利益的保护存在差异性,个人利益的保护有着责任原则的限制,且学界争议较小,一旦认定为某事件已经触及公共利益,此时不仅面对《治安管理处罚法》罚款、拘留的行政制裁,还可能会因在信息网络中诽谤他人引发群体性事件、造成恶劣社会影响而被判定为“严重危害社会秩序和国家利益”加重刑事处罚力度。

第二节　类型化网络暴力的罪名选择适用

大数据、云计算等信息技术发展繁荣社会的同时,网络谣言、不实言论也随着技术的进步而直接威胁到国家安全、社会和谐与个人权利保障。我国基于对网络安全的重视,已出台《国家安全法》《网络安全法》《网络信息内容生态治理规定》《互联网信息服务管理办法》等法律法规,将“维护网络安全”上升为事关广大群众工作生活的国家安全重点战略。[1]《互联网信息服务管理办法(修订草案征求意见稿)》规定互联网信息服务提供者要采用可自动识别、筛选与抵制敏感词的网络信息自动过滤机制和事后响应机制促进对网络内容的监督管理，在提高互联网信息服务产业的行业自律的同时促进公民个人的网络安全意识。[2] 然而，部分违法违规的言论在造成侵犯社会秩序的网络暴力前，其在一定范围内的共享无法被有效识别，信息网络提供者无法实时、动态地监控数十亿网民的网络行为、DNS、网络日志等情况，且该行为亦有侵犯公民个人隐私之嫌疑。传统媒介的言论传播滞后，即使存在不实的信息，也会因传播效率低下、范围较窄而失去广泛共鸣的空间。但网络时代媒介多样且传播迅捷，众多网民面对别有用心者通过录音、视频、直播鼓动、炮制的不实信息，极易激起个体的朴素正义观念“先入为主”而转发负面信息，甚至恶意攻击他人。在“造谣一张嘴，辟谣跑断腿”的现实情境下，被害人面对信息量庞大的舆论声势难以保障自身权益，网络暴力的刑事治理迫在眉睫。

目前，学界部分学者持有单独设立“网络暴力罪”以更好规制网络暴力行为的观点，[3]这实则并无必要，主要原因为：一是由于网络暴力情况复杂，属于内涵与外延都极不统一的非法律概念，其本质是对网络不同性质的行为的概称，实际包括犯罪行为、违法行为和道德失范行为的复杂行为；二是增设新罪并不能有效解决现有网络暴力的刑法规制困境，并延伸出与其他罪名相互交叉、罪责刑不相适应、因果关系不明等其他问题。因此，应该在法律适用中应减少对网络暴力概念适用，转而还原为现有的侮辱、诽谤、侵犯个人信息等具体行为，以现有司法实践中侮辱罪、诽谤罪、侵犯公民个人信息罪等罪名对网络暴力的诸多违法犯罪行为予以进行类型化适用，而不应设立新罪。

2024 年 6 月国家互联网信息办公室发布的《网络暴力信息治理规定》对网

---

① 参见《营造清朗网络空间，建设良好网络生态》，载中央网信办网，https://www.cac.gov.cn/2019-12/21/c_1578463644413880.htm，最后访问时间：2024 年 2 月 13 日。

② 参见《关于〈互联网信息服务管理办法(修订草案征求意见稿)〉公开征求意见的通知》，载中央网信办网，https://www.cac.gov.cn/2021-01/08/c_1611676476075132.htm，最后访问时间：2024 年 2 月 13 日。

③ 参见陈罗兰：《网络暴力的刑法治理与罪名增设》，载《法律科学(西北政法大学学报)》2023 年第 5 期，第 115 页。

络暴力治理的类型化划分可以为网络暴力的类型化治理提供参照。在承继《网络诽谤解释》对包括“捏造损害或篡改他人名誉的事实”“网络辱骂、恐吓他人”“编造虚假信息”等网络诽谤行为认定基础上，网络暴力犯罪的典型表现可归纳为侮辱谩骂型网络暴力、造谣诽谤型网络暴力以及侵犯隐私类网络暴力犯罪3类可能造成他人“社会性死亡”甚至精神失常与自杀等严重后果的行为。2023年9月“两高一部”联合印发的《网暴指导意见》重点关注的“在信息网络上制造、散布谣言，贬损他人人格、损害他人名誉”的网络诽谤行为、“在信息网络上采取肆意谩骂、恶意诋毁、披露隐私等方式，公然侮辱他人”的网络侮辱行为以及“组织‘人肉搜索’，违法收集并向不特定多数人发布公民个人信息”的侵犯公民个人信息行为也与此异曲同工。

一、侮辱谩骂类网络暴力犯罪的罪名适用

信息网络迅速发展为社会公众带来便捷的同时，在网络空间肆意诋毁名誉、泄愤报复导致被害人羞愤自杀或出现精神疾病的情形时有发生，这不仅对被害人造成了日常生活和个人社会评价下降等恶劣影响，也扰乱了和谐安宁的社会秩序。在网络空间内煽动不特定多数网民辱骂、攻击他人的行为，涉嫌侮辱罪；若采取语言暴力恐吓他人，聚众闹事，情节恶劣的，可能构成寻衅滋事罪。

（一）侮辱罪的刑法适用

网络暴力中行为人往往用语言或图片采取攻击、侮辱和肆意谩骂，散播仇恨并对他人实施恶意的攻击行为，使个人的人格权、名誉权等受到巨大的侵犯，这一行为涉嫌触犯《刑法》第246条规定的侮辱罪。根据该条规定，侮辱罪是以暴力或者其他方法公然侮辱他人，情节严重的行为。

侮辱罪所包含“暴力”和“以其他方法”两种侮辱他人的行为类型，一般认为暴力侮辱是指直接使用暴力或者使用暴力相威胁对他人进行侮辱，其他方法的侮辱是指与暴力侮辱相当的，通过言词或文字等方式对他人进行侮辱的方式。由于网络暴力的虚拟性，线上侮辱行为无法通过线上常以捏造和虚假言论为主而无法构成直接使用暴力的“暴力侮辱”。为了网络场域内更好地适用侮辱罪，应当适当对网络中发出恶意言语的行为予以入罪。除具有恶意的网络侮

辱行为的发起者与组织者,绝大多数的网民处于无知无觉的“起哄”与“凑热闹”行为阶段,其被煽动发出的具有情感判断或恶意言语无法达到暴力侮辱相当的程度,无法构成“其他方法的侮辱”行为类型。但实际上,在网络空间肆意传播他人隐私、捏造虚假言论、谩骂骚扰或污名化等行为虽然可能在暴力程度上没有达到传统侮辱罪所要求的程度,但是其对被害人人格权及名誉权等法益的危害性可能并不亚于暴力侮辱所带来的侵害程度。在司法实践中,基于法不责众理念和限缩言论入刑的刑法处罚方式,大量分散化的网络侮辱行为因为未符合以往“定量”的情节严重的犯罪构成要件而无法构成侮辱罪。因此,为更好地达到侮辱罪对网络暴力行为的规制效果,应当综合网络侮辱行为的侵害对象、动机目的、行为方式、信息传播范围、危害后果等因素,将严重贬损他人人格权、名誉权的网络语言暴力行为认定为侮辱罪中“以其他方法公然侮辱他人”的情形。对于网络空间中的侮辱行为,其行为方式与现实必然存在较大差异,语言暴力与肢体暴力对于侵害他人人格权、名誉权的侵害程度也截然不同。在表现程度上与现实中的肢体强迫相比,线下更常见线下滋扰、肆意谩骂、公然侮辱他人的行为,从客观解释角度,应当认同语言侮辱等暴力行为与线下肢体暴力的相当性,并将语言侮辱行为作为侮辱罪的行为要件。

此外,构成侮辱罪的网络暴力行为还需要达到“情节恶劣”的程度,因此需要对网络场域的情节恶劣做出明确认定。由于日常网络行为中的言论开放程度较高,侵权行为方式也多种多样,其中包括隐晦的“阴阳怪气”、明显的“人身攻击”以及直接的威胁等,因此需要认定不同程度的辱骂与恐吓的法律性质。如果仅仅是观点不一的争吵与愤怒发泄,或者是仅实施后不会造成太大损失,则不能以违法定义。如果行为升级到已经影响到被害人的日常精神健康或确凿的人身安全,可能因为涉嫌触犯《治安管理处罚法》而构成行政违法。① 如果该行为所引起的社会危害性进一步升级,持续性的谩骂恐吓行为造成了个人的

① 《治安管理处罚法》第42条规定:“有下列行为之一的,处五日以下拘留或者五百元以下罚款;情节较重的,处五日以上十日以下拘留,可以并处五百元以下罚款:(一)写恐吓信或者以其他方法威胁他人人身安全的;(二)公然侮辱他人或者捏造事实诽谤他人的;(三)捏造事实诬告陷害他人,企图使他人受到刑事追究或者受到治安管理处罚的;(四)对证人及其近亲属进行威胁、侮辱、殴打或者打击报复的;(五)多次发送淫秽、侮辱、恐吓或者其他信息,干扰他人正常生活的;(六)偷窥、偷拍、窃听、散布他人隐私的。”

危害结果或造成了网络重大秩序的破坏,此时刑法就有了介入的必要性而可能构成寻衅滋事罪。值得注意的是,《刑法修正案(十一)》实施前,如果在具有公共属性的网络平台和媒介公然侮辱和侵害烈士名誉、荣誉,造成恶劣社会影响的行为,其在侵犯个人荣誉的同时也侵害了社会公共利益,构成犯罪的以寻衅滋事罪处理。基于从旧兼从轻的原则,《刑法修正案(十一)》实施后对尚未处理或正在处理的侮辱烈士名誉的犯罪案件则适用于侵害英雄烈士名誉、荣誉罪,体现对英雄烈士的特殊保护。①

(二)寻衅滋事罪的刑法适用

《网络诽谤解释》第5条规定,利用信息网络辱骂、恐吓他人,情节恶劣,破坏社会秩序的以寻衅滋事罪定罪处罚,以及编造虚假信息,或者明知是编造的虚假信息,在信息网络上散布,或者组织、指使人员在信息网络上散布,起哄闹事,造成公共秩序严重混乱的,也按照寻衅滋事罪定罪处罚。刑法条文中寻衅滋事罪的行为类型包括"恐吓他人"与"在公共场所起哄闹事",该条细化了《刑法》第293条中在网络环境中寻衅滋事罪的司法适用规则。② 其不仅将"恐吓他人"扩大为信息网络环境中"辱骂、恐吓他人"行为,还将网络环境下的"编造虚假信息"或"明知是编造的虚假信息而组织、指示个人散布"作为网络环境下"起哄闹事"的行为表现,更是将刑法条文中"公共场所秩序严重混乱"解释为特定情形下的"破坏社会秩序"与"造成公共秩序严重混乱"的择一。

首先,网络中并非所有的辱骂、恐吓行为均能被惩治。从文义解释的角度理解,辱骂是一种以侮辱性的语言对对方进行精神上打击的行为,恐吓则是通过言语威胁、恫吓他人以及非肢体性、不作用于被害人身体的暴力行为。可以说,与有形物理力量不同,辱骂与恐吓行为均属于对被害人形成心理强制的软暴力行为。在网络暴力情境下,辱骂与恐吓往往互相交织,但均表现为以强硬的态度、威胁的言语对他人使他人精神上受到打击的行为。但二者也有一定的

---

① 参见纪丙学:《侵害英雄烈士名誉、荣誉罪若干适用问题解析》,载《人民检察》2021年第19期,第16页。

② 根据《刑法》第293条的规定,寻衅滋事罪的行为包括:随意殴打他人或追逐、拦截、辱骂恐吓他人,情节恶劣的;强拿硬要或者任意毁损、占用公私财物,情节严重的;在公共场所起哄闹事,造成公共场所秩序严重混乱的行为。

区别，恐吓对个体的生活、工作环境带来的人身威胁程度更高，其往往具有严重破坏公民的生存环境和产生恶劣的社会影响的社会危害性。根据法益保护原理，刑法寻衅滋事罪规制的应当是在原有的人身财产损害基础上补充而来的公民的精神安宁与社会管理秩序双重法益。① 公民辱骂、恐吓的范畴应当有着对公民精神安宁的重视，在语言上对被害人或者亲属的人身或财产损失的恐吓行为伤害到个人的精神安宁，造成被害人内心严重恐惧，在行为上不特定实施作用于被害人身体，但可以侵害到被害人精神权利与和谐安宁的社会秩序，比如有组织犯罪人在网络上刻意制造血腥恐怖的言论以威胁他人。②

其次，对于“破坏社会秩序”与“造成公共秩序严重混乱”的认定可以参考《网暴指导意见》的规定，该意见明确指出实施网络侮辱、诽谤行为造成“严重危害社会秩序”的情形为：(1)造成被害人或者其近亲属精神失常、自杀等严重后果，社会影响恶劣的；(2)随意以普通公众为侵害对象，相关信息在网络上大范围传播，引发大量低俗、恶意评论，严重破坏网络秩序，社会影响恶劣的；(3)侮辱、诽谤多人或者多次散布侮辱、诽谤信息，社会影响恶劣的；(4)组织、指使人员在多个网络平台大量散布侮辱、诽谤信息，社会影响恶劣的；(5)其他严重危害社会秩序的情形。其中值得讨论的是实施网络诽谤行为，因造成被害人精神失常、自杀等严重后果，影响恶劣的，应当认定为“严重危害社会秩序行为”。若因为个人的精神失常和自杀而认定为“严重危害社会秩序”，不仅要认可被害人的特定危害后果，还要考虑诽谤行为的影响范围，因为小范围的网络诽谤行为也可能造成被害人的自杀结果，不能仅仅因为被害人的不良后果就认定“严重危害社会秩序”，进而对网络诽谤行为的实施者予以罪责刑不相匹配的处罚，此时对“严重危害社会秩序”的认定还应综合事件诽谤程度、时间跨度以及影响范围。若引发具有群体性的批评和攻击或造成个人自杀等严重后果，此时应当通过对个人的人格、名誉的社会危害性等的判断对捏造部分事实诽谤他人且造成严重后果的网络暴力行为将以诽谤罪予以刑事制裁的基础上再考虑其是否造

---

① 参见陈庆安：《恐吓类寻衅滋事罪的客观要件研究》，载《政治与法律》2013 年第 7 期，第 158 ~ 159 页。

② 参见《公安机关集中打击网络有组织制造传播谣言违法犯罪》，载中央政府门户网站，https://www.gov.cn/gzdt/2013-08/21/content_2471135.htm，最后访问时间：2024 年 2 月 6 日。

成了社会秩序的危害。相比于现实空间中的传统暴力，网络语言暴力不具有直接作用于个人人身的间接特征，若行为人未采用起哄闹事等手段，而是在法律允许的范围内正常发表不具有辱骂等攻击性质的“阴阳”点评，那么这种网络语言暴力行为就难以被界定为对社会秩序或者公共秩序造成了破坏，而无法构成寻衅滋事罪。

二、造谣诽谤类网络暴力犯罪的罪名适用

随着网络应用的日益普及，网络场域内捏造虚假事实诽谤中伤的行为呈现增多态势，其导致的精神失常或者自杀等情况也影响到了社会的稳定性。日前日本政府讲究将针对网络诽谤行为重新修法，体现出其对网络空间中伤诽谤行为的严控态势。[①] 网络空间内若为了使他人社会评价降低或者使他人受到刑事追究而捏造事实或者散布谣言等网络造谣诽谤行为，情节严重或造成严重后果涉嫌构成我国刑法规定的诽谤罪或者诬告陷害罪。

（一）诽谤罪的刑法适用

2020年，郎某假扮快递员捏造与取快递的被害人谷某的聊天记录、视频、图片等，并将其扩散至各网络平台，相关事件及视频的蔓延严重影响了网络社会秩序，检察机关依法对郎某、何某以涉嫌诽谤罪提起了公诉。[②]《民法典》第1024条规定，民事主体享有名誉权，任何组织或者个人不得以侮辱、诽谤的形式侵害其名誉权。若严重侵害到个人的名誉权，捏造事实诽谤他人，情节严重的可能涉嫌违反《刑法》第246条规定而构成诽谤罪。根据法律规定，诽谤罪是捏造事实诽谤他人，情节严重的行为，以此延伸出两个问题：一是网络领域“捏造”行为的表现形式；二是网络诽谤案件中“情节严重”的入罪情节判断。

网络中常存在断章取义、“添油加醋”等曲解事实并大肆传播造成严重后果的行为是否构成“捏造”则需要进一步探讨。关于诽谤罪中的“捏造”一词，在广义上包括完全捏造和部分捏造。司法实践认为，部分捏造仅指无中生有、凭

---

① 参见苏宁：《日本修法严控网络诽谤中伤》，载《法治日报》2024年1月22日，第6版。

② 参见《杭州“取快递女子被造谣出轨”案一审宣判》，载中国法院网，https://www.chinacourt.org/article/detail/2021/05/id/6021436.shtml，最后访问时间：2024年2月6日。

空制造虚假的具体事实，即仅包括完全捏造而不包括部分捏造。① 但部分个人发布或媒体发布的信息断章取义、以讹传讹、“添油加醋”等，该曲解事实并大肆传播的行为在实质上造成了个人的人格、名誉受到侵害，甚至造成被害人失常、自杀的后果。而对于散播人对于他人捏造的事实予以添补一些更加败坏他人的实施，并使得该事实更加的详细和事件扩大化，事实上就相当于二次创作进行了新的捏造行为，此时评价为“捏造”应当不具有疑问性。但若是明知是他人捏造的事实而单纯地散布不应当解释为“捏造”，该解释将实质解释凌驾于罪刑法定原则和语义范围之外的类推解释的嫌疑，并不应纳入诽谤罪规制的范围内。②

此外，为了合理限缩网络诽谤案件的刑法入罪门槛，需要重视“情节严重”的要件适用。目前，《网暴指导意见》第 3 条及《网络诽谤解释》第 2 条、第 4 条以传播学视角确立以数量、主观恶性、危害后果设定“被点击次数、浏览次数、被转发次数”的定罪或情节严重标准有着一定的合理性，目前“被点击、浏览 5000 次，或者被转发 500 次”即认定为“情节严重”，但存在着难以通过形式的数量标准解决危害性评价的问题。③ 现实情况下，网络中有单纯的“水军”和“聊天机器人”，部分第三方在炮制和捏造话题时，为扩大事件影响利用“水军”和“聊天机器人”将个人的事件恶意点击、转发和评论至社交媒体形成虚假的流量，该种恶意的转发、点击和浏览实则不具有真正的社会危害性。为了进一步发挥“情节严重”的构成要件功能，应当尊重法益保护和言论自由的角度，排除第三方利用软件恶意点击和评论的内容，不能将单纯的数量要素作为单纯的考量因素。④

（二）诬告陷害罪的刑法适用

“网络非法外之地”，部分不法分子在网络上捏造违法记录或者隐匿关键记录，意图捏造聊天记录使他人受到刑事追究，可能涉及触犯《刑法》第 243 条规

---

① 参见某上海国际贸易公司与杭州某气源设备公司商业诋毁纠纷上诉案，上海市第一中级人民法院（2010）沪一中民五（知）终字第 70 号民事判决书。

② 参见付立庆：《恶意散布他人捏造事实行为之法律定性》，载《法学》2012 年第 6 期，第 108 ~ 109 页。

③ 参见李晓明：《诽谤行为是否构罪不应由他人的行为来决定——评“网络诽谤”司法解释》，载《政法论坛》2014 年第 1 期，第 186 ~ 188 页。

④ 参见吴剑华：《暗刷流量黑灰产业的刑法适用问题研究》，载《荆楚学刊》2022 年第 3 期，第 64 页。

定的诬告陷害罪。[①] 根据该条规定，诬告陷害罪规制的是捏造他人犯罪事实并予以告发，意图使他人受刑事追究，情节严重的行为。

网络领域存在捏造他人违法事实或违法事件以求他人被刑事追究的行为，是否涉嫌构成诬告陷害罪需判断其是否具备以下要件。首先，行为人应当有捏造他人犯罪事实的行为。这里的犯罪事实应当是足以使捏造的犯罪事实符合我国刑法所规定罪名的具体构成要件的行为。若行为人将一般违法行为或者合法行为认为违法行为而予以诬告，此时因不具有侵犯个人名誉与司法活动危害性的程度或不具有社会危害性而不予归罪。若是日常网络生活中的控告和检举行为人，此时对于个人的伪造证据或主动捏造并试图使他人被错误地追究刑事责任的行为应当采取严格的限定。其次，对于诬告陷害的对象应有所限定。其主要体现在：一是刑事一体化下《刑法》诬告陷害罪的对象应与《刑事诉讼法》的刑事诉讼被告主体资格相衔接，即诬告陷害罪的行为对象必须是特定的具体主体，而不能是身份虚构的或者不特定的人。二是在我国诬告陷害罪的主体为一般主体，但国家机关工作人员犯该罪的从重处罚。

而关于对诬告陷害罪“情节严重”的理解，实务中并无统一的理解标准。有观点认为“情节严重”应特指手段、方式、目的等方面的情节严重，应当将该“严重后果”具体化，一旦国家公权力机关按照法定程序施行侦查、起诉、审判或者做出刑事判决或裁定，都应该认为是“情节严重”。[②] 而对于诬告陷害罪实践中的各种表现形式，应当由情节判定，即从手段、行为、法益侵害等方面多重考量，对积极的诬告陷害以及决定性作用的“刑事追究程序”和终局性裁判行为应有程度上的侧重。[③] 在如今官方“下场”入驻部分社交媒体软件时，对于部分信息的甄别和行为的认定更应该严格限制。刑事案件中公安机关对于控告和举报的接受都有着相应程序，并在受理前说明控告人和举报人诬告陷害的法律责任。[④] 因

---

① 参见姚志斗：《诽谤罪与诬告陷害罪实务认定和辩护要点》，载腾讯新闻，https://new.qq.com/rain/a/20220413A0022T00，最后访问时间：2024 年 2 月 6 日。

② 参见《诬告陷害罪“造成严重后果”之认定》，载《江苏法制报》2005 年 3 月 28 日。

③ 参见胡婵、李国栋：《诬告陷害罪的理解与适用》，载《中国检察官》2016 年第 22 期，第 12 页。

④ 例如，《公安机关办理行政案件程序规定》第 28 条第 1 款规定：“公安机关向有关单位和个人收集、调取证据时，应当告知其必须如实提供证据，并告知其伪造、隐匿、毁灭证据，提供虚假证词应当承担的法律责任。”

此,若仅仅是在官方账号下面的评论区以口头和短评的方式检举或揭发,此时以刑法谦抑性的原则考量,不应当认为是试图使他人追究刑事责任的行为。若是刑事诉讼过程中犯罪嫌疑人捏造,基于场景的不同和个人立场的考虑,对于犯罪嫌疑人趋利避害的心理驱动下对共犯或他人,甚至是身份不明无法查实的人所做的不实的辩解符合客观常理,也不应作为诬告陷害的归责。不是有意诬陷,而是错告,或者检举失实的,在未侵犯他人权益和司法秩序的情形下,更不应作为诬告陷害罪处理,刑法应当为社会的日常行为提供规范性指引。

在主观层面,诬告陷害罪主观上是否具备"意图使他人受到刑事追究"这一要件曾有着极大争议,通行观点认为诬告陷害罪是"在主观上必须有使他人受到刑事处分的目的,否则不能成立诬告陷害罪",亦有否定者对此提出异议。[①]从我国实定法角度而言,我国刑法规定的诬告陷害罪具有明确的"意图使他人受刑事追究"的规定,从法条规定讲毫无疑问其属于具有特定目的的目的犯的一种。若该罪不具有该目的的限定,极易扩大刑事打击范围使得他人本应受到非刑事处分的情况下受到刑事的严厉制裁,且若主观上不具备"使他人意图受到刑事追究"的意图,在不易区分罪与非罪的同时还会使得此罪与彼罪的界限混淆。[②] 此外,虽然大部分情况下诬告陷害的告发对象应当是能够使他人受到刑事处罚的司法机关或有关机关,且个人往往通过邮寄举报信和举报材料等形式实现,但司法实践中也存在个人未向前述的司法机关或有关机关告发,而是将捏造的犯罪事实投递给大 V、知名媒体人或者其他公众人员,以至于使该捏造的犯罪事实公开散播至网络微博、QQ 空间等网络平台,从而引起司法机关对告发对象的刑事追究。同时,诬告陷害罪的法条规定中也并未对告发对象有所规定,说明立法机关可能也考虑到现实中的复杂因素而并未对此多做限定。而无论是为了使他人受到刑事追究,在网络上捏造他人的犯罪事实进而广而告之引起司法机关的注意和追究,还是线上联络到特定具有影响力的司法机关或有关机关后线上或线下材料以邮寄或网盘链接等方式交给司法机关引起司法机关追究的情况,都涉及构成诬告陷害罪。

---

① 参见马登民:《刑法教科书》,中国法制出版社 2003 年版,第 693 页。

② 参见张能、陈煊:《关于诬告陷害罪的几个问题》,载《当代法学》2003 年第 10 期,第 124 页。

三、侵犯隐私类网络暴力犯罪的罪名适用

个人进入数据化时代后，个人信息普遍漂浮于网络领域的表层，收集他人信息并用于分析决策成为网络时代的常见行为，无论是精准营销、网络定制还是媒体推送，这些都是常见现象。但在使用和利用个人信息后，若违反国家有关规定，搜集他人的个人信息，利用信息网络实施向他人提供公民个人信息等网络“人肉搜索”的行为，情节严重的可能构成侵犯公民个人信息罪；若利用网络为违法犯罪设立通信群组，以及发布有关违禁物品和传播信息的，可能涉嫌侵犯非法利用信息网络罪。

（一）侵犯公民个人信息罪的刑法适用

侵犯公民个人信息罪来源于《刑法修正案（九）》之前的“出售、非法提供公民个人信息罪”与“非法获取公民个人信息罪”。《刑法修正案（九）》将此两个罪整合为侵犯公民个人信息罪，并规定违反国家有关规定，向他人出售或者提供公民个人信息，情节严重的，构成侵犯公民个人信息罪。网络场域内存在的大量“人肉搜索”型的网络暴力行为，往往是在被害人的公开网页、信息内检索并传播的，此时收集并传播的被害人照片或信息应属于“已公开个人信息”。已公开个人信息漂浮于网络系统的表面层，简单利用技术软件均可获取，具有获取的便利性与低技术性，任何组织与个人均易获取并进行非法处理，从而导致网络场域内侵犯他人个人信息，造成网络暴力扩大化的风险。

对于本罪的行为类型，首先应当违反法律、行政法规或部门规章而构成“违反国家有关规定”的前提性要件。[①] 公民个人信息因承载个人尊严和个人自由而具有物体上的特殊性，我国《个人信息保护法》的“知情—同意”原则保护个人信息的流转，若未经许可搜集他人信息就违反了个人自决权进而违反“国家有关规定”。若将搜集到的视频、录音等文件以及个人信息上传到公开的网络场域内，向不特定的网民以金钱或相应对价出售，这无疑具有危害个人人身、财

---

① 参见胡江：《侵犯公民个人信息罪中“违反国家有关规定”的限缩解释——兼对侵犯个人信息刑事案件法律适用司法解释第 2 条之质疑》，载《政治与法律》2017 年第 11 期，第 34 页。

产的抽象危险,而应认定为非法。对于“非法提供”的行为适用则存在部分争议。在具体行为上,《公民个人信息罪解释》规定,“向特定人提供公民个人信息,以及通过信息网络或者其他途径发布公民个人信息的,应当认定为刑法第二百五十三条之一规定的‘提供公民个人信息’”。从文义上理解,个人信息提供的对象可以是特定人,也可以是不特定人,提供的途径既可以是通过信息网络,也可以是纸印等其他途径。网络场景下常发生对部分人的“审判”行为,通过信息网络或其他途径个人信息具有在网络场域内不特定人获取的可能性,与“向特定人提供”同样具有侵犯公民个人信息自决权且造成网络暴力,造成个人财产、人格权法益侵害性的可能性。因此,在“发布”与“提供”具有同样的法益侵害性情况下,除非是经过当事人的同意阻却,否则“发布”在不特定人均可以获取的网络场域,具有侵害被害人人格、财产的可能性,进而可能构成侵犯公民个人信息罪。

在具体入罪标准上,由于“人肉搜索”等侵害被害人的隐私的行为经常发生于公共信息领域,行为人使用的被害人已公开的个人信息具有被不特定人收集的可能性,极易被爬虫等技术软件大量获取,无法通过单纯的数量来决定法益的侵害程度。[①] 目前,关于侵犯公民个人信息罪保护法益,学界主要有个人法益与超个人法益两派观点。在个人法益的观点中,有个人信息自决权[②]、个人信息安全说[③]、个人信息受保护说[④]、信息专有权[⑤]等。对于该罪的法益分析,本书不再赘述。本书认为侵害公民个人信息犯罪所侵害的是个人信息上人格和财产基本权利的抽象危害,即对于已公开个人信息的保护包括所有对可能因收集、存储和处理个人信息而受到影响的人身、财产权的保护。因此需要结合行为特征与违法结果,进而区分与法益相关联的不同信息的分类保护。《公民个人信

① 参见江海洋:《“广东人肉搜索第一案”再解读——以侵犯公民个人信息罪视角展开》,载《东北大学学报(社会科学版)》2019 年第 2 期,第 182 ~ 183 页。

② 参见周光权:《侵犯公民个人信息罪的行为对象》,载《清华法学》2021 年第 3 期,第 25 页。

③ 参见姜涛:《新罪之保护法益的证成规则——以侵犯公民个人信息罪的保护法益论证为例》,载《中国刑事法杂志》2021 年第 3 期,第 37 页。

④ 参见欧阳本祺:《侵犯公民个人信息罪的法益重构:从私法权利回归公法权利》,载《比较法研究》2021 年第 3 期,第 55 页。

⑤ 参见敬力嘉:《大数据环境下侵犯公民个人信息罪法益的应然转向》,载《法学评论》2018 年第 2 期,第 116 页。

息罪解释》第5条即区分了与法益相关联的不同程度的个人信息，并辅以数额明确了入刑梯度，即非法获取、出售或者提供公民个人信息，具有下列情形的，应当认定为刑法第253条之一规定的“情节严重”。这些情形包括：非法获取、出售或者提供行踪轨迹信息、通信内容、征信信息、财产信息50条以上的；非法获取、出售或者提供住宿信息、通信记录、健康生理信息、交易信息等其他可能影响人身、财产安全的公民个人信息500条以上的；违法所得5000元以上的；等等。该解释还对“情节特别严重”梯度的数额和严重结果两个层面对量刑档次的适用标准作了明确。在数量数额标准方面，根据信息类型不同，非法获取、出售或者提供公民个人信息“五百条以上”、“五千条以上”和5万条以上，或者违法所得5万元以上的，或者根据危害结果，“造成被害人死亡、重伤、精神失常或者被绑架等严重后果”“造成重大经济损失或者恶劣社会影响”应构成“情节特别严重”而予以升格处罚。

（二）非法利用信息网络罪的刑法适用

网络现实中，大量言语诽谤行为存在设立网站、通信群组以及招募“同好”发布违法犯罪信息的行为，该种行为可触犯《刑法》第287条之一的非法利用信息网络罪。

本罪规制的对象包括所有的犯罪活动和一般的违法行为。《非法利用信息网络、帮信犯罪解释》第7条即规定“刑法第二百八十七条之一规定的‘违法犯罪’，包括犯罪行为和属于刑法分则规定的行为类型但尚未构成犯罪的违法行为”且“等”，也应当做“等”外解释，即包括其他的违法犯罪行为，并且这里的行为不包括刑法未规定但违反治安处罚法或其他法律的规定。① 司法实践中对于一般的违法活动判处本罪也予以认可，比如法院设立讲解有关宗教经书内容的微信群的行为人以本罪论处。② 即使实施网络暴力违法活动的网站、通信群组的行为人未达到刑法层面的犯罪而是达到行政违法的程度，也可以纳入本罪的

---

① 参见周加海、喻海松：《〈关于办理非法利用信息网络、帮助信息网络犯罪活动等刑事案件适用法律若干问题的解释〉的理解与适用》，载《人民司法》2019年第31期，第27页。

② 参见新疆维吾尔自治区高级人民法院伊犁哈萨克自治州分院刑事判决书，（2017）新40刑终78号。

规制范围内。从实际办案经验来看,对非法利用信息网络罪则可以结合相关网站、通信群组的名称和内容、信息的内容以及是否逃避监管等情况进行判断。①

本罪的行为只针对设立信息平台和发布违法犯罪活动信息的预备行为,其行为类型有着3方面的内容:一是设立用于实施诈骗、传授犯罪方法、制作或者销售违禁物品、管制物品等违法犯罪活动的网站、通信群组的;二是发布有关制作或者销售毒品、枪支、淫秽物品等违禁物品、管制物品或者其他违法犯罪信息的;三是为实施诈骗等违法犯罪活动发布信息的。在网络情境虚拟身份的掩护下,一些自媒体博主和别有用心者为牟取非法利益,利用他人的个人信息或隐私信息炮制话题煽动网络攻击,带动网民发起网络暴力,博取流量,极易触犯非法利用信息网络罪。在司法实践韩某东、刘某剑一案中,法院就认为二者为牟取非法利益共同预谋为诈骗犯罪团伙"吸粉"和"引流"设立了用于实施诈骗犯罪活动的微信群组,被判定为非法利用信息网络罪。② 司法实践中,部分行为人依托平台或网站为逃避打击,不直接发布信息,而是发布信息的链接地址、截图或放置于特定的存储地址而后开放账号密码给不特定人的行为,应当认定为发布信息,这也与《非法利用信息网络解释》第9条对指引访问服务认定"发布信息"的规定相一致。③

对于"情节严重"的入罪要件适用方面,为防止本罪的口袋化情况,《非法利用信息网络、帮信犯罪解释》第10条主要从设立的3个主要行为所形成的信息数量、违法所得、前科情况给予了认定标准,其中在网络暴力中常见且值得注意的规制情形包括:(1)设立用于实施违法犯罪活动的网站,数量达到3个以上或者注册账号累计达到2000以上的,以及设立用于实施违法犯罪活动的通信群组,数量达到5个以上或群组成员账号累计1000以上的;(2)发布有关违法活动的信息或为违法活动发布信息,网站上发布有关信息100条以上的,向2000个以上用户账号发送有关信息,以及利用关注人员账号数达到3万以上的社交

---

① 参见喻海松:《新型信息网络犯罪司法适用探微》,载《中国应用法学》2019年第6期,第160页。

② 参见吉林省长春汽车经济技术开发区人民法院刑事判决书,(2021)吉0192刑初141号。

③ 《最高人民法院　最高人民检察院关于办理非法利用信息网络、帮助信息网络犯罪活动等刑事案件适用法律若干问题的解释》第9条规定:"利用信息网络提供信息的链接、截屏、二维码、访问账号密码及其他指引访问服务的,应当认定为刑法第二百八十七条之一第一款第二项、第三项规定的'发布信息'。"

网络传播有关信息的；(3)违法所得超过1万元的；(4)2年内曾因非法利用信息网络、帮助信息网络犯罪活动、危害计算机信息系统安全受过行政处罚，又非法利用信息网络的；(5)其他情节严重的情形。以上这些标准在本罪的统一适用上提供了进路，但也存在一定的争议之处。如对《非法利用信息网络、帮信犯罪解释》中经常出现的“违法犯罪信息”等表述，依旧在法理和实践中存在诸多争议，而第10条第7项规定的“其他情节严重的情形”又是法律另外给予的“兜底”性解释，此时对于该款的适用就应当严格限制。

四、杂糅型网络暴力犯罪的罪数关系研究

在刑法适用的过程中，网络暴力成因复杂且表现多样，造成的犯罪形态的涉众化、精细化导致网络暴力的罪数关系复杂，在刑事司法适用的过程中应避免随意关联、泛化和滥用。

(一)杂糅型网络暴力犯罪的处罚态势

网络暴力的涉众化、集体化等特征存在导致“法不责众”的刑法规制困境。当某个具有不合法或不合理行为具有一定的群体性或普遍性时，法律也难以对其进行责难与处罚。网络暴力的愈演愈烈往往需要网络领域内大量行为人的参与，且进行网络暴力的成员在网络暴力的发展过程中较为动态，通常表现为不特定的大量的网民故意或者盲目跟风对他人实施持续性的骚扰、诽谤、威胁、“人肉搜索”、散布虚假信息等不法行为。网络发达的自媒体形成了网络话语权结构多元化，个人在接受单一或受限的信息接受渠道下，一旦获知某类具有特殊引导的信息极易在个人自媒体以及其他互联网平台进行二次传播。[①] 个体在传播的过程中无法左右网络上的舆论态势，众多网络参与者的行为甚至可能改变或违背信息发布者的原意。迅速蔓延的网络暴力造成了行为的去中心化，刑法传统的因果关系难以对行为人与被害人的危害结果的因果关系进行刑事追责。网络暴力群体的群体性和主体不特定性导致网络暴力的罪名规制呈现出

① 参见姜方炳：《“网络暴力”：概念、根源及其应对——基于风险社会的分析视角》，载《浙江学刊》2011年第6期，第181页。

杂糅、复杂的态势，并引发刑法规制困境和亟待解决的问题。

对于具有群体性特征的网络暴力等犯罪行为，《网暴指导意见》第8条提到要重点打击恶意发起者、组织者、推波助澜者以及屡教不改者。[①] 对应到刑法领域，对于网络暴力违法犯罪，刑法应侧重于对发起者、组织者、煽动者、教唆者等起主要作用的行为人进行惩治。发起者与组织者作为犯罪危险行为与实害行为的发起人，其惩治必要性毋庸置疑。对于煽动者与教唆者，二者对网络暴力的扩大化起着十分重要的作用，其一般采取在网络上发帖、造势等针对网络暴力特定对象的不特定煽动和教唆行为，对参与网民形成网络暴力的诱导作用。此时煽动者与教唆者与被煽动者、被教唆者之间其实并未形成合意和通谋，而是形成了"外围"的参与主体。众多网民们的跟风评论等网络暴力"外围"参与主体的行为在社会危害性上没有达到应受刑罚处罚的程度，不应按照犯罪处理。对于有着再犯意图的屡教不改者，刑法对这类人的网络暴力违法犯罪行为，体现从严惩治精神。对上述人员进行刑法制裁，也能起到良好的犯罪预防和遏制网络暴力迅猛势头的法律效果，是让人民群众充分感受到公平正义的体现。

(二)司法实践中杂糅型犯罪概述

网络暴力的表现形式包括网络骚扰、与信息通信技术相关的隐私侵犯等一系列犯罪。虽然实践中存在物理空间与线下空间相互交织的网络犯罪情形发生，但鉴于物理空间的可控性和完备规制性，网络暴力的空间暴力并不必然包括线下的物理空间，即线下空间的违法犯罪行为也可能与网络空间中的违法犯罪行为实行数罪并罚。从行为手段上看，网络暴力包括对计算机系统的使用和个人特点的利用。从网络暴力的起始到结束的过程中，可能涉及诸多交杂在一起的犯罪行为，从网络暴力的发起预备、行为实施和网络暴力的延伸行为可能发生诸多社会危害性的情形。

在网络暴力事件发展的初端，网络暴力发起人可能设立用于网络暴力的微

---

① "两高一部"联合印发《关于依法惩治网络暴力违法犯罪的指导意见》第8条规定："……对于网络暴力违法犯罪，依法严肃追究，切实矫正'法不责众'的错误倾向。要重点打击恶意发起者、组织者、恶意推波助澜者以及屡教不改者……"

信群组、QQ 群组等通信群组或者传播虚假的违法犯罪信息，上述行为可能涉嫌刑法所规定的非法利用信息网络罪。在网络暴力事件进行过程中，侮辱谩骂、造谣诽谤、捏造虚假信息等行为若造成了他人“社会性死亡”甚至精神失常、自杀等严重后果可能涉及侮辱罪、诽谤罪，若造成公共场所秩序严重混乱，可能构成寻衅滋事罪。[①] 值得注意的是，若编造的对象具有特殊性，如果是虚假的险情、疫情、灾情、警情，利用信息网络散播虚假信息尚未构成犯罪，但可能触犯《治安管理处罚法》第 25 条的规定进而处以行政拘留或者 500 元以下罚款。[②] 若编造虚假的恐怖信息具有一定的社会危害性，则涉嫌《刑法》第 291 条之一的编造、故意传播虚假恐怖信息罪。若在网络场域内散播、煽动的是危害国家安全的谣言，则可能触犯《刑法》第 103 条规定的煽动分裂国家罪、煽动颠覆国家政权罪等抽象危险犯，再发表有害言论的煽动行为即构成犯罪，而不论其是否造成现实后果。

行为人在实施网络暴力行为的过程中若具有特定目的，如具有诬告陷害他人的目的，则可能涉及诬告陷害罪。若利用信息网络捏造并广泛散布虚假事实损害他人的商业信誉、商品信誉，造成对经营者或商户的商业信誉、商品信誉降低或重大损失的，则涉嫌构成《刑法》第 221 条规定的损害商业信誉、商品名誉罪。[③] 若利用信息网络故意煽动、挑动网民抗拒国家法律或者行政法规的实施，则涉嫌构成《刑法》第 278 条规定的煽动暴力抗拒法律实施罪。[④] 若行为人实施网络暴力的同时构成以上 3 种罪名，从一重处罚，这也与《网络诽谤解释》第 9

---

① 参见《最高人民法院　最高人民检察院　公安部关于依法惩治网络暴力违法犯罪的指导意见》，载最高人民法院网，https://www.court.gov.cn/zixun/xiangqing/412992.html，最后访问时间：2024 年 3 月 7 日。

② 《治安管理处罚法》第 25 条规定：“有下列行为之一的，处五日以上十日以下拘留，可以并处五百元以下罚款；情节较轻的，处五日以下拘留或者五百元以下罚款：（一）散布谣言，谎报险情、疫情、警情或者以其他方法故意扰乱公共秩序的；（二）投放虚假的爆炸性、毒害性、放射性、腐蚀性物质或者传染病病原体等危险物质扰乱公共秩序的；（三）扬言实施放火、爆炸、投放危险物质扰乱公共秩序的。”

③ 《刑法》第 221 条规定：“捏造并散布虚伪事实，损害他人的商业信誉、商品声誉，给他人造成重大损失或者有其他严重情节的，处二年以下有期徒刑或者拘役，并处或者单处罚金。”

④ 《刑法》第 278 条规定：“煽动群众暴力抗拒国家法律、行政法规实施的，处三年以下有期徒刑、拘役、管制或者剥夺政治权利；造成严重后果的，处三年以上七年以下有期徒刑。”

条规定的内容相一致。① 若部分不法行为人在信息网络上以发布、删除等方式处理网络信息为由，威胁、要挟他人，索取公私财物数额较大，或者多次实施上述行为的，涉嫌触犯《刑法》第 274 条规定的敲诈勒索罪。若以营利为目的，通过“有偿删帖”行为形成个体专营、产业化或集团化的模式，或者明知是虚假信息，通过信息网络有偿提供发布信息等服务，扰乱市场秩序，达到了一定的规模或违法所得，则属于非法经营行为“情节严重”并构成非法经营罪，“情节特别严重”则按照《刑法》第 225 条的规定升格处罚。②

此外，网络暴力的参与者与“帮凶”也可能构成网络暴力犯罪的帮助犯。若明知他人利用信息网络实施诽谤、寻衅滋事、敲诈勒索、非法经营等违法犯罪活动，为其提供资金、场所、技术支持等帮助的，可能涉嫌帮助信息网络犯罪活动罪与《网络诽谤解释》第 9 条规定的“以共同犯罪论处”。此时需要厘清其他犯罪的共同犯罪与帮助信息网络犯罪活动罪的界限，当前司法实践中将帮助信息网络犯罪活动罪普遍适用于信息网络技术实施犯罪的情形，具有对所有网络犯罪提供帮助的行为都适用的规制作用，此罪具有十分强的兜底性。对于他罪的共同犯罪与帮助信息网络犯罪活动罪应当有着一定的标准进行判断。一是二者的目的行为区分。《网络诽谤解释》第 9 条规定其罪状使用的是“违法犯罪”，因此该处的行为类型不仅包括构成诽谤、寻衅滋事、敲诈勒索、非法经营的犯罪行为，还包括尚未构成犯罪的违法行为。在帮助信息网络犯罪活动罪的罪状中，立法者使用“犯罪”一词，因此行为人构成帮助信息网络犯罪活动罪在具有帮助行为的同时，应当也具有构成犯罪的目的行为。二是手段是否具有中立性。帮助信息网络犯罪活动罪保护的法益是正常或中立背景下的信息网络管

① 《网络诽谤解释》第 9 条规定：“利用信息网络实施诽谤、寻衅滋事、敲诈勒索、非法经营犯罪，同时又构成刑法第二百二十一条规定的损害商业信誉、商品声誉罪，第二百七十八条规定的煽动暴力抗拒法律实施罪，第二百九十一条之一规定的编造、故意传播虚假恐怖信息罪等犯罪的，依照处罚较重的规定定罪处罚。”

② 《刑法》第 225 条规定：“违反国家规定，有下列非法经营行为之一，扰乱市场秩序，情节严重的，处五年以下有期徒刑或者拘役，并处或者单处违法所得一倍以上五倍以下罚金；情节特别严重的，处五年以上有期徒刑，并处违法所得一倍以上五倍以下罚金或者没收财产：(一)未经许可经营法律、行政法规规定的专营、专卖物品或者其他限制买卖的物品的；(二)买卖进出口许可证、进出口原产地证明以及其他法律、行政法规规定的经营许可证或者批准文件的；(三)未经国家有关主管部门批准非法经营证券、期货、保险业务的，或者非法从事资金支付结算业务的；(四)其他严重扰乱市场秩序的非法经营行为。”

理制度,[①]并往往表现为网络服务提供者明知他人给予信息网络技术实施犯罪行为仍然提供技术和网络结算的情形,因此帮助信息网络活动罪这一帮助性质的犯罪类型更具有中立性,而《网络诽谤解释》中提到的诽谤、寻衅滋事、敲诈勒索和非法经营等行为则具有更强的不法侵害性。网络暴力的特殊行为特质使得应当利用现有罪名进行全面规制,对各种严重网络暴力行为分而治之,即在刑法上应当优先将网络暴力还原为侮辱、诽谤、侵犯公民个人信息、寻衅滋事等可以被刑法单独评价的具体行为,在满足帮助信息网络犯罪活动罪构成要件的同时,再适用该类兜底罪名。[②]

① 参见李振林:《非法利用信息网络罪与关联犯罪关系之厘清》,载《人民司法》2022 年第 28 期,第 21 页。

② 参见刘宪权、周子简:《网络暴力的刑法规制困境及其解决》,载《法治研究》2023 年第 5 期,第 16 页。

第八章

公民网络暴力犯罪的公诉标准和程序转换

在这个几乎全民皆为手机网民的时代，用户基础量的激增、自媒体时代人人可发声的环境以及多平台信息交互传播的便利等条件更是成为严重网络暴力违法犯罪行为滋生的温床。近年来，新闻媒体更是报道了多起恶劣网暴行为造成严重后果的新闻，例如，“女子取快递被诽谤案”、“粉发女孩遭网暴自杀案”、“牵涉未成年人的网课爆破教师猝死案”以及最近的“母亲丧子后遭遇网络暴力坠楼案”等，这些网络暴力恶劣事件裹挟着大半个网络生态。对此，除了事后痛心疾首地惩治施暴者，事前加强防范，事中加强干预，面对造成严重后果和恶劣社会影响的违规行为，刑法在保持谦抑性的同时也应当有所作为，守好社会法律秩序的最后一道防线。

根据我国刑法和刑事诉讼法对各司法机关管辖范围的规定可知，针对公民的网络暴力犯罪行为主要体现为《刑法》第246条所规定的侮辱、诽谤罪，该罪名第1款一般被归为告诉才处理类型的自诉案件，且刑事诉讼法传统主流观点一般对告诉才处理类案件持“严格意义上的自诉案件”观点，①抑或是将《刑事诉讼法》第210条自诉规定中的告诉才处理案件理解为“绝对自诉主义”，②即对于非除外条款的告诉才处理案件只能提起自诉，而对于《刑法》第246条第2款则解读为除外条款的公诉案件。可见在我国司法系统中告诉才处理案件原

① 参见吴宏耀：《告诉才处理犯罪的追诉制度：历史回顾与理论反思》，载《中国刑事法杂志》2021年第1期，第41页。

② 参见王一超：《论检察机关干预告诉才处理案件的程序选择——基于对“自诉转公诉”讨论的延伸思考》，载《清华法学》2022年第6期，第98页。

则上仅作为自诉案件处理，只有例外情形才适用公诉程序，且两种诉讼程序分离度较高，对《刑法》第246条第1款所规定的情形不适用公诉，故一般来说并不具有相互转化的可能。

从诉讼程序的选择来说，尽管自诉程序作为对公诉程序的补充，一方面给予被害人充分的追诉处分权和人格上的充分尊重，避免国家垄断公诉主义枉顾被害人意愿提起公诉从而导致二次伤害，但是另一方面自诉案件也有其绕不开的问题，即自诉情形下作为势单力薄的个人，被害人始终面临着取证条件差、举证责任大、证明难度高的难题，或许这也是造就了自诉案件无罪判决率和因证据不足而撤诉率都极高的司法实践现状的主要原因。[①] 尤其是随着网络在人们日常生活中扮演着越来越重要的角色，对于公民所实施的网络暴力违法犯罪行为对网络生态和现实社会的危害也愈演愈烈，这直接导致依赖网络途径实施的侮辱、诽谤行为仅仅依靠传统的绝对自诉程序无法有效解决相关问题，被害人所面临的取证、举证、证明三难题更是在网络这一隔层的加成下雪上加霜，甚至使得司法为民的基本原则被抹上厚厚的舆论灰尘，司法公信力和公民的法律信仰岌岌可危。因此，检例第137号案作为该类案件的典例，在回应司法为民的社会期待的同时，也让告诉才处理的性质类型以及自诉转公诉案件的相应标准和程序衔接等重要议题在学术和实务界引起广泛关注和研讨。

鉴于此，疏通针对公民的网络暴力犯罪行为的公诉通道迫在眉睫，尤其是检例第137号案以及《网暴指导意见》发布以后对自诉转公诉案件的标准和具体程序更是具有进一步的指导意义。本章则主要针对对于公民实施的网络暴力犯罪行为中涉及自诉和公诉程序转换的部分展开研究，在厘清自诉转为公诉标准的前提下，对其中的程序转换所涉及的二元区分转换的具体规则和举证等

---

① 据最高人民法院研究结论可知，2008年至2012年期间全国法院宣告无罪的案件中，公诉案件无罪判决率是0.05%，自诉案件无罪判决率是5.59%，自诉案件的无罪判决率是公诉案件的111.8倍，其中侮辱罪和诽谤罪案件数量总计占比27.9%，超过全部无罪案件数量的1/4，且一审自诉案件中当事人撤诉结案的占比高达46.15%，即将近一半的自诉案件都是由当事人撤诉结案，其中不乏证据不足而被说服撤诉者，更不必说还有另外一部分不愿撤诉但法院因证据不足而裁定终止审理的案件。参见马剑：《人民法院审理宣告无罪案件的分析报告——关于人民法院贯彻无罪推定原则的实证分析》，载《法制资讯》2014年第1期，第20~22页。2012年的自诉案件都是如此，更何况当下日新月异的网络技术与手段更是让相关网络暴力违法犯罪行为的实施成本一降再降，让被害人的维权成本和损害程度一升再升。

责任划分等问题进行探讨。

第一节　网络暴力犯罪的公诉标准

一、网络暴力犯罪一般诉讼原则

(一)原则上遵循绝对自诉的标准

我国刑事诉讼法主流观点一般认为,告诉才处理类案件作为第一类自诉案件,是绝对意义或严格意义上的自诉案件,即此类案件原则上由且仅由法院直接受理,只适用自诉程序,只有某些罪名在符合法定除外条款的情形下才应作为公诉案件,直接适用公诉程序予以处理。[①] 故本章网络暴力犯罪所涉及的侮辱、诽谤罪作为法定的告诉才处理类型案件,按照我国《刑法》第246条的规定,在符合第1款的构成要件时应作为告诉才处理的严格自诉案件,即符合"以暴力或者其他方法公然侮辱他人或者捏造事实诽谤他人,情节严重的,处三年以下有期徒刑、拘役、管制或者剥夺政治权利"的情形。因此,传统上网络暴力犯罪作为自诉案件处理时,被害人作为自诉人应举证犯罪行为在行为方式、情节严重程度等要件上符合侮辱、诽谤罪的基本构成要求。

根据现行有效的《网络诽谤解释》这一司法解释的第1条和第2条可知:"捏造事实诽谤他人"的具体情形包括"捏造损害他人名誉的事实,在信息网络上散布,或者组织、指使人员在信息网络上散布的"和"将信息网络上涉及他人的原始信息内容篡改为损害他人名誉的事实,在信息网络上散布,或者组织、指使人员在信息网络上散布的"两种,且"明知是捏造的损害他人名誉的事实,在信息网络上散布,以'捏造事实诽谤他人论'""情节恶劣的"。"情节严重"的具体情形包括"同一诽谤信息实际被点击、浏览次数达到五千次以上,或者被转发次数达到五百次以上的"、"造成被害人或者其近亲属精神失常、自残、自杀等严

---

① 参见吴宏耀:《告诉才处理犯罪的追诉制度:历史回顾与理论反思》,载《中国刑事法杂志》2021年第1期,第41页。

重后果的”、“二年内曾因诽谤受过行政处罚，又诽谤他人的”和“其他情节严重的情形”4 种，其属于先列举再兜底的规定形式。

立法考虑到网络暴力犯罪下被害人作为自诉主体时的取证难度较大，多数情况下只能请求他人配合，不具有强执行力，甚至可以说自诉人的取证权只对内不对外，即对外无法产生足够的命令效力，故在《刑法》第 246 条第 3 款规定了公安协助取证的义务，即“通过信息网络实施第一款规定的行为，被害人向人民法院告诉，但提供证据确有困难的，人民法院可以要求公安机关提供协助”。

(二) 例外情况下提起公诉的标准

1. 网络侮辱、诽谤行为“严重危害社会秩序和国家利益”标准的细化

根据《刑法》第 246 条第 2 款的规定可知，实施侮辱、诽谤犯罪，严重危害社会秩序和国家利益的，应当依法提起公诉。故针对网络侮辱、诽谤行为，若要对其提起公诉，理应符合“严重危害社会秩序和国家利益”这一程度要件，但是由于危害的严重程度和社会秩序、国家利益这些较为抽象的主观色彩浓厚的概念难以在个案中得到合理适用，相关司法解释也应逐渐完善。

2013 年 9 月《网络诽谤解释》第 3 条列明：“利用信息网络诽谤他人，具有下列情形之一的，应当认定为刑法第二百四十六条第二款规定的‘严重危害社会秩序和国家利益’：(一) 引发群体性事件的；(二) 引发公共秩序混乱的；(三) 引发民族、宗教冲突的；(四) 诽谤多人，造成恶劣社会影响的；(五) 损害国家形象，严重危害国家利益的；(六) 造成恶劣国际影响的；(七) 其他严重危害社会秩序和国家利益的情形。”

尽管上述司法解释已经进一步阐释何为“严重危害社会秩序和国家利益”，但是具体情形的列举还是难以实际适用，上述若干举例仍然具有进一步解释的空间。随着“网络暴力”这一语词在网络空间和实际生活中广泛流传且具有愈演愈烈的趋势，各类网暴恶性事件层出不穷，公民的社会安全感和司法信任度岌岌可危。

为了惩治相关网络暴力违法犯罪活动，有效维护公民的人格权益健康和向上的网络生态秩序，最高人民法院、最高人民检察院、公安部 2023 年 9 月联合出台了《网暴指导意见》。该司法解释性文件第 12 条指出，“对于网络侮辱、诽

谤是否严重危害社会秩序，应当综合侵害对象、动机目的、行为方式、信息传播范围、危害后果等因素作出判定”。故要对网络侮辱、诽谤行为提起公诉，“严重危害社会秩序”这一要件的具体情形包括以下 5 种：“(1)造成被害人或者其近亲属精神失常、自杀等严重后果，社会影响恶劣的；(2)随意以普通公众为侵害对象，相关信息在网络上大范围传播，引发大量低俗、恶意评论，严重破坏网络秩序，社会影响恶劣的；(3)侮辱、诽谤多人或者多次散布侮辱、诽谤信息，社会影响恶劣的；(4)组织、指使人员在多个网络平台大量散布侮辱、诽谤信息，社会影响恶劣的；(5)其他严重危害社会秩序的情形。”

2. 对《网暴指导意见》作为司法解释性质文件性质及效果的反思

上述网暴指导列举加兜底的规定形式较 2013 年的《网络诽谤解释》的确更加精细，司法实务的适用似乎也更加便利，但仍然不乏若干值得深思的问题：

一方面，从法理上严谨地说，《网暴指导意见》在性质上只是“司法解释性质文件”而不是“司法解释”，学界主流观点对司法解释性质文件都持较为消极的态度。例如，有学者指出司法解释性质文件是不具有规范意义上法律效力的非正式法源，[①]最高人民法院审判人员的实务观点也倾向于认为司法性文件不是司法解释，不具备法律效力，不能作为裁判依据进行直接引用，最多只能作为说理依据。[②] 令人遗憾的是，理论与司法实践的脱节仍是我国当下法律适用中较为突出的一大矛盾，尽管理论上对司法解释性质文件规范地位的探讨达成了较为一致的意见，但不得不承认，司法解释性质文件的越位和越权现象蚕食着本就不太统一和规范的司法现实。不具有规范意义法律效力的司法解释性质文件随着其制定主体和规范内容事实效力的强弱之分对司法实践起到了不同的“指导”作用，甚至事实效力较强的司法解释性质文件在司法审判实践中的适用顺序和频次远高于相关内容具有正式法源规范效力的司法解释或法律法规。[③]司法解释性质文件高效和实效的优点使得其有效与否的问题被抛之脑后，这在

① 参见聂友伦：《司法解释性质文件的法源地位、规范效果与法治调控》，载《法制与社会发展》2020 年第 4 期，第 217 页。

② 参见吴兆祥：《〈关于裁判文书引用法律、法规等规范性法律文件的规定〉的理解与适用》，载《人民司法》2009 年第 23 期，第 33 页。

③ 参见聂友伦：《司法解释性质文件的法源地位、规范效果与法治调控》，载《法制与社会发展》2020 年第 4 期，第 220 页。

一定程度上可以说是司法实践人员用脚投票的必然结果。有学者就态度鲜明地表明，应激性刑法司法解释性质文件一定意义上对刑法具有取代作用，堪称“优先适用的副法”，挤压出罪空间，变相取代正式的司法解释或相关法律法规，甚至与其产生抵牾。①

另一方面，对比2023年《网暴指导意见》对“严重危害社会秩序”这一抽象概念的4项具象化解释和2013年《网络诽谤解释》中4项针对社会秩序的规定可以发现，很难通过学理解释让《网暴指导意见》作为对《网络诽谤解释》的再解释，《网暴指导意见》的内容反而更像是“另起炉灶”式解释或进一步补充《网络诽谤解释》未尽之规定。例如，将《网络诽谤解释》第3条第4项的“诽谤多人”和《网暴指导意见》第12条第2款第3项的“侮辱、诽谤多人或多次”进行比对，《网暴指导意见》就明显扩大了行为方式和想要规制的犯罪圈。《网暴指导意见》第12条第2款第4项将组织、指示行为也列入其中，明显是有意让教唆、帮助等行为也受到规制，但该规定却几近导致正犯化的效果，上述内容有违背罪刑法定这一刑法最基本的原则的嫌疑。② 吊诡的是，明明在《网络诽谤解释》中“造成被害人或其近亲属精神失常、自残、自杀等严重后果”尚且作为“情节严重”这一自诉基本要件的具体情形之一来处理，但在《网暴指导意见》中“造成被害人或其近亲属精神失常、自杀等严重后果”却被作为公诉条件被列明在第12条第2款第1项。尽管公诉条件中删除了自残情形并添加“社会影响恶劣”这一内容，但是用“社会影响恶劣”来解释“严重危害社会秩序”的方式很难摆脱循环论证的怪圈，且尚未明知“社会影响恶劣”这一内容在规定中是作为前述内容的同义反复起强调作用，还是并列式作为要件之一起必要条件的作用。

虽说回应了当下的社会期待，但司法解释性质文件终究不具有司法解释的地位和效用，《网暴指导意见》在实际审判中甚至取代正式司法解释发挥效用，名不正言不顺的规定和作用范围广阔的事实不免让人诟病，以下试举两典例：

最高人民法院于2023年9月发布的7起依法惩治网络暴力违法犯罪典型

① 参见林雨佳：《应激性刑法司法解释性质文件之理论反思与优化》，载《华东政法大学学报》2023年第3期，第186～189页。

② 参见林雨佳：《应激性刑法司法解释性质文件之理论反思与优化》，载《华东政法大学学报》2023年第3期，第189页。

案例中，前两个案例是以公诉程序进行处理，其中案例 1 吴某某诽谤案的裁判要旨中载明，网上随意诽谤他人，社会影响恶劣的，依法应当适用公诉程序，且其判决主文中写明公诉理由是符合“严重危害社会秩序”这一要件，典型意义中将诽谤对象的随意性、超 4 亿阅读量等内容作为判断“社会影响恶劣”和“严重危害社会秩序”的依据。案例 2 中常某 1 等侮辱案的裁判要旨中载明，网络侮辱造成被害人自杀，社会影响恶劣的，依法应当适用公诉程序。

需要指出的是，该 7 起典型案例的发布时间仅在意见发布 5 天后，基本可以认为两者的发布精神和意旨是一致的，两则案例中裁判要旨的语序均为“社会影响恶劣的”。比较指导意见和网络诽谤司法解释的具体规定，指导意见在对“严重危害社会秩序”具体情形的每一款末尾都加上了“社会影响恶劣的”字样，而网络诽谤司法解释第 3 条第 4 项才有“造成恶劣社会影响的”字样。若说语序的不同尽管颇为玩味但尚不足以说明《网暴指导意见》对《网络诽谤解释》的取代适用的话，那么案例 2 中直接将造成被害人死亡作为公诉条件就足以说明这一问题，因为上文已经指明《网暴指导意见》将“自杀”这一情形从自诉条件的“情节严重”上升为公诉条件中的“严重危害社会秩序”，若完全按照《网络诽谤解释》处理则很难得出必然公诉的结论。且案例 2 中并未以具体的浏览转发评论量解释网络舆论传播的影响力程度，反而是以“大量”“多家”等非定量的模糊词进行描述，这在一定程度上透露出“社会影响恶劣的”这一较《网络诽谤解释》而在《网暴指导意见》中多出的部分不是提起公诉的必须得到证明的独立的必要条件。我们猜测这一规定要么是对前述具体情形的定性补充，要么就是对其“严重危害社会秩序”这一要件无实义的同义反复，而重申性条款有浪费司法资源之嫌。①

因此，不仅仅《网暴指导意见》在具体规定上的越位越权嫌疑被加重，其在司法审判中取代《网络诽谤解释》的意图也从配套发布的相应典型案例中明显溢出。吊诡的是，有学者声称，最高人民法院、最高人民检察院联合其他部委制发的司法解释性质的文件属于中效型司法解释性质文件，其与司法解释发生冲

---

① 参见林雨佳：《应激性刑法司法解释性质文件之理论反思与优化》，载《华东政法大学学报》2023 年第 3 期，第 187 页。

突时，业界一般认为两者的规范效果大致无差并运用“新法优于旧法”的原则进行取舍。① 不得不说，上述业界处理方案虽然是实务基本操作，但是仍然令人感到匪夷所思，可以说其为了便利裁判完全置基本法理和刑法基本原则于不顾，司法适用困惑和裁判不统一的问题会被加重。② 且该《网暴指导意见》作为当下回应民情的一大重要司法政策，很可能会影响到地方法官的审判独立性，成为其超越司法边界，规避法律风险的避风港。③

二、网络暴力犯罪自诉转公诉的标准

上文已经提及网络侮辱、诽谤犯罪作为告诉才处理案件一般适用自诉程序，只有法定例外情况下才会适用公诉程序，故通说一般认为我国告诉才处理案件自诉或公诉诉讼程序的选择是二选一的平行互斥关系，④自诉权在告诉才处理类案件中具有明显的排他性。⑤ 因此，网络侮辱、诽谤犯罪要么作为自诉案件直接由法院受理并适用一般自诉程序，要么是作为例外情况下的公诉案件由公安机关进行立案侦查，检察院提起诉讼并适用公诉程序，刑事法律并没有正式规定两者相互转化的途径。同时，结合上文所述，我国 2012 年至 2018 年自诉案件的无罪判决率是公诉案件的 111.8 倍，更何况网络取证、举证、证明难对这一问题的加重，故上述两种程序选择的不同极可能导致立案与否、被害人的诉讼地位和诉讼权利、取证、举证和证明难易程度以及裁判结果等要素的巨大差异。

或许传统的侮辱、诽谤行为可以按通说处理，但是网络时代的泛娱乐化与舆论影响力实时扩张所带来的精神压迫已不再限制于小范围内的影响，网络实时性和匿名性等特征为侮辱诽谤行为加成，陌生人充满恶意的评价和肆无忌惮

---

① 参见聂友伦：《司法解释性质文件的法源地位、规范效果与法治调控》，载《法制与社会发展》2020 年第 4 期，第 218 ~ 219 页。

② 参见林雨佳：《应激性刑法司法解释性质文件之理论反思与优化》，载《华东政法大学学报》2023 年第 3 期，第 188 页。

③ 参见彭中礼：《最高人民法院司法解释性质文件的法律地位探究》，载《法律科学（西北政法大学学报）》2018 年第 3 期，第 14 页。

④ 参见吴宏耀：《告诉才处理犯罪的追诉制度：历史回顾与理论反思》，载《中国刑事法杂志》2021 年第 1 期，第 43 页。

⑤ 参见牟绿叶：《自诉转公诉的基础规范和判断标准——以国家追诉利益为切入点》，载《环球法律评论》2023 年第 4 期，第 176 页。

的猜忌就像潮水一样一次次向被害人涌来，就像水体具有相通性，这些恶评的发起者在产生严重危害结果时又觉得法不应该责众，雪崩的时候没有一片雪花是无辜的，但也没有一片雪花会觉得自己应该承担雪崩的责任。故当下大量严重的网络侮辱、诽谤犯罪按照一般自诉案件处理显然无法有效得到解决，在此背景下出台的检例第137号案可以说是生逢其时，其裁判要旨中就明确指出检察机关在符合条件时应做好自诉向公诉程序的转换工作，[①]最高人民检察院原副检察长陈国庆也表示该案对"严重危害社会秩序和国家利益"如何认定及自诉向公诉程序的转换衔接具有重要指导意义。[②]

就检例第137号案的基本案情而言，诽谤信息初期也即2020年7月份期间仅是在某微信聊天群内扩散，自同年8月份起由他人合并转发至公共网络平台，相关捏造的内容阅读量超过两万，此时被害人向公安机关报案后得到两行为人行政拘留9日的处分结果，两个月后被害人向法院提起自诉并被法院立案受理，检察机关在此之后以侵害对象的不特定性严重破坏公众安全感、大量低俗评价严重冲击网络公共秩序，以及自诉不及公诉能够更好地取证、证明及惩罚犯罪为由，向公安机关发出立案侦查建议，公安机关立案侦查后被害人向法院撤回起诉。[③]

检例第137号案最大的特点就是该案既经过自诉程序又经过公诉程序的两次起诉，并最终以公诉优先对相关行为人的犯罪行为进行国家追诉。由此，需要从该案中厘清的第一大问题就是何种情况下自诉案件会转换为公诉案件，即我国传统上告诉才处理案件中的侮辱、诽谤罪作为自诉案件和公诉案件之间的区分界线何在，或者说是对其性质的探讨。

（一）网络暴力犯罪自诉转换为公诉案件合理性的基础法理探讨

1. 告诉才处理案件本质上是公诉案件，应实行二元追诉论

宏观上来说，从告诉才处理案件的性质来看，吴宏耀教授从我国1979年

---

① 参见检例第137号郎某、何某诽谤案，载《最高人民检察院公报》2022年第4号，第37～39页。

② 参见陈国庆：《利用信息网络侵犯公民人格权行为的刑法规制——最高人民检察院第34批指导性案例述评》，载《中国刑事法杂志》2022年第2期，第10页。

③ 参见检例第137号郎某、何某诽谤案，载《最高人民检察院公报》2022年第4号，第37～39页。

《刑事诉讼法》以前的立法史的角度总结出当时通说的两大基本立场：一是告诉才处理的犯罪原本是必须经过侦查起诉的公诉案件，但是立法可以将部分告诉才处理案件规定为可以提起自诉的案件；二是上述可以提起自诉的案件若被害人不愿自诉也可以像其他未被立法规定为可以自诉的告诉才处理案件一样选择公诉程序，并就此强调通说所遵循的告诉才处理案件由被害人垄断自诉权的绝对自诉主义是学理误读，公诉案件才是其真正本性，且当下《刑事诉讼法》第210条关于自诉案件的范围规定不是限制性规定，而是授权性规定。①

由此可见，告诉才处理案件的自诉和公诉标准的区分在其看来是一个错误的命题，因为此类案件的性质本质上就是公诉案件，这是事实问题，而在追诉程序上选择自诉公诉二元并行制则是一种程序选择问题，两者不具有也不该具有对照关系。这一梳理结论与传统的告诉才处理案件属于严格意义上的自诉案件的观点大相径庭，甚至可以说是理论基础上的颠覆，且持类似二元并行观点的论者也不在少数。例如，有论者提及摆脱亲告罪当下追诉机制困境的出路就在于将自诉型追诉机制转变为公诉与自诉并行制②，还有观点认为此属于立法修改问题，应该将告诉才处理犯罪作为绝对自诉的规定修改为既可以自诉也可以公诉。③ 当然，除此之外，也有学者反对自诉与公诉之间是“并行说”并主张“平行说”，“平行说”认为对于一个案件要么适用自诉程序，要么适用公诉程序，两者相互排斥，这不同于“并行说”所主张的“告诉才处理案件不限于自诉，国家也有发动公诉的权力，两种诉权并存”观点。④

2. 诉权理论视角下自诉与公诉的关系

从基础法理上的诉权理论视角来看自诉与公诉的关系，大体上可以将对自诉与公诉的关系的争论分为3种观点，分别是被害人自诉权固有论、国家公诉权让渡论以及公诉权与自诉权合理分配论。

首先，就被害人自诉权固有论而言，徐阳教授认为“诉权是公民基本权的基

---

① 参见吴宏耀：《告诉才处理犯罪的追诉制度：历史回顾与理论反思》，载《中国刑事法杂志》2021年第1期，第46～47、50页。

② 参见蔡可尚：《亲告罪追诉机制的困境与出路》，载《法学杂志》2016年第10期，第132页。

③ 参见于志刚：《亲告罪的司法困境及其解决》，载《法学》2008年第5期，第73～74页。

④ 参见贾志强：《“自诉转公诉”程序规则的系统性反思——以网络侮辱诽谤犯罪案件为视角》，载《国家检察官学院学报》2023年第5期，第27页。

本权”,国家追诉权没有剥夺被害人诉权的权力,只有保护其实现的义务,两者相互独立又相互联系,且被害人诉权有独立于国家诉权的必要性,这是国家追诉主义与国家专断主义之间的核心区别。① 熊秋红教授也提及古老的私人追诉可以说是一种自然权利,保障公民获得司法正义的权利是加强自诉权的重要理由。②

其次,就国家公诉权让渡论而言,国家垄断追诉的权力,个人所拥有的追诉权是在犯罪对国家和社会利益影响不大的情况下有限让渡,看似是维护个人特殊利益,实际上仍是为了更好地维护国家和社会利益,故此时的被害人追诉权的内核仍然是国家追诉权。③ 需要强调的是,国家公诉权让渡论认为,国家公诉权的让渡并不是权力主体的转移,所谓的让渡也不是绝对的国家义务,甚至可以说是一种权力,此时有权让渡,彼时就有权收回或者干预,可见此时的权力主动方或掌控者仍然是公权而不是私权主体。现代刑事诉讼中的追诉犯罪不可能也不应该完全成为个人权利,公权力也不可能完全退出刑事诉讼,比如犯罪的审判和刑罚的执行等,故此时表面上的个人追诉权实则是一种国家控制下的国家治理权的变种。我国亲告罪立法的逻辑缺陷就在于赋予个人追诉权的同时缺少公权力的适当介入,追诉权让渡的同时也转移了责任,回避了义务。

最后,就公诉权与自诉权合理分配论而言,无论刑事起诉方式是公诉还是自诉都应追求惩罚犯罪和保障人权之间的平衡,应服务于诉讼目的的最终实现,即谁更适合这一目的的实现就采用哪种起诉方式。熊秋红教授指出公诉权与自诉权合理分配论能够更好兼容多元的刑事起诉方式,例如在国家追诉主义确立后的自诉制度的争议,无论是自诉存废论、限制论还是扩张论,都能与之相适应。④ 尽管一般认为自诉和公诉均可的情况下,公诉优先更有利于维护被害人利益以及惩罚犯罪目标的实现,似乎采取合理分配论就是变相采取国家公诉权让渡论,即公诉优先,自诉只是特殊情况下综合考量的一种补充诉讼方式,但并不尽然。有学者强调国家处理刑事诉讼的宗旨在于通过刑罚手段恢复被破

---

① 参见徐阳:《我国公诉与自诉的协调机制探析》,载《政法论坛》2010 年第 3 期,第 177 ~ 180 页。
② 参见熊秋红:《论公诉与自诉的关系》,载《中国刑事法杂志》2021 年第 1 期,第 23 页。
③ 参见熊秋红:《论公诉与自诉的关系》,载《中国刑事法杂志》2021 年第 1 期,第 24 页。
④ 参见熊秋红:《论公诉与自诉的关系》,载《中国刑事法杂志》2021 年第 1 期,第 25 页。

坏的社会关系，这是着眼于刑事政策和法制统一的宏观立场，一般疏于对个案中被害人的个性化合理诉求的关心，尤其是对于被害人因犯罪所遭受的弥补通常被置于国家追诉机关的视野之外，[①]刑事附带民事诉讼中受限的赔偿范围就是很好的例子，故此时被害人对自诉程序的选择相较于公诉而言就具有不可替代的作用。

综上所述，上述争论看似各有千秋，但实际上所讨论的不是同一问题，对于被害人诉权固有论者而言，其所肯认的诉权是权利的有无问题，而对于国家追诉权让渡论者而言，其所肯认的不可能退位的公权实际上是权利的行使问题。两者并不是针尖对麦芒的关系，甚至可以说被害人诉权的有无并不影响犯罪的惩罚是依靠公权的行使这一事实，但作为基本人权而言，诉权又是不可或缺的宪法权利，承认被害人的诉权不会也不应该致使国家惩罚犯罪保障人权的义务有所减损。因此，被害人的诉权不可被否认。自诉权本质上是请求公力救济的权利，而对"被害人请求公力救济的权利"有两种理解方式，一种是被害人向检察机关告诉，再由检察机关向法院提起公诉，另一种则是被害人直接向法院提起诉讼。这两种方式实质上都是通过司法力量实现权利救济，因为就算是所谓的自诉最终仍然要求通过法院才能予以解决，故自诉并不等于自力救济。公力救济当然无法限制自诉权，也无法限制自诉或者公诉程序的选择，毕竟任何刑事起诉方式的进行最终都依靠且只能依靠国家强制力才能予以实现。

(二)网络暴力犯罪自诉转换为公诉案件的标准争鸣

1. 网络侮辱、诽谤犯罪自诉转公诉程序的通说标准——"严重危害社会秩序和国家利益"

微观上而言，聚焦到网络侮辱、诽谤犯罪行为上来看，理论界和实务界的通说一般认为侮辱、诽谤罪转化为公诉的标准在于是否满足"严重危害社会秩序和国家利益"这一要件。例如，有学者评价"严重危害社会秩序和国家利益"是自诉案件转公诉案件的实体法依据，检例第137号案就是因为行为人的诽谤行为经网络这一特殊区域迅速传播，严重扰乱网络社会秩序并给公众造成不安全

① 参见徐阳：《我国公诉与自诉的协调机制探析》，载《政法论坛》2010年第3期，第179页。

感,从而属于“严重危害社会秩序”的行为并适用公诉程序。[①] 有观点将检例第137号案作为自诉转公诉案件的先例,而转换为公诉的标准就在于网络侮辱、诽谤行为“严重冒犯社会公序良俗”,从而属于“严重危害社会秩序”。[②] 也有学者强调“严重危害社会秩序和国家利益”这一要件是侮辱、诽谤罪作为自诉为原则的案件进入公诉程序的条件,而通说一般将该要件理解为“主要指造成被害人精神失常或自杀;侮辱对象是党和国家领导人、外国元首或外交代表;严重损害国家形象或造成恶劣国际影响”。不同于通说,该学者指出,虽然互联网诽谤的客观后果可能并不是特别严重或者对象也不特殊,但由于诽谤手段即传播媒介的特殊性和行为人的主观恶性,使得诽谤行为的社会危害性也符合“严重危害社会秩序和国家利益”的情形。[③] 有观点表示《网络诽谤解释》的前6种情形是从结果角度对“危害社会秩序”的描述,而检例第137号案则是从“行为”本身具有“危害社会秩序”的性质这一角度归属于该解释第3条第7项兜底条款“其他严重危害社会秩序和国家利益的情形”中而适用公诉程序,此时行为对象的不特定性使得名誉损害的风险溢出到陌生人社会。[④]

尽管上述论者皆对将“严重危害社会秩序和国家利益”作为自诉转公诉程序的标准这一观点表示肯认,但是不得不说这一标准在司法适用时仍然过于抽象。无论是所谓的风险溢出到陌生人社会、网络手段下攻击对象的不特定性,还是严重危害社会公序良俗等标准,对网络侮辱、诽谤行为严重程度的判断都是无法量化或广泛应用的。毕竟不是所有通过网络进行抨击不特定个人的言论溢出到网络平台上都会受到关注,也不是所有的网络侮辱、诽谤行为都构成犯罪。将“严重危害社会秩序和国家利益”作为自诉转公诉程序的标准导致检例第137号案的原预期的示范效用实际上窄化为其本身的个案特性,所谓的自诉转公诉的先例作用也被减损。

---

① 参见樊崇义:《诽谤罪之自诉转公诉程序衔接》,载《检察日报》2020年12月28日,第3版。

② 参见时延安:《“自诉转公诉”的法理分析》,载《中国刑事法杂志》2021年第1期,第62页。

③ 参见赵秉志、彭新林:《“严重危害社会秩序和国家利益”的范围如何确定——对刑法典第246条第2款但书的理解》,载《法学评论》2009年第5期,第129页。

④ 参见车浩:《诽谤罪的法益构造与诉讼机制》,载《中国刑事法杂志》2021年第1期,第77页。

2. 反对通说将“严重危害社会秩序和国家利益”视作为自诉转公诉程序标准的理由

除通说以外，也有观点旗帜鲜明地否定《刑法》第 246 条第 2 款中的“严重危害社会秩序和国家利益”是自诉程序转化为公诉程序的标准。

例如，有论者认为“严重危害社会秩序”只是对个案中“告诉才处理”负面影响的描述，其实是阻却告诉乃论的诉讼要件而不是罪状中必备的构成要件，与前款罪的不法内涵无关原因在于：一是“严重危害社会秩序”只是在强调行为对法益侵害的严重程度而不一定是强调法益类型从个人法益到公共或集体法益的变化，二是其主语是告诉才处理的追诉方式而不是侮辱、诽谤罪，三是用“危害”修饰“社会秩序”不符合我国刑法将“社会秩序”作为客体罪状时常用“扰乱”或“破坏”的用语习惯。故其不宜作为自诉程序转为公诉程序的标准。[①] 就和德国刑法主流观点一样，其刑法典中所规定的刑事追究要件并不具有犯罪构成概念的性质，相反决定其性质的是诉讼法，故该类刑事追究要件不影响犯罪行为的可罚性，只会影响追诉的合法性。[②]

也有学者认为，通说“严重危害社会秩序和国家利益”的判断标准界定模糊，特提出以下 4 点质疑：其一，容易混用构成要件的情形和告诉乃论的情形、司法判断的主观性较大；其二，对概括兜底条款的解释空间和国家追诉权都缺少必要的规范性制约；其三，我国刑事法中国家利益并不一致的界定使得“严重危害社会秩序和国家利益”这一核心概念缺乏支撑；其四，该标准在所有阻却告诉乃论的情形以及所有自诉案件的程序转换的适用中无法做到一致性和合理性，并由此提出将自诉转公诉程序的判断标准替换为“国家追诉利益”的观点，主张此时是作为“不对称下的再平衡”而存在。[③]

还有观点从裁判逻辑上对通说标准予以驳斥，其指出通过《刑法》第 246 条

---

① 参见程捷：《网络侮辱、诽谤犯罪中“严重危害社会秩序”的判定》，载《国家检察官学院学报》2023 年第 5 期，第 3、9 ~ 10 页。

② Vgl. Wessels/Beulke/Satzger, Strafrecht Allgemeiner Teil, 49. Aufl. 2019, § 5, Rn. 219; Kindhäuser/ Zimmerman, Strafrecht Allgemeiner Teil, 9. Aufl. 2020, § 6, Rn. 18. 转引自程捷：《网络侮辱、诽谤犯罪中“严重危害社会秩序”的判定》，载《国家检察官学院学报》2023 年第 5 期，第 10 页。

③ 参见牟绿叶：《自诉转公诉的基础规范和判断标准——以国家追诉利益为切入点》，载《环球法律评论》2023 年第 4 期，第 180 ~ 181、188 页。

除外条款的实体法解释来确定网络暴力犯罪案件的追诉程序将面临“因果关系颠倒”的问题，因为犯罪行为的社会危害性是否达到了“严重危害社会秩序和国家利益”的严重程度应是由司法裁判解决的事实问题，而绝不是审理以前就已有定论的学理解释确定的解释问题，而且实体法解释弹性过大的问题致使审判实践中追诉程序的选择实则只取决于国家追诉机关的意愿。①

3. 网络侮辱、诽谤犯罪自诉转公诉程序的其他转换标准

尽管上述“国家追诉利益”标准的论者一再声称国家追诉利益作为再平衡手段属于公共利益而高于国家利益，②但是令人困惑的是，国家追诉利益与“社会秩序和国家利益”这一概念也并不是非此即彼的关系，后者本质上作为公共利益或集体利益的在刑事法益上的具象化完全可以容纳前者，况且如若新的标准无法对是否严重危害社会秩序和国家利益予以具象化，那这样替换后的标准不是与通说一样具有模糊不清、难以认定等问题吗？且此时虚无缥缈外延广阔的“国家追诉利益”会使得“国家追诉权”无限放大，更是将基础人权的保障置之于无地，以及其反驳通说时所批判的“核心概念缺乏清晰界定”的理由同样可以用来批驳自身的主张。如此一来，不具有具象化意义的替换标准甚至还不如通说，毕竟通说标准的用语是有现行有效的司法解释作为背书的，但是替换下的语词表达并不具有这一优势，除非其只是对通说的再解释而不是对通说标准的替换，但是仅作为“对通说的解释”进行理解又与其原意相背离。

除此以外，还有论者强调应将“当事人之间的特殊关系”作为区分侮辱、诽谤行为是亲告罪还是非亲告罪的标准，其将亲属或邻里熟人等关系作为亲告罪所需的特殊关系进行自诉处理，将不具有上述关系的行为作为非亲告罪进行公诉处理。③ 车浩教授也认为，诽谤行为是否达到危害社会秩序的程度而适用公诉程序，应将行为对象的不特定性作为名誉受损的风险溢出到陌生人社会作为

---

① 参见吴宏耀：《告诉才处理犯罪的追诉制度：历史回顾与理论反思》，载《中国刑事法杂志》2021年第1期，第42页。

② 参见牟绿叶：《自诉转公诉的基础规范和判断标准——以国家追诉利益为切入点》，载《环球法律评论》2023年第4期，第184页。

③ 参见胡莲芳、赵泽：《系统论视角下亲告罪的法律规制研究》，载《学习与实践》2021年第4期，第71页。

判断标准。[1] 需要指出的是，上述两位学者虽然都将被害人与行为人之间的关系作为是否提起公诉的考量要素，但是前者明显没有对是否“严重危害社会秩序”进行判断，而是将特殊关系存在与否直接作为判断侮辱、诽谤行为适用自诉或公诉的标准；后者则是将特殊关系作为判断是否“严重危害社会秩序”的下位要件。两者对特殊关系的地位有不同理解，前者将其视作独立判断因素，后者将其视为独立判断因素的下位补充认定要素，但有意思的是，两者得出的结论几近一致，可见自诉转公诉所谓标准的认定对结论的影响尚且有限。

由此可见，无论是通说的“严重危害社会秩序和国家利益”，还是其他字面表达上不具有上述语词的标准，实际上都或多或少体现为通过某些具体的可量化可操作的下位概念或下位判断实现对“严重危害社会秩序和国家利益”这一抽象判断方式的补充认定。毕竟就连完全将“严重危害社会秩序和国家利益”视作诉讼要件而不是传统的构成要件的论者都只是反对而没有提出新的判断标准，而其他声称新的判断标准的背后或多或少有着通说的影子，且仍然是作为危害社会秩序严重程度的具象化判断而存在。但需要警惕的是，理论上的文字游戏对于司法实践并不具有较大意义。

（三）本书观点

1．“自诉转公诉”的含义及反思

需要澄清的是，检例第137号案所涉及的“自诉转公诉”指的是事态本身已经从原本仅满足自诉条件的自诉案件变性升级为满足公诉条件的公诉案件这一情形，而不是指事态仍然属于自诉案件范围，但破格作为公诉案件进行处理这一情形。因此，检例第137号案实际上并没有提及自诉案件和公诉案件转换之间的法理，因为此时事态已经升级为公诉案件，没有自诉一说，[2]或许这就是为什么该案件的裁判依据使用的是“其他严重危害社会秩序和国家利益”这一公诉条件的兜底条款而不是其他。该事件在自诉立案之初并不符合公诉条件，而是在事态逐渐发酵后，网络舆论不满声较大且关注度越来越高的情况之下升

---

① 参见车浩：《诽谤罪的法益构造与诉讼机制》，载《中国刑事法杂志》2021年第1期，第63页。

② 参见吴宏耀：《告诉才处理犯罪的追诉制度：历史回顾与理论反思》，载《中国刑事法杂志》2021年第1期，第43页。

级为符合公诉条件，这才导致检察机关被动建议公安立案并起诉。实际上所有的相关案件都是逐渐发酵的，只是有的能够在满城风雨后平息，有的却只能在只言片语中消散，这也是“养猪困境”的囹圄所在。① 简而言之，很少有一开始就符合公诉标准的案件，而选择哪种追诉方式也主要是看被害人在何时选择提起诉讼或者舆论的目光何时在该事件上基于怜悯给予足够的停留。检例第 137 号案并不像一些观点所说的那样具有先例示范效应，而是相反不具有类型性的特征使其无法推而广之，毕竟能被社会所听见的声音往往是幸存的少数者所发出的，剩下绝大多数声音都被埋没在看似广阔却狭窄的网络空间中。正如有论者所言，《网暴指导意见》中对“严重危害社会秩序”具体情形的列举是过于强调社会关注度这一条件的表现，这不足为所有网暴事件被害人提供公权力救济。②

2. 二元追诉理论的困境

从性质上来说，有学者认为实行二元追诉理论以后对告诉才处理案件自始公诉将会成为首选程序，且相关最大的难处将从自诉难转化为立案难。③ 但是我们倾向于认为二元追诉理论面临的最大问题实际上也是最现实的问题，即司法资源和经费的问题。尤其是在民智和民情都不太开朗的当下，在我国侮辱、诽谤事件是比较常见的问题，而重大疑难案件或其他司法难题对这些资源和经费的需求程度远远超过一般的自诉案件，功利主义主张所有人的幸福的最大化才是可取的，两害相比取其轻，两利相比取其重，资源分配的取舍问题已然不必多说。但是仍然需要提醒的是，一旦我国侮辱、诽谤犯罪的处理开了可自诉可公诉的先河，公民衡其利害之后势必会选择申请公诉，让国家机关为其更好地维权，而在公民维权更加便利的同时也势必会导致司法资源的大量倾斜，这会

① “养猪困境”原本用于形容一旦对未成年人一开始的触法行为缺乏有效的司法干预，很可能会陷入“养大了再打，养肥了再杀”的境地。有论者认为该比喻也适用于自诉案件未经有效干预导致向公诉案件过渡后才予以处理的情形。本书对此表示赞同。参见王一超：《论检察机关干预告诉才处理案件的程序选择——基于对“自诉转公诉”讨论的延伸思考》，载《清华法学》2022 年第 6 期，第 98 ~ 99 页。

② 参见程捷：《网络侮辱、诽谤犯罪中“严重危害社会秩序”的判定》，载《国家检察官学院学报》2023 年第 5 期，第 23 页。

③ 参见王一超：《论检察机关干预告诉才处理案件的程序选择——基于对“自诉转公诉”讨论的延伸思考》，载《清华法学》2022 年第 6 期，第 103 ~ 104 页。

让本就人少案多的司法机关不堪重负,国家相应支出大幅增加。在经济形势存在波动的当下,很难说维护部分人的权益可以提升全体公民的幸福感和获得感,相反该部分支出的增加势必导致其他领域支出的缩减,适得其反或许也不无可能。车浩教授也强调,只要被害人希望进入刑事诉讼程序,公权力机关就应当介入的观点难以发挥自诉机制的成本优势,且投入产出不成比例,巨大投入下收益却很可能甚微,实质效果也可能与预期背道而驰。①

3. 对通说"严重危害社会秩序和国家利益"这一转换标准的坚持

从转化标准上来说,本书较倾向于通说观点。自诉案件转化为公诉案件的标准并不是游离在自诉标准和公诉标准之外的第三标准,而是两者之间的界限,即公诉案件比自诉案件所多出来的"严重危害社会秩序和国家利益"这一条款内容。之所以诉讼程序应有所转化,是因为法益受侵害程度和种类随着事件的发展都有所升级,在已经符合公诉条件的情况下按照公诉程序由国家机关进行处理会比按照自诉程序仅由被害人个人起诉进行处理所遇到的麻烦要小得多。且此时并不存在违背被害人追诉意愿的情况,因为被害人提起自诉的行为就表明其希望行为人受到法律制裁的强烈愿望,只是势单力薄的普通人在理论知识与时间、精力、金钱等方面与国家机关追诉相比始终都是望其项背,故此时公权力的介入就是合理合法合情且必要的。正如徐阳教授在肯认被害人诉权固有论这一观点所说的那样,应以被害人诉权为偏重,协调其与国家追诉权之间的关系,一方面要做到对被害人诉权自我抉择的充分尊重,不代位行使权力;另一方面要在被害人自我保护能力不足的情况下予以公权扶助,即自诉的提起并不代表国家追诉权的完全退出或国家对被害人保护义务的免除,国家追诉机关可以出于公共利益考量对自诉案件进行适当干预。②

对于"严重危害社会秩序和国家利益"这一公诉标准的具体认定,本书认为在具体案件的裁判中应该以《网络诽谤解释》第 3 条为准,类似于《网暴指导意见》这种司法解释性质文件的相关规定与其有所出入的部分不能作为裁判依据,就算是作为说理部分也应当分外谨慎。而就该标准过于抽象的问题来说,

---

① 参见车浩:《诽谤罪的法益构造与诉讼机制》,载《中国刑事法杂志》2021 年第 1 期,第 75 页。

② 参见徐阳:《我国公诉与自诉的协调机制探析》,载《政法论坛》2010 年第 3 期,第 179 ~ 180 页。

这并不是《刑法》第246条第2款的问题，应该说这是出于《刑法》稳定性考量不宜规定得太细太死所导致的，且在我国《刑法》中大量存在各种“情节犯”，以“情节严重”或“特别严重”等词语修饰罪状的条文随处可见。正是因为抽象才带来了大批学者对于通说的替换标准的探讨。但令人遗憾的是，所谓的替换标准或补充认定法则也具有相当大的抽象空间，无法量化是所有标准的痛点，但一旦量化也将会使得标准不再公平，因为数据是可以造假的。为了提起诉讼或逃避责任进行数据造假在标准量化以后是非常有可能的，例如若将相关话题新闻的浏览量设置为1000万及以上，评论设置为10万及以上，那么购买僵尸号炒热度的问题又会成为新的问题，更何况数据仅仅是一个参考方面，有财力的人当然可以通过炒热度达到相关数据标准，但财力不足以支撑的被害人难道就不该获得公正司法的机会吗？因严重程度的认定标准的主观性和任意性过于强烈，故“自诉转公诉”案件的疏通机制并不在于该标准的认定，而在于诉讼程序，即传统的严格意义下的自诉案件的自诉程序与公诉程序之间的衔接问题。

4. 小结

本书认为，从我国司法实践出发，不管是否认同告诉才处理案件本质上是公诉案件的观点，只要是希望以公诉程序进行处理都会要求满足相应的法定公诉标准，但是公诉条件严苛又特别，是典型的事后救济，这会导致司法的目光无法做到一视同仁，其仅对极个别社会影响大的案件予以关注并协助处理，而其他的都被公诉标准这张“网”过滤。满足公诉标准的情况可能有如下两种：《刑法》第246条第2款的自始公诉或是从自诉转化为公诉，即无论是要求案情达到公诉标准后直接提起公诉，还是在满足公诉条件的情况下仍然先提起自诉再由法院交由检察院提起公诉都为时过晚，因为满足公诉标准就已经达到了“严重危害社会秩序和国家利益”的程度，此时不仅是对网络侮辱、诽谤犯罪行为的姑息养奸致使司法公信力受损，而且过度延长被害人受创伤的时间，相关犯罪证据的固定、数据内容的取得、相应举证责任等难度都会随着时间的延长而呈几何倍数增大。

综上所述，尽管让传统的严格意义下的自诉案件在追诉之处就能够按照公诉案件进行处理是理论上最有效的解决办法，但由于司法成本过于高昂而不具有较大的实践意义，且具有较为浓厚的浪漫主义色彩，这也是忽视我国司法资源分配不均现状的表现。毕竟像检例第 137 号案件一样从自诉案件转化为公诉案件背后是舆论压力的操纵结果，且该时事态也已经失控到了公诉程度，但是个案式解决方案终究只具有安稳社会的表象作用，不具有大规模适用的示范效用。而公诉优先的处理方式既有较高的门槛又极大浪费了司法资源，故对于网络侮辱、诽谤犯罪最具经济性的追诉方式应该仍然是按照自诉案件处理，但是检察机关在其中的协助作为义务应以法律形式予以规定，应明确指出检察机关应该尽力克服司法惰性，发挥其应有的法律监督作用，回应"护诉为民"的司法期待，[①]让每一个公民在每一宗案件中都能感受到司法正义。

第二节 网络暴力犯罪的程序转换

在讨论完网络侮辱、诽谤犯罪自诉程序转公诉程序的转换标准以后，随之而来的第二个大问题就是转为公诉案件以后诉讼程序如何衔接的问题，《网暴指导意见》对此有较为详细的规定。除了司法机关之间如何进行衔接，还有必要探讨一些重要的证据证明问题以及程序转换对当事人诉讼地位和诉讼权利义务的影响。

一、程序转换的具体规则与举证责任分配

针对符合公诉条件的网络侮辱、诽谤刑事案件，《网暴指导意见》第 13 条第 1 款以起诉顺序的先后规定了二元区分的处理规则，且由于检例第 137 号案中指导意义第 3 条与《网暴指导意见》第 13 条的规定之间具有较高的相似度，故下文将主要以对比研读的形式对自诉转公诉案件的具体转换程序进行详解，借此一窥司法实践对待此类案件的态度变化。

---

① 参见陈军：《"四大检察"改革背景下的检察权能配置探析》，载《政法论丛》2020 年第 5 期，第 54～55 页。

(一)公安机关立案侦查在先

1. 法院立案受理以前

检例第137号案指导意义第3条第3句指明:“在公安机关立案后,对自诉人提起的自诉案件,人民法院尚未受理的,检察机关可以征求自诉人意见,由其撤回起诉”,而《网暴指导意见》第13条第1款第3句前半句规定,“被害人同时向人民法院提起自诉的,人民法院可以请自诉人撤回自诉或者裁定不予受理”。对比上述两则规定可知,对于国家追诉在先的符合公诉条件的网络侮辱、诽谤犯罪,法院尚未立案受理被害人的自诉的,指导案例认为应由“检察机关”征求自诉人意见并由其撤回起诉,而《网暴指导意见》则偏向于应由“人民法院”请自诉人撤回自诉,自诉人不同意撤回自诉的则裁定不予受理。两则规定看似相近,但其实是基于完全不同的背景和立场:

其一,从规定背景来看,指导案例是最高人民检察院一方单独对事实基础和裁判逻辑的总结概括,其所涉及的案件是自诉先行型,该案在被害人提起自诉之初并未达到公诉标准,是事态升级后才由检察机关主动建议公安机关立案侦查,故该指导意义可能是基于此而在公诉先行型案件中劝说自诉人撤回起诉之时也延续了检察机关的主动地位;而《网暴指导意见》则是由最高人民检察院、最高人民法院、公安部共同对近年来典型案例处理经验的高度凝练,在公检法3家的分工上更具协调性,该规定的背景则是案件已经符合公诉条件时的处理,此时公安机关立案侦查并不是基于检察机关的建议,故作为受理被害人自诉的法院自然而然就担当了劝说被害人撤回起诉的角色,因为在公安机关移交审查起诉以前的检察机关一般不具有出场机会。

其二,从规定立场来看,公诉先行型案件中劝说被害人撤回起诉的主体不应该是检察机关,而《网暴指导意见》第3条中追诉方式的不同并不影响检察机关的劝说主体地位,这是检察机关基于其自身单一主体立场的考量。此外,指导案例的规定只具有“征求意见并撤回起诉”一项,并没有提及若是自诉人不同意撤回起诉该如何处理,这也是《网暴指导意见》多出的“或者裁定不予受理”部分。相比较而言,后者相较于前者对待自诉程序的终结更具必然性,此时对自诉人的个人意愿的征求更多是作为流程而不是决定性要件。前者对此规定的欠缺使得态度变得暧昧,为此需要仔细琢磨其语词的使用。指导案例规定由"检察机关征求自诉人意见并由其撤回起诉",此处的"其"有两种理解,一种是与前半句共主语指的是"检察机关",另一种则是作为指示代词指代离其最近的主体"自诉人"。前一种理解将会导致自诉程序终结的必然,此时指导案例同《网暴指导意见》一样是将被害人的个人意愿作为流程的一环,在国家垄断公诉的当下不具有软性退让的可能;后一种理解则给予了公诉案件以自诉方式进行追诉的可能,对被害人个人意愿的考量也是作为公诉追诉程序启动与否的决定性条件。尽管有观点严肃表示自诉转公诉案件中的检察机关并不具有代替被害人撤回自诉起诉的权力,[①]但《网暴指导意见》第 13 条第 1 款的相关规定是针对公诉先行型案件的处理规则,故在自诉实属错误提起的此时是否仍然不得由检察机关代替终止自诉程序并不绝对,且只有作第一种理解才能与《网暴指导意见》的规定相协调。

2. 法院立案受理以后

检例第 137 号案指导意义第 3 条并没有对此予以规定,而《网暴指导意见》第 13 条第 1 款第 3 句后半句规定,"已经受理的,应当裁定终止审理,并将相关材料移送公安机关,原自诉人可以作为被害人参与诉讼"。有学者指出,此时属于法院已经受理的自诉案件不符合管辖范围该如何处理的问题,《刑事诉讼法解释》第 321 条仅规定了"自诉人提不出补充证据的,人民法院应当说服其撤回起诉或者裁定驳回起诉",其中并没有"裁定终止审理"的规定表述,其认为该表述是对检例第 137 号案中指导意义部分对自诉先行型案件处理规则的借鉴。[②]但是本书认为,这种观点还有待商榷,毕竟检例第 137 号案指导意义并没有对公诉先行型法院已经受理情形的处理规则予以明确,且该案指导意义中的规则表述与《网暴指导意见》之间有较大的出入。

(二)被害人向法院起诉在先

检例第 137 号案指导意义第 3 条第 4 句载明:"人民法院对自诉人的自诉

---

① 参见聂友伦:《论刑事诉讼中的诉讼担当》,载《法学》2023 年第 3 期,第 141 ~ 142 页。

② 参见贾志强:《"自诉转公诉"程序规则的系统性反思——以网络侮辱诽谤犯罪案件为视角》,载《国家检察官学院学报》2023 年第 5 期,第 28 ~ 29 页。

案件受理以后,公安机关又立案的,检察机关可以征求自诉人意见,由其撤回起诉,或者建议人民法院依法裁定终止自诉案件的审理,以公诉案件审理。”而《网暴指导意见》第13条第1款第4句规定:“被害人在公安机关立案前提起自诉,人民法院经审查认为有关行为严重危害社会秩序的,应当将案件移送公安机关。”对比两者的规定可知,指导意义对于自诉先行型案件仍然是同公诉先行型案件一样倾向于由“检察机关”作为劝说撤回起诉的主体,但多规定了被害人不同意撤回的处理方式,即建议法院裁定终止自诉案件的审理并以公诉案件进行审理;而《网暴指导意见》中并没有对已经立案受理的自诉案件的处理方式进行规定,而是直接要求“法院”将案件移送给公安机关。上述规定的语境背景和受理情形的区分都有所不同:

其一,从语境背景上来看,检例第137号案指导意义的前提是公安机关和被害人都已经立案,且自诉立案在先,而《网暴指导意见》所用的“公安机关立案前”一句则表明其规定的前提是公安机关此时尚未立案,自诉案件立案与否也不得而知。与上文公诉先行型案件的处理立场一致,检察机关在检例第137号案指导意义的规定中依旧占据主导地位,不仅负责劝说被害人撤回起诉,而且负责在其不同意的情况下建议法院终结自诉程序并以公诉程序进行处理;而《网暴指导意见》中也同上文一样是以法院作为主导地位,审查和移送主体都是法院。但是需要指出的是,法院将案件移送给公安机关只是法院单方面的意见,公安机关经审查后是否会提起公诉并不受此限制,《网暴指导意见》并没有要求公安机关必须对法院移送的自诉案件按公诉处理,此时可能会出现踢皮球的现象。

其二,从受理情形的区分来看,指导意义并没有对自诉提起后受理前公安机关予以立案的情形进行规定,《网暴指导意见》甚至没有对法院是否已经受理的情形进行区分,而是直接规定法院审查认为符合公诉条件的应当将案件移送给公安机关,这说明《网暴指导意见》对该类案件应按照公诉程序处理的态度较为强烈。前者在“公诉优先于自诉”规则下可以获得解释,但其同后者一样都面临已经启动的自诉程序的终结问题,故需要进一步追问的是已经提起的自诉程序应该如何终结,毕竟已经受理的自诉案件移送公安机关的行为并不会自动终结自诉程序的进程。有观点认为,此时案件同《网暴指导意见》规定一样不符合立案管辖的规则，故可以适用《网暴指导意见》第 13 条第 1 款第 3 句的规定，即法院尚处于立案审查环节时可以请自诉人撤回自诉或者裁定不予受理，已经受理的应当裁定终止审理。[①] 但也有论者点明，尽管被害人自诉时点先于公安机关立案侦查，但是现行“平行论”观点下案件的公诉性质排斥自诉程序，故被害人自始不享有提起自诉的诉权，此前的自诉活动也将因被害人自诉权的丧失而归于无效。[②] 上述这两种观点也有所区别，前者对自诉程序的终结并不以自诉活动无效为前提，因为该论者认为被害人自诉在先的情况和国家追诉在先的情况面临的是一样的立案管辖问题，而后者对自诉程序的终结则是基于“平行论”下对自诉权利的否定。

综上所述，根据检例第 137 号案的指导意义第 3 条规定和《网暴指导意见》第 13 条第 1 款的内容可知，无论是哪种追诉方式先被提起，最后都是终结自诉程序，保留公诉程序，可见《网暴指导意见》对于已经符合公诉条件的网络侮辱、诽谤案件的处理是持公诉优先态度的，这与国家追诉权理论不谋而合。司法实践观点也偏向于认为此时基于诉权让渡理论应该遵循公诉优先原则，其强调检察机关作为公共利益代表的定位更有利于维护自诉人的权益。[③]

（三）自诉转公诉案件举证责任的分配

一般来说，刑事诉讼法根据无罪推定原则确立的举证责任分配规则只是明确了犯罪指控者应当对案件存在进行举证，而具体案件事实或情节的举证责任则是以“谁主张谁举证”原则进行分配。因此，公诉案件的公诉人和自诉案件中的自诉人应承担相应指控的举证责任，这包括行为责任、说服责任和结果责任。如若举证不能或不充分则需要承担败诉的后果，且两种追诉形式都具有举证责任转移的可能。[④]

---

① 参见贾志强：《“自诉转公诉”程序规则的系统性反思——以网络侮辱诽谤犯罪案件为视角》，载《国家检察官学院学报》2023 年第 5 期，第 29 页。

② 参见吴宏耀：《告诉才处理犯罪的追诉制度：历史回顾与理论反思》，载《中国刑事法杂志》2021 年第 1 期，第 43 页。

③ 参见陈国庆：《利用信息网络侵犯公民人格权行为的刑法规制——最高人民检察院第 34 批指导性案例述评》，载《中国刑事法杂志》2022 年第 2 期，第 11 页。

④ 参见何家弘：《刑事诉讼中举证责任分配之我见》，载《政治与法律》2002 年第 3 期，第 69 ~ 71 页。

具体到网络侮辱、诽谤犯罪自诉转公诉案件来说，根据《刑法》第246条第3款的规定可知，在作为自诉案件进行处理时，通过信息网络实施侮辱、诽谤行为，被害人向人民法院告诉但提供证据确有困难的，人民法院可以要求公安机关提供协助。此时自诉案件的举证责任承担者和质证者都是自诉人，公安机关只具有协助取证的义务，且该义务的履行既不绝对也难有实效，其原因在于：一是可以要求公安机关予以协助的请求主体是法院而不是自诉人本人，实际上具有协助申请权的是法院而不是自诉人；二是法院发出协助申请不是无条件的，相反需要满足“提供证据确有困难”的标准，而自诉案件立案难的当下本就存在起诉阶段实质审查的困境，此时又增加法院的其他审查任务，人少案多的事实很可能会导致这一要件成为阻碍申请的普遍理由；三是该款使用的语词是“可以”，众所周知，“可以”与“应当”在刑事诉讼法中所代表的意义完全不一样，后者相较于前者具有强制性，一般不可推翻，前者则存在不遵循的空间与可能，故法院“可以申请”的同时自然能够“可以不申请”；四是对于公安机关来说，协助取证并不是绝对性的义务，也没有明确的硬性规定要求其应协助到何种程度，故协助取证的被动形式与刑事侦查的主动形式可谓天壤之别。但在《网暴指导意见》第11条中对于公安机关的协助义务的描述则更具强制性，例如规定公安机关“应当”根据人民法院的要求取证，无法收集相关证据材料的，公安机关“应当书面向人民法院说明情况”。抛开其作为司法解释性质文件不应具有规范意义上的强制力来说，该指导意见是对公安机关协助义务的强化与补充，且更加注重公安机关与人民法院之间的合作衔接。

而当网络侮辱、诽谤案件作为或者转换为公诉案件进行处理后，事态又有所改变。一方面，公安机关作为公诉案件起诉前的刑事侦查机关享有侦查权限，对于案件的取证具有天然的正当性和不可推卸的义务，公安机关应合理合法行使侦查权以获取查明事实真相所需要的一切证据。作为专业侦查的人员，其所获取的证据形式和证据内容相较于普通的被害人而言更贴近于诉讼审判的标准，更有助于查明事实、惩治犯罪，而且被要求配合公务的取证对象也会尽力帮助公安机关获取其所需要的证据，取证渠道更大且便捷程度更高。另一方面，举证责任的承担者从被害人转换为公诉人，被害人在转换后的程序中仅扮演“负有观察义务的介入者”这一角色，享有除独立上诉权以外的当事人一般诉讼权利[1],其所收集的相应证据经审查确认后可以作为公诉的证据事实一同提交法院,但同时被害人也不再具有诉讼地位的主导性,其个人诉求在国家机关面前并不一定能够完全得到实现,即举证责任转移的同时部分诉讼权利也一并转移,这是程序转换的必然代价。

二、对自诉转为公诉程序规则的反思与优化

(一)对告诉才处理和自诉两种制度目的的反思

需要明确的是,国家追诉优先是着眼于刑事政策和法制统一的宏观立场,一般疏于对个案中被害人的个性化合理诉求的关心,尤其是对于被害人因犯罪所遭受的弥补通常被置于国家追诉机关的视野之外,[2]这是宏大叙事下对个体利益不可否认的概括与忽视。因此,应该回溯到告诉才处理案件的制度目的上进行反思。有观点明确指出,告诉才处理与自诉之间并不应该画上等号,其原因在于:一方面,告诉才处理制度的初衷是基于对被害人私人意愿的尊重,此时的"被害人告诉"成为诉讼要件,即如若违背被害人意愿强制提起公诉不仅是违法的而且不利于社会关系的修复,故追诉方式的选择并不是决定于案件类型,而是取决于被害人的意愿,这也是自诉与公诉二元并行论者梳理我国法史流变的总结;另一方面,自诉程序设置的初衷是使司法资源利用效率最大化,在国家追诉权让渡论者看来,自诉制度的存在就是对于公诉制度的补充,是在公诉资源无法平均分配到每一个案件上的妥协之举,且这种让渡并不是必需的,就像有些国家就是绝对的国家追诉主义,个人并没有提起刑事诉讼的权利,故告诉才处理案件并不对应着自诉,前者是价值选择问题,后者是现实操作问题。[3]

(二)对程序转换必要性的反思

首先需要厘清的问题是,已经提起自诉但是符合公诉条件的网络侮辱、诽

① 参见牟绿叶:《自诉转公诉的基础规范和判断标准——以国家追诉利益为切入点》,载《环球法律评论》2023年第4期,第190页。

② 参见徐阳:《我国公诉与自诉的协调机制探析》,载《政法论坛》2010年第3期,第179页。

③ 参见吴宏耀:《告诉才处理犯罪的追诉制度:历史回顾与理论反思》,载《中国刑事法杂志》2021年第1期,第39页。

谤犯罪案件是否一定要转化为公诉程序才能得到较好处理。

对于此问题,其一,无论是理论观点还是司法实践都倾向于公诉程序优先这一面,不得不承认公诉程序的确具有自诉程序不可比拟的优越性。例如,取证时有公权力作为强制力后盾会更加快捷高效,相关人员配合度更高,经案人员更加专业,被害人在诉讼上会有更小的经济压力和精神压力等。但仍然需要说明的是,自诉案件被法院受理时至少说明自诉人具有初步证据,这表明被害人具备一定的诉讼能力,并非必须转换为公诉案件才对被害人更有益处,即是否转化为公诉案件并不仅仅取决于公诉标准,被害人是否强烈要求个人追诉或某些只有通过个人追诉才有可能实现诉求都是需要考量的要素,甚至一定程度上被害人的个人意愿的实现才是符合告诉才处理案件的设置初衷。正如前文徐阳教授提及的被害人个人的合理诉求在公诉案件中往往会被国家追诉机关忽视一样,或许此时会继续按照自诉案件进行处理,但是国家机关仍应在不僭越被害人诉权的前提下履行保障被害人获得司法公正的责任。[①] 其二,亦有观点提出,检察机关干预告诉才处理案件要么在自诉转公诉时以被害人请求为前提来支持公诉,要么以代为告诉、担当自诉、派员出庭陈述意见等方式协助自诉程序的开展,而方式的选择应该以告诉作为诉讼条件,要充分尊重被害人的程序选择权,保持检察干预的能动性和谦抑性。[②] 其三,对于主流观点所谓的"公诉优先"也并不是必然,例如有学者就明确指出,所谓的"公诉优于自诉原则"下自诉系属不影响公诉成立的观点是错误的,案件同一性原理导致同一案件自诉的存在是阻碍后续公诉成立的消极诉讼要件,这是因为自诉导致案件已经系属法院,此时并不涉及诉讼程序的优先级别问题。[③] 其四,转换为公诉程序进行处理还需要注意不应当恶化诉讼当事人的诉讼地位,尤其是各项诉讼权利义务的分配,但有学者认为程序转换时应赋予自诉人异议权,不必给予被追诉人程序异议权,但是自诉人身份转化为被害人后丧失独立的上诉权,且自诉人的程序

---

① 参见徐阳:《我国公诉与自诉的协调机制探析》,载《政法论坛》2010 年第 3 期,第 179 ~ 180 页。

② 参见王一超:《论检察机关干预告诉才处理案件的程序选择——基于对"自诉转公诉"讨论的延伸思考》,载《清华法学》2022 年第 6 期,第 96 ~ 117 页。

③ 参见聂友伦:《论刑事诉讼中的诉讼担当》,载《法学》2023 年第 3 期,第 141 页。

异议权对检察机关的决定也不具有决定性作用。[①] 可以说该观点几乎不承认被害人的独立诉权以及被害人个人意愿在程序转换过程中的决定异议,这是典型的国家追诉甚至专断主义。

因此,将已经提起自诉但是符合公诉条件的网络侮辱、诽谤犯罪案件转化为公诉程序进行处理,不管自诉案件是否已经被法院立案受理,必要条件都是要充分尊重被害人的真实意愿,可以是被害人主动请求,也可以是国家机关征询被害人的同意。同意转换为公诉程序时也应注意不得过分限制被害人的诉权,而在被害人不同意转换时国家机关也不能阻却其保护职责,应尽力协助自诉程序的进行。

(三)对重复起诉问题的反思

根据当下的国家垄断公诉的观点,对已经提起自诉但符合公诉条件的网络侮辱、诽谤案件转化为公诉程序进行处理以后是否会违背禁止重复起诉原则?

对于该问题,学理上尚未达成一致意见。有观点认为,公安机关对于自诉在先型案件自诉程序终结前立案侦查有违禁止重复起诉原则,其认为公安机关只能在法院终结自诉且移送案件后才可立案侦查,且应对终结自诉的方式予以统一,即应将《网暴指导意见》相关条文中的“终止审理”改为“驳回起诉”并增加“说服自诉人撤诉”这一内容。[②] 更有甚者严格否认撤回自诉后就该案件再提起公诉的合法性。例如对于自诉与公诉的公诉持平行论者就认为,自诉与公诉作为两种相互排斥的诉讼形式不能并行,对于一个案件只能适用一种追诉方式,一旦被害人已经提起自诉并被法院受理后就不能再提起公诉,即使是经被告人同意后撤诉再提起公诉也可能涉嫌违背禁止双重危险规则。[③] 但也有反对观点。例如有学者认为,自诉转公诉案件的“重复审理”对被告人的诉讼负担比公诉案件的“重复审理”要轻得多,故可以将此作为“一事不再审”的例外;[④]还

---

① 参见牟绿叶:《自诉转公诉的基础规范和判断标准——以国家追诉利益为切入点》,载《环球法律评论》2023 年第 4 期,第 190 页。

② 参见贾志强:《“自诉转公诉”程序规则的系统性反思——以网络侮辱诽谤犯罪案件为视角》,载《国家检察官学院学报》2023 年第 5 期,第 25、36 页。

③ 参见王一超:《论“告诉才处理”案件的追诉形式》,载《环球法律评论》2014 年第 4 期,第 78 页。

④ 参见时延安:《“自诉转公诉”的法理分析》,载《中国刑事法杂志》2021 年第 1 期,第 61 页。

有观点坚持认为自诉与公诉之间不是补充关系，即提起公诉并不以被害人放弃自诉为前提。[①]

除此以外，值得注意的是，禁止一事二审的前提是案件具有同一性，尽管《网暴指导意见》第 13 条以案件已经符合公诉条件为基础而不存在这个问题，但正如上文所述，对于已经符合公诉标准的案件提起自诉与在提起自诉之初仅符合自诉条件，只是随事态发展其才升级符合公诉条件，研究的严谨性要求我们对此予以区分。前者的案情事实自始至终都属于已达到公诉标准的案件，但后者则是经历了不满足到满足的转变过程，案件标准的升级代表案情事实也相应有所变化，故相较于前者，后者的两次起诉是否都是基于同一事实还有待研究，检例第 137 号案就是一个适当的例子。在检例第 137 号案中，自诉与公诉提起的时间间隔了 4 个月，若以对社会秩序的影响严重程度为事实的话，很难说在网络发酵的助攻下没有产生新的事实，而根据诉讼法原理，对于已经提起过诉讼的案件，若是就新的事实再次提起诉讼的并不违背一事不再理原则，因为此时不再属于同一事实。

(四)对自诉转公诉程序的优化

其实“程序转换”这个称呼并不名副其实，正如上文所述，《网暴指导意见》第 13 条中对转换程序的规定是基于案件已经符合公诉标准的情形下，即其实只是一个公诉案件的起诉问题，该指导意见中的转为公诉在现行主流的“平行论”来看实际上是一种纠错。而检例第 137 号案的裁判才是真正的转化，因为具有自诉的存在空间，前者并不具备这一点。因此，对于程序转换的优化，与其说是转换，不如说是改错。

有论者认为尽管公诉形式开放后选择自诉的被害人比例会有所降低，但是仍应保障其自诉权，以诉讼条件理论优化现行自诉制度。其建议区分诉讼条件和自诉条件，并将诉讼条件理解为实体裁判要件，而自诉条件只需要明确的被告人、具体的诉讼请求以及仅需证明被告人存在犯罪嫌疑的证据即可。[②]

---

① 参见王一超：《论“告诉才处理”案件的追诉形式》，载《环球法律评论》2014 年第 4 期，第 77 页。

② 参见王一超：《论“告诉才处理”案件的追诉形式》，载《环球法律评论》2014 年第 4 期，第 78 ~ 79 页。

还有观点提出直接替换原告的诉讼地位以节约司法资源,此时不用考虑刑事追诉的起诉方式。这是针对检察机关在自诉转公诉案件中的地位有所争论,有的认为就是正常的公诉案件,检察机关作为公诉人担当诉讼,有的则认为两者有所不同,后者主张自诉转公诉案件的诉讼是由原自诉人启动的程序,检察机关即使担当了诉讼也不具有终止诉讼的权力,也不得撤回起诉。先终结自诉再提起公诉的程序具有以下几个问题:一是自诉人不撤诉,检察机关就没有介入诉讼的空间,属于有能力无权力;二是考虑到禁止双重危险原则,若是自诉人撤诉后检察机关提起公诉的,自诉人将不能再次提起自诉;三是先撤自诉再提公诉会造成司法资源的浪费,建议就自诉转公诉案件在刑诉中新增一类诉讼担当,此时检察机关直接替换自诉人的诉讼实施权而不是通过转换程序获取诉讼地位。①

① 参见聂友伦:《论刑事诉讼中的诉讼担当》,载《法学》2023 年第 3 期,第 141～142 页。

第九章

拒不履行信息网络安全管理义务罪的适用展开

《网暴指导意见》第6条指出,“网络服务提供者对于所发现的有关网络暴力违法犯罪的信息不依法履行信息网络安全管理义务,经监管部门责令采取改正措施而拒不改正,致使违法信息大量传播或者有其他严重情节,符合刑法第二条之一规定的,以拒不履行信息网络安全管理义务罪定罪处罚;依照刑法和司法解释规定,同时构成其他犯罪的,依照处罚较重的规定定罪处罚”。平台作为网络空间的重要搭建者、参与者,可以控制或影响信息、资源、机会或决策获取过程,且平台具有看门背景、看门意愿与看门能力去治理网络犯罪[①],在网络平台享受网络空间和网络传播所带来的巨大经济收益和社会效益的同时,其理应积极响应网络暴力多方协同治理路径和多措并举的治理理念,充分发挥平台的监管职能和治理职能,搭建“国家管平台,平台管用户”的科学治理模型。但是并非所有民事行政视野下网络平台应当承担的责任都可以作为刑法意义上拒不履行信息网络安全管理义务罪中的作为义务,在肯定网络平台失职承担刑事责任的同时,基于刑法谦抑性和激发平台活力的考量,需要注意刑法不宜过度强调平台的责任承担和法律后果,有必要先行对于网络暴力治理中网络平台的哪些信息网络安全管理义务属于刑法上的作为义务进行明晰,从而确定网络平台构成拒不履行信息网络安全管理义务罪的根本前提。

---

① 参见单勇:《数字看门人与超大平台的犯罪治理》,载《法律科学(西北政法大学学报)》2022年第2期,第80页。

第一节　平台失职与网络暴力结果间的因果关系认定

随着网络空间的不断扩张和互联网技术的不断迭代升级，公众实现言论自由的途径趋向多元化且公众发表言论门槛进一步降低，不实消息和暴力信息的产生与传播速度加剧。网络平台作为用户在网络空间表达自我意愿的媒介，是用户生成网络信息内容、接收新闻消息、参与社会热点讨论的数字基础设施，对网络暴力信息的生成、扩散、异化全过程产生至关重要的影响。网络平台的事前监测预警、事中干预处置、事后制裁救济的技术与政策在网络暴力治理全环节全链条中显得尤为关键，网络平台的失职不作为易导致网络暴力信息快速扩散并发酵形成舆论风暴，最终造成不可逆转的后果。网络暴力治理之"难"重要原因之一在于网络暴力行为与其所产生结果之间的因果关系具有间接性与隐蔽性。网络暴力案件中无论是强调个人刑事责任还是平台刑事责任，尤其是在归属于不作为类型的犯罪中，均需从理论和实践两层面证成行为与结果间存在刑法上的因果关系才能进行归责。

一、网络暴力治理中的平台作为义务来源

在不作为犯罪中，根据作为义务的形式标准可以将作为义务分为基于对危险源的支配产生的监督义务、基于对法益状态的特殊关系产生的保护义务以及基于对法益的危险发生领域的支配产生的阻止义务。[①] 将不作为规定为犯罪的其中一种行为类型，根本原因在于其对法益具有相当程度的侵害，并且对法益的侵害结果可以通过因果流程归属于行为人的不作为。对危险源负有监督义务的人员未及时切断危险发展为危害结果的因果流程，危害结果便可以归属于危险源的监督人员。同样的基于特定关系或是基于对特定领域的支配具有保护和阻止义务的人员，倘若其未能及时切断危险发展为危害结果的因果流程，使得保护对象的法益受到侵害，便可以将此种危害结果归属于行为人的不

---

① 参见张明楷：《刑法学（第六版）》，法律出版社 2021 年版，第 198～203 页。

作为。

网络暴力治理过程中网络平台的作为义务来源同样可以归纳为上述两类形式标准的作为义务,网络平台的作为义务既包含了基于对危险源的支配产生的监督义务,也包含了基于对法益状态的特殊关系产生的保护义务。实施网络暴力的主体为网络用户,因此网络暴力治理过程中网络平台的部分作为义务来源于对网络用户危险行为的监管义务。一般而言,虽然网络用户作为网络暴力的直接实施者应当由其自行对网络暴力的危害后果承担责任,但是在网络暴力治理中网络平台基于法律法规的明文规定对网络用户负有监管责任,因此网络平台负有作为义务对网络用户的网络暴力行为予以监督和制止。

网络平台基于对法益状态的特殊关系产生的保护义务则具有多种杂糅的义务来源。首先,网络平台对于网络用户具有基于法规范产生的保护义务。《网络暴力信息治理规定》中便明确规定了网络暴力事件发生后网络平台应当对遭受网络暴力的用户采取的保护机制。其次,网络平台基于自愿承担亦存在对网络用户的保护义务。例如前述章节所述,网络平台与用户之间签订的平台公约本质上属于双方达成合意的一种合同,而这种合同并非网络用户单方面遵守平台公约履行义务的合约,网络平台根据平台公约实质上应当承担及时处置平台公约规定的违规行为从而维护网络平台正常秩序以及平台用户合法利益的义务,因此平台公约的设置本质上是网络平台自愿承担对平台用户的保护义务的一种体现,而平台自愿承担对用户的保护义务便可以作为刑法上作为义务的来源。

值得进一步讨论的是,网络平台是否视为对自身所在的网络空间具有支配能力,倘若认为网络平台对于自身所在的网络空间具有支配能力,那么网络平台对于在平台中发生的网络暴力行为自然便负有阻止义务。但是网络空间与传统的现实空间具有重大的差异。一般认为传统意义上刑法的支配领域为出租车或者店铺等类似情况,可以发现行为人对于此类现实空间具有支配能力,其内在逻辑在于一方面此类的现实空间虽然具有一定的人员流动性,但是仍然其呈现出一定的封闭性,这也意味着固定时间内的人员流动具有合理的上限,另一方面显示空间中行为人与领域中被支配的其他人员之间具有较强的互动性,行为人可以即时通过行动对于领域中的其他人员展开监管控制。不同于现实空间,网络空间则明显缺乏封闭性,短时间内网络空间可能呈现出海量的人员流动,而且网络空间之中网络平台难以根据网络用户的情况精准地展开即时交互,因此一般网络平台对于网络用户的监管措施具有一定的滞后性。综上所述,本书认为,根据网络空间与现实空间的重大差异,不宜认定网络平台对于自身所在的网络空间具有支配性,网络平台也不应当由此产生刑法意义上的作为义务;网络平台对于网络空间具有支配能力对于网络平台提出了过高的注意和行动义务。

二、实践层面:平台失职与网络暴力结果的实践检视

根据全球移动互联网与游戏数据监测机构的数据监测,截至2023年9月,抖音、微博等网络平台的用户规模已经不可小觑。网络平台在享受网络空间高速运转和用户数据流量巨大收益的同时,理应承担与其收益对等的安全管理义务,依法保护用户的心理和人身安全,保证用户在网络空间中安然享受平台承诺的应有权益。接下来亟须分析平台在案件演进各阶段阻止网络暴力发酵恶化的作用,证成平台失职与网络暴力结果间具有刑法中所明确的相当的因果关系。

(一)网络平台事前监测不力导致网络暴力案件滋生

网络的高速运行特征加之网络暴力信息固有的暴力性与诱导性特征,致使网络暴力案件所涉信息极易在互联网空间的方方面面中被恶意传播和海量放大,并不断侵蚀被网暴者的个人隐私和内心安定,进一步破坏社会和谐稳定。然而传统的法律规制手段只能在网络暴力案件蔓延至一定规模及产生严重情节或恶劣后果时才能介入网络暴力案件的治理中,相较于网络暴力指数级传播造成被害人名誉受损和自伤自杀的严重后果和后续治理网络暴力造成的高昂成本,这些手段的介入总是显得为时过晚,且无法实现从源头和根本上避免网络暴力结果的发生,无法建立起与网暴案件演变过程和危害后果相配套的法律规制机制。如前文所述,网络舆情与网络暴力发展前期尚不存在较强的社会危害性,因此对潜在网络暴力案件进行事前预防和事中监测在网络暴力治理全过程中便显得尤为重要。在此阶段主要依靠网络平台的监控技术实现预防,网络

平台享有预先对网络信息审查的义务，网络平台的技术手段和网络暴力预警识别模型是避免和控制网络暴力案件滋生强有力的干预方式。网络平台能够建立大数据模型对用户注册信息数据进行审核和标记，面对具有“高危险性”的账户加强监测与预警，发现潜在引导网络暴力倾向用户并及时响应应对政策。网络信息瞬息万变且基于语言表达的复杂性，许多公民即便在正常发表言论时也不可避免地会涉及类似网络暴力内容的语句，传统的人工监测难以准确快速识别公民言论自由表达与非法网络暴力信息，而网络平台却具有将涉及网络暴力的合法与违法信息予以区分的技术优势和管理权限。因此，网络平台①应正确履职保障公民的正当权利同时维护网络空间的风正气清。《网络暴力信息治理规定》第 12 条亦强调网络信息服务提供者应当建立健全网络暴力信息分类标准和典型案例样本库，在区分舆论监督和善意批评的基础上，明确细化网络暴力信息标准，增强识别的准确性。网络平台事前未完善平台使用规则和用户保护机制，未及时识别并取缔潜在网络暴力相关话题及信息，致使网络暴力案件蔓延并造成实际损害的实例屡见不鲜。

在常见的网络暴力案件中，网络暴力的发展具有随机性，但网络暴力事件通常发端于能够引发社会群体情绪的社会热点事件。换言之，社会热点事件的出现有相当大的可能性导致网络暴力事件。② 热点案件发酵初期网民会在网络中积极发表评论和意见，更甚者对案情和当事人展开猛烈抨击，此时网络平台针对用户的合法性审查尤为关键。在“武汉妈妈跳楼案”中该新闻原来仅围绕着武汉小学生校内被撞这一重点展开，随着此话题的传播与发酵，部分用户注意到母亲的精致穿着并进行道德上的指责，随之引发网民大规模针对该母亲的议论，进而发展成网络暴力案件，最终造成该母亲在丧子与网暴的双重打击下跳楼自杀的悲惨结局。在该案中，各网络平台若能及时监测不良言论和潜在网暴趋势，利用算法技术冷却热点话题，并对该母亲的各账号启动舆论保护机制，也许能够避免惨案的发生。

在有预谋的网络暴力案件中，网络暴力的演进通常受到不良竞争（比如不

---

① 参见刘艳红主编：《网络暴力治理法治化研究》，法律出版社 2023 年版，第 176 页。

② 参见赵精武：《异化的网络评论——再论网络暴力信息的阶段化治理》，载《北方法学》2023 年第 5 期，第 33 页。

良商业竞争等)和部分网络公司或利益集团的支配,普通管理机关和网络用户难以捕捉到网络空间平静表面下的网络暴力的暗潮涌动,常见监测手段难以发挥实质作用。此类案件通常由互联网大 V 或网络名人发起,并在爆发前存在同 IP 注册诸多新账号成为"网络水军"以快速发帖跟进推送热门的现象。实践中平台未能够准确且及时依据监测数据对未实名账号进行清理,未对可疑账号的发言辅以技术和人工双重审核,给网络暴力滋生和进一步蔓延留有可乘之机。

人工智能技术的发展增强了人们生成和修改信息的能力,随之而来的深度伪造技术[①]所涉的网络暴力也逐渐成为网络暴力案件中较为棘手的新类型。深度伪造技术对图像和视频的伪造无疑会迷惑普通网民,进一步增加网络谣言类信息的可信程度,导致伪造的虚假信息大量传播。而单纯的人工识别无法对抗智能技术的伪装,网络平台算法技术的监测和识别缺位导致处理此类虚假信息不当,未能及时掐断网暴苗头从而引发网络暴力案件,网络平台事前监测不力与网络暴力滋生并造成严重后果之间具有必然性与相当性。但我们也应意识到,要求网络平台尽到事前监测职责的目的在于避免事前监测的缺位,然而在事前规制上网络平台并不一定具备技术优势,要求网络平台完全将网络暴力扼杀于源头是对网络平台的过分苛责。

(二)网络平台事中阻止不力加速网络暴力内容扩散和结果恶化

网络暴力的损害具有积量性,其是由横向(微观具体行为损害)和纵向(长期所遭受侵害)共同累积叠加的危害结果[②]。网络信息具有扎堆性和快速传播性,网络暴力案件在点赞量和转发量等数据的飞速增长中迅速发酵、异化,但同时由于网络瞬息万变,各类热点话题也会因为数据的持续走低而失去社会热度或被具有更高关注度的热点问题覆盖,因此实践中许多网暴案件呈现发酵快、失势快的特征。换言之,网络暴力的蔓延、覆盖直至产生网络暴力行为严重危害结果间存在大量时间和空间间隙,理应有多方和多途径来阻止网络暴力结果恶化。从传播学视角来看,在大众传播、组织传播、群体传播、人际传播这 4 个

---

① 一种超现实主义的图像或视频制作技术,可以用于伪造从未发生或从未存在的人或事。

② 参见邵登辉:《群体性网络暴力治理——以网络平台风险预防义务为视角》,载《中南民族大学学报(人文社会科学版)》2023 年第 7 期,第 98 页。

层次中,信息传播能力由强至弱差异巨大,信息控制存在着明显的阶梯状特征[①]。网络传播作为典型大众传播,网络服务提供者在信息控制和数据管理层面享有较大权限,其具有控制舆论走向和筛选网络热点的管理功能。网络平台在网络暴力案件扩散中阻止不力会加速网络暴力信息扩散和增强网暴的危害程度。

当前我国网络暴力信息平台治理模式大致可分为两类,具体表现为用户通过网络平台预设反馈渠道或官方投诉热线反馈后网络平台进行处理和网络暴力信息触发网暴预警机制后平台主动介入处理两种方式。[②] 实践中不乏部分网络媒体基于蹭炒事件热度和扩大用户群体等目的,消极应对和处理网络暴力信息,甚至对网民争议事件进行片段化加工,或者借助算法技术助推高赞帖子、高赞热评或争议性话题进一步登顶和引发不同用户新一轮讨论,诱使虚假事实和极端化的暴力性语言进一步扩散的现象。在网络媒体的话题营销与网络平台消极不作为的综合作用下单边声音被过度放大,而官方说明及当事人澄清则沉没于大量网络暴力信息之中,群体极化现象下网民负面情绪高涨,网络暴力呈现难以控制之态势。

在"粉发女孩"网暴事件中,网络暴力发酵过程前期女孩曾经通过社交网络平台回复评论和重新发帖的方式对事实真相进行澄清,同时发布视频试图向网友做出相关解释,但是一方面由于部分网友的极端言论和极端思想已经形成固化,其针对女孩的回应继续咬文嚼字展开新一轮言语暴力;另一方面由于网络平台的智能算法推荐致使用户陷入"回声室"效应而无法摄取女孩的澄清信息,这致使网络上针对女孩的道德声讨只增不减,网络暴力进一步恶化。

网络暴力信息传播过程中网络平台应主动承担起阻止网络暴力发展和防止网络暴力结果恶化的管理责任,对信息加以精确识别并根据案件发展情形及时采取删除、屏蔽、封锁账号或断开链接等必要技术措施,若仅被动等待被害人通知或反馈后再介入案件必定造成案件扩散的严重后果,进而对被害人的人身等权益造成更为严重的侵害。从防止网络暴力内容扩散角度而言,网络平台疏

---

① 参见张健挺:《网络暴力、信息自由与控制——传播速度的视角》,载《中国地质大学学报(社会科学版)》2009 年第 5 期,第 107 页。

② 参见刘艳红主编:《网络暴力治理法治化研究》,法律出版社 2023 年版,第 166 页。

于履行网络数据管理职能，未对不良热搜进行冷却处理和下架相关违法视频，致使网络暴力信息进一步传播；网络平台怠于承担澄清社会热点事件的信息推送义务，未对案件事实真相和官方账号发布内容进行置顶处理，造成网络暴力案件的扭曲走向。从预防和减轻网络暴力危害结果角度而言，网络平台未及时开启一键保护机制保障当事人的账号安全和个人注册信息等隐私，极有可能泄露能够识别当事人身份的重要信息，引发线下暴力案件对当事人造成现实困扰；网络平台未主动处理被害人的反馈投诉确保当事人在网暴案件中得到正向反馈，损害被害人的心理健康，最终出现被害人自杀等局面，扩大了网络暴力案件的负面影响。

(三)网络平台事后制裁和救济不力导致网络暴力案件恶性循环

多主体多措并举的网络暴力治理目标在于预防网络暴力案件发生和减缓网络暴力的危害结果。无论是较为轻缓的民事侵权责任还是具有较严厉性的刑事责任，其目的均是震慑网络用户，使曾经参与网络暴力案件的用户付出相应代价不敢再犯，使未曾参与的用户惮于惩治后果而不敢参与网络暴力案件，同时对被害人进行物质和精神上的补偿，也起到社会警戒与教育的长远作用。赋予网络平台管理权限本质在于实现低成本高收益的治理结果。网络的便捷性与易得性致使用户参与网络成本较低，网络平台的事后制裁与救济不力将无法实现网络暴力治理目标——对施暴者进行威慑和对被害者进行安抚，这极易导致网络暴力案件恶性循环，从而源源不断侵蚀社会安定。

在施暴者层面，当前网络平台中虽然存在用户协议和社会公约等条款明确网络用户使用社交平台的限制，并对施暴者采取一定手段予以惩处，但这些处置多表现为扣除用户信誉分数、限时期禁言等针对账号的轻缓处罚，事实上网络平台的权限不止于此。网络平台的轻微处罚和不处罚行为从宏观角度看未实质限制施暴者实施网络暴力的途径，即便是在处罚期内用户仍能够通过个人账号下其他账号或匿名继续实施网络暴力行为；从微观角度看无法让施暴者认识到言语暴力的危害性和非法性，无法起到应有的震慑作用，甚至让施暴者产生进行网络暴力并不会造成严重后果的错觉进而更加放肆实施网暴行为。此外，平台的中立地位使网络暴力的实施人获得对被害人的数字临时性权力，平台失职未启动受害者保护机制也将使网络暴力的危害进一步扩大。

在被害者层面，网络空间匿名加剧被害人维权难度。受用户权限限制，遭受网络暴力的被害人仅能看到网络暴力者的昵称等主页信息而无法获取施暴者的真实信息，而当前被害人向网络平台申请调取用户真实信息程序仍较为烦琐且时限较长，网络平台的失职致使被害人无法及时利用法律手段保护自己，司法手段无法及时介入进而酿成悲剧。网络平台投诉机制不畅或未及时响应用户投诉的失职行为会造成用户求助无门，丧失对网络平台甚至公共权力的信任而产生极端自伤自杀想法，甚至产生报复社会的心理进而由受害者身份转化为施暴者身份，最终陷入网络暴力的恶性循环之中。网络平台未能够对被害者进行后续跟踪反馈和实施相关的心理辅导也会导致被害者陷入言语暴力的旋涡中无法自拔最终酿成悲剧，只剩下施暴者的狂欢和新一轮网络暴力。

在证据层面，施暴用户在网络平台中责任转化为民事责任和刑事责任需要证据的支撑，而当前我国电子数据收集保全和信息溯源存在困境。基于电子数据的虚拟性、时效性、易损性特征，收集电子数据和进行信息溯源需要网络平台进行算法支持，从而识别网络暴力中的真实数据与传播的关键环节和始作俑者。换言之，网络服务提供者若拒绝或消极不作为，未对公安机关取证提供必要的技术支持和协助则会导致数据和证据灭失或无法识别非法篡改数据，无法将施暴者绳之以法警示社会。①

三、理论层面：网络暴力治理中的平台作为义务辨析

网络暴力治理过程中网络平台的刑法作为义务来源主要包括基于对危险源的支配产生的监督义务和基于对法益状态的特殊关系产生的保护义务。前述章节提到的网络暴力治理过程网络平台所需承担的事前、事中以及事后的权责配置是否属于上述两种形式标准的刑法作为义务仍需进一步辨析。对于网络平台的作为义务进行辨析并不意味着网络平台就无须切实履行不构成刑法作为义务的各项权责，网络平台在不履行其他各项权责时仍然需要承担民事责任以及行政责任。相反，对于网络平台在网络暴力治理过程中的各项权责进行

① 参见胡勇：《电子证据审查认定“四难”及其解决》，载《检察日报》2019年11月7日，第3版。

辨析是为了网络平台在履行广义的信息网络安全管理义务时能够有所侧重,进而更为合理地分配网络平台的各项资源,更为高效合理地治理网络暴力。

(一)网络平台的事前权责辨析

网络平台的事前权责包含了合理构建平台公约制度体系、健全网络暴力识别预警机制以及强化反网络暴力宣传引导力度。在确定网络平台的上述事前权责是否能够作为拒不履行信息网络安全管理义务罪中的作为义务前,首先应当厘清网络平台事前权责与网络暴力治理之间的逻辑关系。网络平台构建平台公约制度体系主要作用在于给予平台对网络暴力实施者予以监督制裁的权力基础以及给予网络用户正确的行为引导,健全网络暴力识别预警机制的主要作用则在于使得网络平台能够及时发现网络暴力信息,强化反网络暴力宣传引导力度同样目的在于引导网络用户形成正确的网络价值观从而避免实施网络暴力行为。

由此可见,网络平台在网络暴力治理中的事前权责配置的目的可以归纳两种,一是促使网络用户减少网络暴力行为的实施,二是便于网络平台在网络暴力事件发生时及时发现并处理。换言之,为网络平台设置上述的事前权责配置是为网络平台履行监管并处理网络暴力的前置准备,属于网络平台履行刑法意义上信息网络安全管理义务的辅助性制度,其本身并不构成拒不履行信息网络安全管理义务罪中的作为义务。

从网络暴力治理中的平台作为义务来源的角度分析,在网络平台履行事前权责时,网络暴力事件还未发生,此时由于尚无网络用户实施网络暴力行为,可以认为事实上危险源尚未产生,即便网络平台并未履行相应的事前权责,也并不存在危险源的危险现实化为法益侵害结果的可能,此时网络平台应当履行的事前权责并不构成基于对危险源的支配产生的监督义务。同时,由于网络平台履行事前权责时尚未有网络暴力的发生,网络用户作为网络平台的保护对象,其脆弱法益暂时还未有被侵害的现实危险,网络平台因此也不存在基于对法益状态的特殊关系产生的保护义务。根据作为义务来源的分析,网络平台的事前权责同样并不构成拒不履行信息网络安全管理义务罪中的作为义务。

但值得注意的是,网络平台在网络暴力治理中应当承担的事前权责是其后续履行相应作为义务的重要基础,倘若网络平台因事前权责并不构成刑法意义上的作为义务便予以忽视,这必然导致后续履行信息网络安全管理义务时的事倍功半,因此网络平台在网络暴力的治理过程中仍应当切实履行事前权责,尽量从根源上减少网络暴力发生的可能性与监管网络暴力的成本。

(二)网络平台的事中权责辨析

网络平台的事中权责包含构建网络暴力应急防护机制与加强网络暴力信息处理,其中对于网络暴力信息处理又可进一步细分为对于网络暴力信息的处理以及对于网络暴力信息发布者的处理。构建网络暴力应急防护机制主要用于在网络暴力事件发生之后及时避免遭受网络暴力用户与网络暴力信息之间的进一步接触从而保护相应用户的合法利益,并且为遭受网络暴力的用户提供即时的救济渠道。加强对网络暴力信息与网络暴力信息发布者处理的目的则在于及时控制网络暴力事件的规模,从而避免网络暴力的快速扩散与传播。

构建网络暴力应急防护机制毫无疑问是网络平台履行基于对法益状态的特殊关系产生的保护义务的一种形式。网络暴力应急防护机制发生作用的时点在网络暴力事件发生之后,并且此时遭受网络暴力的用户的脆弱法益直接面临着现实危险,并且此种现实危险随时具有转化为法益危害结果的可能性。因此,网络平台此时便负有义务通过网络暴力应急防护机制切断此种现实危险转化为法益危害结果的因果流程,从而履行自身基于承诺与法律规定而产生的对于网络用户的保护义务。综上所述,构建网络暴力应急防护机制是网络平台在网络暴力治理过程中应当承担的刑法意义上的信息网络安全管理义务。

加强网络暴力信息处理是否属于刑法意义上的信息网络安全管理义务则值得进一步的讨论,其中对于网络暴力信息的处理显然属于刑法意义上的作为义务,因为其属于网络平台对于自身监管范围内的用户的危险行为的监管义务,网络平台的这种监管义务来源于法律规范的相应规定,属于网络平台通过对危险源的支配产生的监督义务。而对于网络暴力信息发布者的处理是否属于对危险源的监督义务则存在疑问,其解释论上的困境在于网络用户发布网络暴力的账号属于一种工具,但网络账号本身却难以被评价为一种危险物,实质上网络暴力行为的危险来源于实施者而非实施者的网络账号。但是对危险源的监督义务仅包括对于具有支配关系的他人的危险行为的监督义务,并不包括对于实施危险行为的他人的监督义务。因此,对于网络暴力信息发布者的处理在某种意义上仅能视为对于网络暴力信息处理的一种实现形式,而无法单独作为一种刑法意义上的信息网络安全管理义务。

(三)网络平台的事后权责辨析

网络平台的事后权责包含落实网暴追责协助义务与构建权利救济渠道义务。落实网暴追责协助义务又可以细分为对于网络暴力证据的固定提供义务以及国家机关执法的协助义务。落实网暴追责协助义务的目的在于协助遭受网络暴力的网络用户以及国家机关对网络暴力实施者实现追责。构建权利救济渠道的目的则在于协助遭受网络暴力的用户的合法权益能够尽量恢复正常状态,消除网络暴力所带来的恶劣影响。

落实网暴追责协助义务虽然由法律规范所规定,但并非所有的网暴追责协助义务都属于刑法意义上的作为义务。从不作为犯罪的作为义务来源分析,无论是何种不作为犯罪的作为义务,其最终目的都是为避免危险现实化为刑法中的法益侵害结果。但是在落实网暴追责协助义务中,不履行此类协助义务并非均会导致法益侵害结果。换言之,有些情况下即便网络平台不履行网暴追责协助义务,仍然不会导致刑法中的法益侵害。例如,因为网络平台未协助遭受网络暴力的用户固定证据导致网络暴力实施者无法承担民事责任,又或是网络平台未及时协助国家机关对网络暴力进行执法,导致网络暴力实施者无法被追究治安管理责任,这便不属于刑法中的法益侵害。由此可见,落实网暴追责协助义务想要作为刑法意义上的作为义务,其不作为的后果必须能够导致刑法上的法益侵害,具体而言,在拒不履行信息网络安全管理义务罪中其不作为必须能够导致网络暴力实施者无法被追究刑事责任时才构成刑法意义上的作为义务。

基于同样的逻辑,网络平台构建权利救济渠道的义务也并非均属于刑法意义上的作为义务。一方面,网络平台不履行此类权利救济渠道并不必然导致法益侵害结果,只有在网络平台未履行此种义务导致遭受网络暴力的用户出现严重自残、自杀等可以评价为刑法中的法益侵害结果时,构建权利救济渠道才有可能被评价为刑法意义上的作为义务。另一方面,网络平台难以认定其具有基于对法益状态的特殊关系产生的保护义务，在网络暴力事件结束后，法律规范并未明确规定网络平台应当对所有遭受网络暴力的用户展开权利救济，而绝大部分网络平台也并未在平台公约等与平台用户签订的合约中自我承诺履行此类义务。只有在极少数的情况下才能认为网络平台基于对法益状态的特殊关系对平台用户产生了保护义务。例如网络平台在与平台用户的合约中自我承诺了此类义务，又或是网络平台履行此类义务的对象是未成年人时，《网络暴力信息治理规定》这一法律规范规定了网络平台对于遭受网络暴力的未成年人具有提供保护救助服务的保护义务。

第二节　平台失职入罪的实质判断

长久以来，我国网络暴力的治理存在重在强调对个人责任的追究而忽视平台管理履职责任的现象，最高人民法院和公安部公布的依法惩治网络暴力违法犯罪典型案例中也未有针对网络平台责任治理的典型案例。随着网络逐渐实现由犯罪工具向犯罪场所的转变，网络平台责任已经成为网络暴力法律规制研究中不可规避的理论要素。2022 年 11 月，中央网信办印发的《关于切实加强网络暴力治理的通知》首次提出压实平台在网络暴力信息治理中的主体责任，并在 2023 年《网暴指导意见》中对网络暴力治理平台责任进行了详尽规定，以期从平台角度从事前、事中、事后三环节对网络暴力现象的发生、恶化进行打击，改善当前网络暴力治理不力的态势。

对网络暴力平台严重失职的情形适用拒不履行信息网络安全管理义务罪进行规制时，既需要失职行为满足拒不履行信息网络安全管理义务罪原定构成要件的要求，与立法规定的失职严重情形具有同等的社会危害性，确保与该罪原有的立法目的相契合，也要结合网络暴力的实质特征和现实危害结果探索出专属于网络暴力惩治的入罪标准。《刑法》明文规定的普通拒不履行信息网络安全管理义务罪的入罪标准包含 4 个层面，具体而言包括致使违法信息大量传播、致使用户信息泄露且造成严重后果、致使刑事案件证据灭失且情节严重以及有其他严重情节这 4 类基本情形。《网暴指导意见》从中吸纳了“致使违法信息大量传播”和“有其他严重情节”两类情形作为网络暴力案件中网络平台不作为依法负刑事责任的要件。《帮信犯罪解释》中已经结合网络犯罪司法实务针对“致使违法信息大量传播”这一要件和“有其他严重情节”这一兜底条款围绕着点击量、传播量等方面进行了较为翔实的规定，但一方面此规定下尚存在模糊界限有待确定，另一方面网络暴力案件中被害人遭受的损害难以按照普通网络犯罪中的严重情节和严重损害后果进行量化，必须严格根据网络暴力治理现状把握“严重情节”的实质判断。

一、拒不履行信息网络安全管理义务罪的设立背景与常见司法适用

《网暴指导意见》中明确规定网络信息服务者对于所发现的有关网络暴力违法犯罪的信息不依法履行信息网络安全管理义务的需要承担拒不履行信息网络安全管理义务罪的刑事责任。为确保网络平台有权限有活力并正确履行网络安全管理义务、网络用户能够享受开放共享且有秩序的网络空间，在对网络平台在网络暴力案件中的失职行为适用拒不履行信息网络安全管理义务罪时必须注重行为性质与程度的综合判断。因此有必要了解本罪的设立背景以明确立法目的，分析近年来本罪常见或典型的司法适用情形以把握司法走向。

（一）拒不履行信息网络安全管理义务罪的设立背景

网络高速发展的同时带来网络安全风险和网络违法犯罪，网络系统安全和网络信息安全的保护逐渐成为网络空间治理的重要议题。部分网络服务提供者受利益驱使怠于履行安全管理义务，放纵网络空间中的违法行为，致使网络空间安全岌岌可危。在网络空间发展早期，网络违法行为危害程度较低，网络服务提供者不履行相关信息安全管理义务且收到相关反馈后仍拒不改正的行为并不被要求承担刑事责任，只需要承担相应的行政责任。随着网络由犯罪工具转变为犯罪场域，网络空间中的非法行为愈发猖獗，网络犯罪行为导致的损害逐渐逼近传统线下犯罪，同时网络刑事案件因技术限制致使证据收集受阻，网络空间网络服务提供者的监督管理和辅助办案职能作用逐渐彰显。但是刑事立法对“技术中立”的网络服务提供者的法律责任分配仍存在巨大空白。基于上述背景，2015 年《刑法修正案（九）》中增设了“拒不履行信息网络安全管理

义务罪”,将具有严重情节的网络服务提供者拒不履行信息网络安全管理义务的行为纳入刑法规制之中,从立法角度明确网络服务提供者消极履行管理义务和处理网络违法犯罪案件的刑事责任,对网络服务提供者施加压力督促其强化对网络犯罪的前端监管。

刑法学界针对拒不履行信息网络安全管理义务罪的设立目的存在诸多探讨,主要观点集中于:一种观点认为增设该罪能够使网络服务提供者从其他网络犯罪主体中脱离出来,进而赋予网络服务提供者独立地位,能够直接对由其自身管理不力所导致的危害后果承担刑事责任①;另一种观点认为设立本罪的目的在于强化网络服务提供者的责任意识,从而加强对网络秩序的维护②;还有观点从共同犯罪和企业合规等刑法理念出发,认为该罪的设立在共同犯罪的认定和处置上,既可以摆脱对认定犯罪故意、正犯行为的依赖,又能够促使避免正犯与共犯“责任倒挂”的现象③,或者在于促使网络服务提供者在预防刑事责任风险的意识下重视实施刑事合规。上述观点虽从不同角度探讨刑法针对网络服务提供者设定专有罪名的立法目的,但究其本质均承认立法设定本罪旨在强化网络服务提供者的安全管理和安全保护的作为义务,借力网络平台的技术支持,共同维护网络秩序和安全。因此,必须充分激发网络平台的治理机能。

(二)拒不履行信息网络安全管理义务罪的司法适用

明确拒不履行信息网络安全管理义务罪在实践中的司法适用对于正确判断网络暴力案件中的“严重情节”要件和正确处理网络平台失职行为具有借鉴意义,同时有助于保持司法一致性。实践中通常将网络平台的信息安全管理义务进行细化,具体可归类为落实信息网络安全管理制度和安全保护的义务、及时发现和处理网络空间中的违法信息义务,以及在服务过程中必须对网上信息和网络日志信息记录、数据进行备份和留存以备后续案件证据调取之需的义

① 参见于志刚:《网络空间中犯罪帮助行为的制裁体系与完善思路》,载《中国法学》2016 年第 13 期,第 13 页。

② 参见邱陵:《拒不履行信息网络安全管理义务罪探析》,载《法学杂志》2020 年第 4 期,第 62 页。

③ 参见童德华、马嘉阳:《拒不履行信息网络安全管理义务罪之“义务”的合理性论证及类型化分析》,载《法律适用》2020 年第 21 期,第 84 页。

务[①]等。拒不履行信息网络安全管理义务罪延续了我国《民法典》中第 1195 条针对网络平台责任的"避风港原则"理念,适当豁免网络平台的不作为失职责任,同时行政前置条款的存在也致使针对平台惩治缺位。

自 2015 年该罪增设以来,在司法实践中几乎没有适用空间,以"拒不履行信息网络安全管理义务罪"为关键词对判决书进行搜索仅能获取个位数案例,本条款几近沦为"僵尸条款"。我国当前针对本罪仅有的具体实例主要集中于网络诈骗和网络"翻墙"等恶性网络事件中,并主要围绕着"致使违法信息大量传播"要件进行判决。但在广为人知的"滴滴"案件中,滴滴公司存在恶意收集用户地理位置信息和人脸识别信息数亿条等行为,并通过技术手段恶意逃避相关部门的监管,同时拒不履行信息监管部门的明确要求,严重影响国家安全的数据处理活动,破坏社会秩序和国家安全,却最终仅受到行政处罚制裁。当前我国司法实践中针对拒不履行信息网络安全管理义务罪的适用秉持较为审慎的态度,虽然本罪在网络暴力案件中存在一定适用空间,但仍应当与当前本罪司法适用现状保持步调一致,需要对案情进行充分且谨慎的评估。

二、致使违法信息大量传播的实质判断

《网暴指导意见》中规定平台失职行为"致使违法信息大量传播"的应当依法承担拒不履行信息网络安全管理义务罪的刑事责任。《帮信犯罪解释》第 3 条规定"(一)致使传播违法视频文件二百个以上的;(二)致使传播违法视频文件以外的其他违法信息二千个以上的;(三)致使传播违法信息,数量虽未达到第一项、第二项规定标准,但是按相应比例折算合计达到有关数量标准的;(四)致使向二千个以上用户账号传播违法信息的;(五)致使利用群组成员账号数累计三千以上的通讯群组或者关注人员账号数累计三万以上的社交网络传播违法信息的;(六)致使违法信息实际被点击数达到五万以上的"可认定为"致使违法信息大量传播",依据传播数量和点击量等数据明确拒不履行信息网络安全管理义务罪中致使违法信息大量传播的判断路径。为进一步压实平台

---

① 参见周光权:《拒不履行信息网络安全管理义务罪的司法适用》,载《人民检察》2018 年第 9 期,第 17 页。

治理责任,有必要厘清“致使违法信息大量传播”在网络暴力案件中的具体判断。

(一)网络暴力案件中“违法信息”的具体认定

我国刑法中不存在针对“违法信息”认定的具体规定,刑法分则各罪中的“违法信息”的实质判断也因侵犯法益和具体案情不同而存在差异。《刑法修正案(九)》将拒不履行信息网络安全管理义务罪增设至“扰乱公共秩序”犯罪类别下,常见网络暴力行为固然对公共秩序造成侵害,但其主要仍是针对特定主体的暴力行为,因此本罪对“违法信息”的具体认定必须跳出传统违法信息的界定范围,结合网络暴力中特定网络言语暴力、网络侮辱诽谤和网络造谣传谣类型所涉及的信息进行判断。需要注意的是,实践中曾存在某平台将“同性恋”话题均纳入“违法信息”的范畴之下的错误做法,因此认定网络暴力案件“违法信息”不宜进行过严认定,否则将会出现平台为了避免承担刑事责任,在网络暴力的判定和算法模型训练上设立更为严苛的标准以预防网络暴力的产生和传播,进而挤压用户的平台内部权限,误伤用户正常网络言论。

结合我国《宪法》和《互联网信息服务管理办法》的规定,我国互联网法律体系围绕着国家安全、公共秩序和个人权利 3 方面规定了 14 类违法信息内容,具体包括:煽动颠覆国家政权信息;煽动分裂国家信息;损害国家机关信誉信息;宣扬恐怖主义、极端主义信息;煽动或宣扬民族仇恨、民族歧视信息;暴力、淫秽信息;虚假信息/谣言;虚假宣传;教唆犯罪信息;宣扬邪教和封建迷信信息;侮辱或诽谤信息;侵犯名誉;隐私信息;侵害他人商业或者商品信誉。[①] 理论与实务界大多认为“违法信息”具体包括 9 大类:反对宪法所确定的基本原则的;危害国家安全,泄露国家秘密,颠覆国家政权,破坏国家统一的;损害国家荣誉和利益的;煽动民族仇恨、民族歧视,破坏民族团结的;破坏国家宗教政策,宣扬邪教和封建迷信的;散布谣言,扰乱社会秩序,破坏社会稳定的;散布淫秽、色情、赌博、暴力、凶杀、恐怖或者教唆犯罪的;侮辱或者诽谤他人,侵害他人合法权益的;含有法律、行政法规禁止的其他内容的。其中第二种分类中的法律、行

---

① 参见孙禹:《论网络服务提供者的合规规则——以德国〈网络执行法〉为借鉴》,载《政治与法律》2018 年第 11 期,第 54 页。

政法规禁止内容的规定留给司法审判空间，但并非上述所有"违法信息"分类均能运用在刑法分则各罪名中。常见网络暴力案件中通常涉及侮辱或诽谤类信息和虚假谣言类信息。虚假谣言在网络中的传播固然会增加社会不信任感致使网络空间秩序与社会现实秩序混乱，而实践中争论较为激烈的问题在于对作为危害社会公共秩序的本罪中的"违法信息"进行认定时是否应当涵盖针对被害人的"侮辱或诽谤"信息。

有学者主张只有在性质上明显违法的信息才属于本罪中的违法信息，对于违法性质上存在争议的信息不应包含在本罪的界定中。① 有观点认为应当严格依据立法部门设立本罪的目的和严守本罪侵犯法益，从国家利益和社会公共利益角度出发，将单纯侵害个人法益的侮辱、诽谤信息排除于本罪的违法信息范围之外。② 我们认为：虽然侮辱、诽谤行为具有个人专属性，但大量侮辱、诽谤信息的产生与传播必然会间接甚至直接对社会秩序造成损害，因此将侮辱、诽谤信息认定为本罪中的"违法信息"并不会违背立法初衷。同时随着网络暴力案件不断升级，平台失职造成侮辱、诽谤等类型网暴严重结果的事件频发，将侮辱、诽谤信息纳入本罪的其他构成要件中尚不具有可操作性。此外，《网暴指导意见》的出台也从立法角度肯定了侮辱、诽谤信息被纳入本罪规制中的合理性。因此应当肯定在网络暴力案件中"违法信息"包含侮辱和诽谤类信息。

（二）网络暴力案件中"大量传播"的实质判断

刑法各罪中对于违法信息大量传播的具体判断主要以违法信息的点击和转发次数、注册账号的个数和人数以及通信群组的个数等为标准，本罪司法解释也围绕着传播违法信息数量和传播账号、群组数量等数据判定大量传播的实质展开。在传统网络平台拒不履行信息网络安全管理案件中，上述判定标准提高了准确司法基准具有相对可行性，但网络暴力作为网络新兴问题，具备案件起势快、参与人数多和传播范围广等特征，固守司法解释中的数量认定存在扩

---

① 参见王文华：《论拒不履行信息网络安全管理义务罪的司法认定》，载《网络信息法学研究》2017第1期，第76页。

② 参见陈洪兵：《拒不履行信息网络安全管理义务罪条款"僵尸化"的反思》，载《学术论坛》2022年第3期，第9页。

大网络平台刑事责任风险,有必要从“传播”行为的认定、“大量”的判断和本要件存在的具体问题出发重新进行解释。

首先,对网络暴力案件中“传播”行为的具体认定。广义的传播行为可被定义为不同独立的系统之间,利用一定的媒介和途径所进行的有目的的信息传递活动,信息的传播需要传播者和接受者的双重参与。网络平台基于提升用户使用感等初衷会利用算法技术根据用户浏览记录和关注话题为用户推送热搜或进行首页推荐,譬如经常关注社会热点的用户收到社会热点类新闻或信息的概率会高于一般用户。实践中许多用户对于平台自动推送内容并不加以关注而是直接忽略,对于此类过程是否构成“传播”过程存在一定争议。我们认为这里应持否定回答。本罪中的传播行为应当限定为同时具有传播者和接受者的行为,因此在对网络暴力案件中的文件等传播数量进行判定时,必须利用后台技术结合用户实际浏览和停留时间确定实际传播量,对于“虚假”传播数量不应计算在内。

其次,对网络暴力信息“大量”传播的具体判断。《第53次中国互联网络发展状况统计报告》显示,截至2023年12月,我国网民规模达10.92亿人,较2022年12月新增网民2480万人,互联网普及率达77.5%。在我国网民大基数与算法技术随机性的双重作用下,网络信息传播呈现指数型增长,网络信息可在数秒内达到数万次浏览量,远高于当前司法解释中规定的传播数值。基于电子信息的可复制性和发布便捷性,电子信息的再次传播可能性强于现实信息,电子信息的数量比传播人次更加重要。[①] 虽然以视频等违法信息的传播量和点击量为判断标准具有一定的合理性,但考虑到网络暴力群体性特征和网络暴力案件中视频等文件众多的现象,单纯以较低的信息传播量和点击量作为大量“信息”的量化判断标准不符合我国当前网络使用现状,这会使网络平台失职行为极易达到入罪标准,不仅有违刑法谦抑性的内在要求,且与当前本罪司法适用现状不符,易造成司法资源的过度浪费并不当压缩平台权限与破坏用户网络体验。前述提到部分网络暴力案件的产生与发酵由“大V”账号主导,“大V”账号以具备大量且固定的粉丝、在网络空间中享有较大影响力为特征,“大V”账

① 参见于志刚:《传统犯罪的网络异化研究》,中国检察出版社2010年版,第33页。

号的介入进一步加速传播信息数量。“大量传播”则不能再以传统犯罪中传播数量和点击量为唯一定量标准,而应参考网络社会中特有的阅读量、点击数、会员数、粉丝数等层级进行综合认定。同时,在对拒不履行信息网络安全管理义务罪进行认定时应结合当前网络传播现状和其他网络暴力治理案件数据适当提升司法解释数量上限,实现刑法惩罚犯罪与保障“人”权的统一。

最后,对网络暴力案件中违法信息是否达到刑法要求的大量传播进行实质判断需要进一步考虑时间节点问题。网络传播的高速化导致网络信息和网络数据瞬息万变,结合拒不履行信息网络安全管理义务罪的行政前置条款和网络平台不作为的主观考量,我们认为应当将文件传播数量和点击量的认定区间限制为自网络平台受到行政机关责令改正的行政命令起至网络平台因不作为被刑事立案之间,对于刑事立案后仍在发酵和传播的网络信息数据则不应纳入“大量传播”的判断中。司法机关对网络平台进行归责时需要注意考量平台不作为与违法信息大量传播间的因果关系,同时注重对用户实际点击量和浏览量的考量,避免重复传播信息和重复账户等“僵尸”数量被不当计入而扩大网络平台的刑事责任。

三、“严重情节”的实质判断

网络的迅速发展不断衍生出新型网络问题对社会秩序造成侵害,由于立法自身的局限性和社会现实的易变性,当前立法无法涵盖网络平台失职行为的全部危害后果和严重情节,故设置兜底条款规定留给司法适用空间,体现刑法张力。《帮信犯罪解释》中依据平台不作为的具体情形和可能导致的严重影响两层面将“有其他严重情节”规定为“(一)对绝大多数用户日志未留存或者未落实真实身份信息认证义务的;(二)二年内经多次责令改正拒不改正的;(三)致使信息网络服务被主要用于违法犯罪的;(四)致使信息网络服务、网络设施被用于实施网络攻击,严重影响生产、生活的;(五)致使信息网络服务被用于实施危害国家安全犯罪、恐怖活动犯罪、黑社会性质组织犯罪、贪污贿赂犯罪或者其他重大犯罪的;(六)致使国家机关或者通信、能源、交通、水利、金融、教育、医疗等领域提供公共服务的信息网络受到破坏,严重影响生产、生活的”,并在第7

项中双重设置了"其他严重违反信息安全管理义务"这一兜底条款。"网络暴力"作为一种软暴力,与其相关的行为只有在被评价为"情节严重"时,才能被认定为犯罪。网络暴力案件中涉及众多公开个人信息与篡改的虚假信息,且众多参与者和网络平台对于网络暴力的形成与发酵并非持有主观故意,因此在评价和认定网络暴力的"情节严重"时,不应孤立地考察点击率、转发量、受损量等单个要素,而应基于犯罪定义和犯罪成立评价体系,对情节作出体系化与整体性评价与认定。[①] 同时,应当严格按照罪刑法定原则与刑法谦抑性的要求,只有具有与前述致使"违法信息大量传播""用户信息严重泄露""刑事证据灭失"等情节同等社会危害性的行为才能够被认定为情节严重,也需要不拘泥于传统犯罪行为对国家和社会秩序的侵害,而应结合网络暴力的现实威胁与损害和当前网络暴力治理重点进行展开。

(一)司法解释中"严重情形"在网络暴力案件中的再解释

司法解释针对"有其他严重情形"进行了 6 项具体规定,分别从行为、社会、国家层面做出了认定。结合上述对网络暴力案件的演变路径及危害结果的分析可知,网络暴力行为并不涉及对网络设施的攻击和国家重要领域的影响,因此在网络暴力案件中应注重前三项内容的认定。

司法解释中第 1 项来源于《网络安全法》的规定,对网络平台的具体作为义务再次规定,在网络暴力案件中网络平台未对用户真实身份进行认证而易造成无法对施暴者限制、追责和对被施暴者保护和后续跟踪,对日志未留存易给后续司法证据认定增加难度,影响社会公正秩序。第 2 项则是对"拒不改正"的再次阐释,重在强调网络平台的不作为消极性,有学者认为属于影响再犯罪可能性大小的预防刑情节,而非责任刑情节,不应纳入构成要件的评价中[②]。第 3 项中提到致使信息网络服务被主要用于违法犯罪的可认定为具有严重情节,起初该条款的设定是为了预防网络诈骗或其他网络犯罪,网络暴力案件中的违法犯

① 参见石经海:《论网络暴力的实质与刑法适用规则的完善》,载《社会科学文摘》2023 年第 11 期,第 114 页。

② 参见陈洪兵:《"情节严重"司法解释的纰缪及规范性重构》,载《东方法学》2019 年第 4 期,第 94 页。

罪应作广义理解。《网暴指导意见》指出通过在信息网络上制造、散布谣言贬损他人人格、损害他人名誉和采取肆意谩骂、恶意诋毁、披露隐私等方式,公然侮辱他人的或者"人肉搜索"情节严重的,分别按照诽谤罪、侮辱罪和侵犯公民个人信息罪定罪处罚。这意味着网络平台未及时对网络中的侮辱、诽谤信息进行处置并对相关账号进行制裁造成侮辱和诽谤行为构成犯罪则有可能满足本罪中"严重情节"的要件要求,随着侮辱罪和诽谤罪公诉标准的进一步调整,网络平台的管理义务也在不断升级。但归责的同时需要注意司法解释中所强调的"主要"二字,在认定"严重情节"时不能简单认为只要行为人构成在网络空间中的侮辱、诽谤罪,就应当让网络平台承担拒不履行信息网络安全管理义务罪的责任,而应当根据侮辱罪、诽谤罪、侵犯公民个人信息罪等罪的数量和在网络案件罪名中的占比进行综合认定。

网络暴力案件中常发生被害人隐私泄露、名誉受损和被害人自杀自伤等严重危害结果,当前法条和司法解释基于对本罪法益的保护,仅从网络秩序与国家安全角度进行"严重情节"认定,未将被害人的危害结果和现实社会秩序纳入考量。虽然其在"致使用户信息泄露"要件中对被害人死亡、重伤、精神失常等严重后果进行规定,但仍不可跳脱致使用户信息泄露这一大前提。在网络暴力案件中不乏当事人公开的隐私或信息被大量传播导致被害人悲惨后果,诚然当事人公开的隐私也无法被认定为"违法信息"适用第 1 项进行规制,那么在此类情况下是否应当将本罪的法益完全限制为信息网络安全秩序而全然不顾用户身心健康,能否适用兜底条款使平台为被害人后果担责就成为新的问题。有观点认为在上述"人肉搜索"行为可以被归责为引发了后续的严重后果时,网络服务商的不作为行为也能够被归责为后续的严重后果。我们认为应基于刑法体系解释原理坚守对社会法益的保护,避免将单纯的被害人自杀、自伤后果归责于网络平台,造成司法扩张。另外仅仅是网络暴力导致"被害人自杀、自伤"而未对社会秩序或国家秩序造成侵害时,通常这只是一种对于行为"后果"的描述,不属于"行为",而不应认定为"有其他严重情节",否则将突破刑法对情节犯和结果犯规定的界限。从另一个角度而言,拒不履行信息网络管理义务罪并非对被害人的人身权益置之不理,而是将其纳入"致使用户信息泄露造成严重后果"的结果要件范畴下,因此无须进行重复评价。因网络的传播性和覆盖性导致网络中的损害相较现实中的损害具有扩大化倾向，因此网络暴力案件中被害人自伤、自杀的社会危害程度需要与拒不履行信息网络安全管理义务罪常见适用社会危害性相当才值得单位归责，对于用户隐私信息以外的他种信息传播和泄露可以对实际实施者个人适用刑事责任，避免个人和网络平台的双重入罪化。结合《网暴指导意见》中对拒不履行信息网络安全管理义务罪要件的筛选意见，在未造成社会恐慌和重大影响下，不宜让网络平台对被害人的人身权益受损承担不作为的刑事责任。

（二）网络暴力案件中“严重情节”的兜底条款具体认定

刑法各罪中“有其他严重情节”通常与“数额巨大”“后果严重”等严重影响相关联，本罪司法解释未从此类具体影响角度规定“有其他严重情节”，而分别从网络服务提供者恶劣不作为表现与不作为引发的严重影响两个层面进行规定，并将其他严重违反安全管理义务的行为作为兜底条款。因此，在对网络暴力案件中的“严重情节”进行具体认定时也可以从网络平台消极不作为的恶劣程度和表现以及对社会秩序造成的严重影响角度出发。

当前针对网络平台治理责任主要存在两类分配进路，一类是“通知—删除”型平台治理责任分配，即平台仅承担一定生态内容管理义务，不法信息经有关部门或权利人通知后删除可豁免平台责任；另一类是“监管—删除”型治理责任分配，即平台负有管理生态内容、防治网暴信息的主体责任，需主动识别、发现并删除网暴信息。如果平台未履行管理义务，致使网暴行为造成严重后果，需要承担相应法律责任。[①] 拒不履行信息网络安全管理义务罪构成要件中前三项的规定也分别对应《网络安全法》第47条、第40条、第21条所规定的网络平台的违法信息处置义务、用户信息保全义务、数据信息留存和披露义务。首先必须厘清兜底条款中的违反安全管理义务中的“安全管理义务”含义，必须回答本兜底条款中所强调的注意管理义务是否需要进行限缩解释，将其限定为法律法规明确规定的义务。实践中对于网络平台具体的安全管理义务尚存在争议，有观点认为应坚持同类解释规则标准，前三项都是法律明文规定的类型，第四项

---

① 参见印波、庄新宇：《社交平台反网络暴力专项合规机制的有效构建》，载《江西社会科学》2024年第1期，第97页。

入罪标准中的“其他严重情节”也应当被解释为具有明确国家规定义务的行为类型，其中对于“国家规定”的明确性不应当作出过于严格的限定，通过法律解释能够找到服务商的相关作为义务准则即可认定本罪；[①]有观点则认为，网络平台应承担更为广泛的管理义务。我们认为网络暴力案件一直处于动态变化中，网络平台的安全管理义务应当随着网络暴力案件的发展不断升级，而不应将信息网络安全管理义务限定为现有法规明确规定的行为，否则无法实现立法倒逼平台承担责任之目的。但是出于激化平台管理活力的考量，过于严苛的司法认定不利于平台管理权限的正当发挥，因此需要结合网络暴力各阶段特征和网络平台具体举措严格认定网络平台的作为义务。

法律规定中并未明确网络平台事前的监测义务，但前述提到网络平台对网络暴力的事前监测缺位导致网络暴力案件滋生，应当肯定网络平台承担一定的事前监测义务也属于安全管理义务的类别，在网络暴力案件中若平台完全未设置事先采取预防网络暴力发生的智能监测措施可考虑认定拒不履行信息网络安全管理的行为。事中网络平台未履行对违法信息的传播进行切断、对施暴者账号采取禁言封号和对被害人开启一键保护机制等义务易导致网络暴力的进一步蔓延和结果的进一步恶化，若能够证明网络平台的不作为是造成网络暴力扩大的重要因素时也可让网络平台承担刑事责任。事后网络平台未对被害者进行跟踪记录与安抚易造成损害结果扩大，但将网络平台义务扩大至对被害人的后续安抚义务有违法理基础与法律解释之原则。

为贯彻罪刑相当原则与法律面前人人平等原则，欲使网络平台承担拒不履行信息网络安全管理义务罪，在认定“严重情节”时应结合对人身和财产及社会秩序造成的损害程度进行考量，同步考虑网络服务提供者的行为态度、对法益的损害程度和普通民众的容忍度以及因果关系的介入程度。网络平台未履行法律法规明文规定的信息管理义务具有更为严重的“明知”主观故意，因此只需要满足法条规定的情形便可认定为拒不履行网络安全管理义务罪，但在应对法律未明文规定且网络平台仅有模糊认识的管理义务时，应当同时要求网络暴力

---

① 参见郭旨龙：《网络暴力造成严重后果的利益分析和刑事应对》，载《法律科学（西北政法大学学报）》2024年第1期，第123页。

行为实际对被害者人身和财产或社会公共权益造成严重影响下才可认定为“严重情节”。

对网络暴力案件中拒不履行信息网络安全管理义务罪“严重情节”的认定还可参照其他犯罪中的具体认定，从不作为行为的恶劣程度、造成的损失、对个人和社会环境、秩序的破坏等角度进行展开。具体而言，认定本罪“严重情节”，可以考虑将“在网络暴力案件中拒不履行相关机构明确提出承担的事前监测的义务”和“拒不采取相关机构提出的防止网络暴力案件扩大的处理义务”等行为纳入要件中，或者将“引发大量低俗、恶意评论，导致网络社会秩序严重混乱”、“导致网络案件治理成本显著扩大”和“导致爆发群体性事件严重危及现实社会治安”等严重影响作为判断标准。

第十章

网络暴力的平台刑事免责制度构建

当前,网络平台正日益成为网络暴力生发与治理的"主战场"。立法对网络平台责任的态度由"规制宽容原则"逐步向"压实主体责任"演进,一系列网络暴力治理相关规范文件不断将监管责任下沉,平台深度参与网络暴力信息治理的同时,因治理不力而承担责任的风险与日俱增。可以说当前在网络暴力的治理问题上,平台的义务和责任被过分强调,而相应的责任豁免机制却很少得到关注。免责制度的缺失不仅可能使网络暴力规制政策过度扩张平台网络暴力治理责任的边界,不当干预平台的正常经营,对网络产业的良性有序发展造成负面影响,而且在一定程度上迫使平台采取更加严格、保守的措施规制用户的语言表达,以免触及责任红线,长期来看会损害公民在网络空间中的言论自由。[①] 面对这一趋势,探索构建平台网络暴力相关的责任豁免机制可谓势在必行。

建设合规机制是企业防范法律风险的重要方式。在网络暴力治理领域,合规理念也已为网络信息主管部门所接纳。2024 年 6 月公布的《网络暴力信息治理规定》事实上已经从建立完善网络暴力信息治理机制、强化网络暴力账号信息管理、完善网络暴力平台管理公约、定期发布网络暴力信息治理报告等角度,为网络服务提供者建构了网络暴力信息治理方面的指引性合规框架,但其在合规的制度化、体系化程度上还有所欠缺,有待进一步研究。

---

① 参见田宏杰:《网络暴力刑法治理中的"法不责众"困境及其化解》,载《法学杂志》2024 年第 1 期,第 38 页。

鉴于平台企业对刑事责任风险的敏感与高度关注,本章首先在第一节以平台刑事免责机制为核心展开论述,阐述网络暴力刑事合规免责的理论基础与实现路径等基本问题。其次,第二节通过分析拒不履行信息网络安全管理义务罪中"责令改正"这一涉及行刑衔接的要件,论述网络暴力治理中行政合规与刑事合规的关系。最后,探讨如何建构以未成年人、老年人、残疾人等高风险特殊人群为对象的保护机制,通过对其提供专门性保护避免平台承担治理不力的责任。

第一节 网络暴力的平台刑事合规治理

一、合规免责的前提:平台在网络暴力案件中的刑事责任

作为管理网络空间入口的"守门人",网络平台的这一身份导致其与潜在的网络暴力之间具有千丝万缕的联系。网络暴力在平台中发生时多种复杂身份相互交织,导致平台企业在多个方面存在承担刑事责任的可能,因而平台需要寻求建立免责机制,以控制刑事风险、避免自身触碰刑法红线。因此,厘清在网络暴力案件中平台可能承担的刑事责任,是建构有针对性的免责机制的前提。根据平台在网络暴力案件中的不同身份,平台可能承担的刑事责任如下所述:

(一)作为网络暴力参与者的刑事责任

随着Web3.0时代的到来,平台已成为最重要的网络空间载体,正是围绕平台所形成的一个个既相互独立又彼此联系的网络空间,共同组成了当前网络社会的主体部分。与现实社会相比,网络并无物理实存性,其是在信息技术的基础上建立起来的,这种高度的技术依赖性在一定程度上意味着,作为技术运用者的平台运营方,事实上掌握着网络社会的底层运行方式,且由于"算法黑箱"等现象的存在导致平台的技术规则往往难以为外界所知,运营者对依托本平台所形成的网络空间具有其他任何主体无法比拟的掌控力。当平台内用户发布网络暴力信息时,若平台出于某种目的在技术规则上作出调整,有意助推或放纵网络暴力信息的传播、扩散,就很有可能使网络暴力的烈度急剧升高且长期

持续,对遭受网络暴力攻击的被害人和网络社会秩序造成严重的侵害,此时相较于发布网络暴力信息的用户这一源头,平台对法益侵害结果的发生具有相当甚至更大的因果作用力,因而其成为网络暴力犯罪的参与者乃至主导者。

具体来说,作为网络暴力参与者的平台可能承担如下刑事责任:

1. 相应网络暴力犯罪的共犯

网络暴力行为在刑法上主要适用的罪名为侮辱罪与诽谤罪,《网暴指导意见》第 2 条规定,“在信息网络上制造、散布谣言,贬损他人人格、损害他人名誉,情节严重,符合刑法第二百四十六条规定的,以诽谤罪定罪处罚”;第 3 条规定,“在信息网络上采取肆意谩骂、恶意诋毁、披露隐私等方式,公然侮辱他人,情节严重,符合刑法第二百四十六条规定的,以侮辱罪定罪处罚”。可以看出,两罪的成立均要求满足“情节严重”的要件。通常来讲,在信息网络中散布谣言与谩骂诋毁他人的行为,如果仅在较小范围内传播、缺乏公众关注度,很难达到入罪门槛。但在网络平台“推波助澜”的情况下,网暴行为达到“情节严重”的难度会极大降低。《网络暴力信息治理规定》第 10 条明确禁止任何组织和个人利用网络暴力事件实施蹭炒热度、推广引流等营销炒作行为。而且,若平台明知网络暴力信息的存在,仍积极教唆网暴实施者继续加大力度;或者以长时间使涉网暴话题保持热度、利用算法向更多用户推荐等积极作为的方式加速网暴信息传播,且积极追求或放任被害人死亡等严重结果的,平台可能成立侮辱罪或诽谤罪的共同犯罪。①

此外,在一些特殊情形下,网络空间内的公共秩序需要得到独立保护,若网络暴力行为对这一秩序造成了严重破坏,则行为人可能构成寻衅滋事罪。例如,此前在网络授课平台上发生了多起“网课爆破”案件,造成了网络教学场所的公共秩序严重混乱,施暴者可构成寻衅滋事罪。而对于授课平台来说,若经整改后仍存在缺陷,导致类似事件继续发生,进而引起网络暴力信息大量传播或进一步导致被害人死亡等严重后果的,平台此时有可能成立寻衅滋事罪的

---

① 参见石佳友:《网络暴力治理中的平台责任》,载《法律科学(西北政法大学学报)》2023 年第 6 期,第 22 页。

共犯。①

2. 帮助信息网络犯罪活动罪

网络暴力事件的产生与演变背后，并不都是互不相识的网民无意识、盲从式的施暴，而是可能存在着商业性、有组织性的推动力量。例如，在一些诋毁英雄烈士或者某些有重要社会影响力的国家荣誉得主的事件中，不难发现网络水军的身影频频出现。② 此类网络暴力往往围绕某个或某些具有影响力的中心账号形成一定的组织，专门在网络平台内的弹幕、话题、贴吧、直播间等引导侮辱谩骂、造谣诽谤、侵犯隐私以及散播不良信息等网络暴力行为。例如，在网络意见领袖组织下网络用户在网络平台内多次频繁发布无实质内容的辱骂信息以及平台用户帮助客户在指定社交网络平台上对他人进行网络言语辱骂的"代骂服务"等行为。在一些情况下，平台出于吸引流量或与其他平台竞争等目的，会有意放纵网络水军组织实施网络暴力，甚至为其提供网络接入、信息推广等技术支持。③ 网络平台在明知网络水军从事涉网络暴力信息违法犯罪活动的情况下实施上述支持与协助行为的，明确违反《网络暴力信息治理规定》第 10 条的禁止性规定，若情节严重，将可能构成帮助信息网络犯罪活动罪。④

（二）作为网络空间监管者的刑事责任

尽管国家机关积极探索网络暴力的治理路径，但现行立法体系下，国家机关能够采用的网络暴力规制手段仍较为有限和滞后，且投入的公共资源与产出的治理效果往往不成比例。相较之下，鉴于网络空间是网络暴力发生的行为场域，而平台作为网络空间的控制者，其直接或间接地同网络暴力发生紧密联系，自然在治理涉网络暴力违法信息上具有不可替代的重要作用。因此，当前立法通过赋予网络平台更多权力，针对网络暴力形成"国家管平台、平台管用户"的传导式治理格局，各类法律、法规赋予平台运营者对平台空间内几乎一切要素

---

① 参见敬力嘉：《网络暴力公私合作治理模式的反思与调试》，载《江汉论坛》2023 年第 5 期，第 144 页。

② 参见刘艳红主编：《网络暴力治理法治化研究》，法律出版社 2023 年版，第 226 ~ 227 页。

③ 参见印波、庄新宇：《社交平台反网络暴力专项合规机制的有效构建》，载《江西社会科学》2024 年第 1 期，第 99 页。

④ 参见赵长江、余翔：《"网络水军"黑产犯罪行为的刑事规制》，载《人民检察》2023 年第 20 期，第 75 页。

的监管义务,平台运营者据此取得了网络空间监管者的地位。

作为网络空间监管者,网络平台运营者虽然不能完全控制用户的行为,但作为为用户存储信息的主机服务者,网络平台对用户发布的信息具有一定的控制力。这意味着当网络平台发现网络暴力信息这一针对他人的名誉和公共安宁等合法权益的危险源时,网络平台对其负有监督义务,若不删除网络暴力信息,则相当于其以不作为的方式实施了一种"危险的前行为",升高了遭受网络暴力攻击者的法益被侵害的危险。基于此,网络平台负有防止法益遭受侵害的作为义务,这一点可以通过采取及时删除网络暴力信息、处置信息发布用户等举措来实现。反之,若网络平台拒不采取治理措施,放任网络暴力升级,一旦危险源进一步发展为现实的法益侵害,网络平台就可能因未履行危险监督义务而承担刑事责任。

上述过程对应的刑事责任后果即拒不履行信息网络安全管理义务罪。根据《网暴指导意见》规定,平台在处置网络暴力信息时,如果满足了"不履行信息网络安全管理义务""经监管部门责令采取改正措施而拒不改正""致使违法信息大量传播或者有其他严重情节"3 个要件,将会构成拒不履行信息网络安全管理义务罪。其中根据《刑法》第 286 条之一的规定,本罪结果要件具体为"致使违法信息大量传播"、"致使用户信息泄露,造成严重后果"、"致使刑事案件证据灭失,情节严重"以及"其他严重情节"。该规定意在以拒不履行信息网络安全管理义务罪督促网络平台落实法律、行政法规施加的内容审查义务、网络安全审查义务、犯罪预防义务等,强化网络平台作为监管主体在控制信息传播、消除不良影响等方面的网络暴力治理责任。

(三)作为刑事司法协助者的刑事责任

前文提到,网络平台是网络暴力发生的行为场域。与现实空间相似,行为发生地是获取证据的关键地点,网络暴力违法犯罪行为也会在平台空间内留下痕迹。如果网络暴力实施者的行为涉嫌犯罪,公安机关就需要在网络平台空间内搜集调取证据,考虑到网络平台运营者对平台空间的监管事实与技术优势,《网暴指导意见》《网络暴力信息治理规定》均要求网络平台运营者履行协助义务,依法配合开展侦查、调查和处置等工作,为公安机关的取证提供必要的技术支持与协助。

然而,在“流量为王”的时代,热点信息的传播可以给网络平台带来巨大的流量收益,为了长期享有此种流量红利,哪怕是对于网络暴力这类极度负面的消息,网络平台也可能声称“不知情”而蓄意放任其传播。面对侦查机关协助取证的要求,网络平台可能会以各种理由“阳奉阴违”,或者是采取拒不配合的态度,此时如果网络平台明知用户构成网络暴力犯罪,仍然为其隐匿相关证据或者作假证包庇的,可能构成《刑法》第310条规定的包庇罪。如果网络平台帮助当事人毁灭、伪造证据,情节严重的,可能构成《刑法》第307条规定的帮助毁灭、伪造证据罪。[①]

二、合规免责的理据

(一)合规计划的客观责任归属阻断功能

上述网络平台涉嫌网络暴力犯罪的诸般情形中,平台的行为大致可分为作为与不作为两类。其中平台以作为形式,例如以网络暴力犯罪参与者的身份构成犯罪时,由于作为具有主动性、显著性且往往对法益侵害结果的发生具有明显的因果力上的贡献,因而容易区分。比较复杂的是平台行为表现为不作为的情形:一方面,不作为对于结果发生的因果力贡献不容易判定。另一方面,不作为的前提是平台具备相应的作为义务,但作为义务往往并不是由刑法明确规定,而是大多来源于其他法律、法规中的义务性规范与命令性规范。这便导致两个困境,一是前置法中的作为义务来源纷繁复杂,二是即使确定了作为义务来源,这些义务性规范与命令性规范的内容也往往不够明确。最为典型的便是“拒不履行信息网络安全管理义务罪”,本罪的要件之一是“不履行信息网络安全管理义务”,而对于何为平台治理网络暴力的过程中需要履行的“信息网络安全管理义务”,无论是法律法规还是司法解释都未作出具体界定。以上两方面因素导致了不作为缺乏定型性,平台很难明确需要采取的治理措施及其程度,

① 参见蔡元培:《网络暴力自诉案件中的证据供给与风险预防》,载《中国应用法学》2023年第5期,第96页。

在国家与主管部门高度重视网络暴力防治、不断压实平台治理主体责任的背景下，一旦发生严重后果，平台不易提出说服力较强的抗辩。

反网络暴力合规计划的实施有助于解决上述问题。网络平台是否涉嫌网络暴力犯罪的主要客观判断标准包括两点：一是平台是否有作为能力对网络暴力信息予以识别、界定和控制；二是在此基础上，平台是否履行了应当承担的作为义务以消除网络暴力侵犯法益的风险。就前者而言，刑事合规计划的实施能够通过考量网络平台的性质、整体评估网络平台防范网络暴力的技术能力，构建一套客观的评价体系，并以合规规程等形式落实为具体文本。① 对于后者，平台反网络暴力合规计划有助于系统厘清法律法规对网络平台所设立的网络暴力治理义务，界定平台的职责范围。在以上两步的基础上，反网络暴力合规计划一方面根据义务类型明确相应的网络暴力风险防控措施类型，另一方面将平台的技术能力与需要规避的网络暴力刑事风险作一一对照，明确平台应当负责的客观结果范围。换言之，如果对网络暴力的识别与处置已经超出了网络平台技术能力范围，则意味着平台即使积极作为也无法避免损害结果发生，平台缺乏结果回避可能性，由此引发的后果应被视为不可预见且无法排除，而平台可以据此合理、合法地出罪。将二者综合起来，就可以制定出适当且明确的合规政策、程序和控制措施，并落实为平台内部的规章制度或专项合规文件，在消除网络暴力风险的过程中便能有章可循、有的放矢，有助于平台提前、及时发现并有效控制网络暴力引发的刑事风险，阻断可能发生的结果。即使结果仍然发生，平台也能够围绕合规计划提出阻却客观结果归属的合理抗辩，保护平台免于承担刑事责任。

（二）合规计划的主观责任排除功能

在经过上述客观层面的检验后，假如网络平台的反网络暴力合规计划并未能阻断客观结果的归属，也仍有在主观层面发挥排除平台刑事责任之功能的空间。

其一，若网络平台制定了健全的反网络暴力专项合规计划，包括反网络暴

---

① 参见白旭明：《网络平台刑事合规的风险防控与规则建构》，载《华南理工大学学报（社会科学版）》2022 年第 4 期，第 70～71 页。

力章程、专门性的反网络暴力人员组织架构以及网络暴力的防范体系、识别体系、应对体系等，则表明平台形成了反对网络暴力的整体意志。此时即便在外观上看，平台在“网络暴力引起危害结果”这一过程中具有因果力的贡献，也至少能够排除平台的直接故意，只需要考察是否为平台内的成员个人规避了反网络暴力合规体系而故意实施行为。①

其二，网络平台将反网络暴力专项合规计划予以执行和落实，有可能佐证平台对成员的不法行为不存在监督过失。尽管平台通过建立合规体系可以表明自身意志，但平台作为法人没有直接进行意思表示和实施具体行为的能力，而必须依赖于平台内成员的行为。换言之，即平台通过监督成员的行为来实现自身的意志。如果平台在反网络暴力合规机制内通过员工行为守则和相应惩戒规范，预防其成员实施推动或放纵网络暴力的行为，则意味着平台履行了作为保证人的监管义务，平台可以据此提出无监督过失的抗辩。在平台证明其可以合理信赖被监督的成员会遵守监管规则并采取适当行为的情况下，此种抗辩意味着平台对网络暴力危害结果的发生缺乏预见可能性或预见可能性很低，可以完全免除过失责任。②

三、合规免责机制的基本建构路径

如前文所述，除网络平台故意为网络暴力行为提供帮助的情形外，平台因网络暴力而面临的刑事风险均源于未妥当履行某项刑事义务。因此，由刑事风险类型出发，反向归纳平台在网络暴力治理中承担的刑事义务，进而以此为基础构建内部反网络暴力合规机制，这是建设合规机制的可行路径。通常认为，网络平台在网络暴力治理中承担的刑事义务包括 4 类，即管控违法信息或活动义务、保护用户信息义务、数据留存义务、协助司法义务。③ 其中前三类与拒不

① 参见陈子君：《论从宽处罚背景下企业合规完善路径——以双罚制为切入点》，载《行政法学研究》2024 年第 2 期，第 90 页。

② 参见马荣春、唐张：《监督过失：因果性、注意义务与定罪实践》，载《河南财经政法大学学报》2022 年第 1 期，第 100 页。

③ 参见谢登科：《网络暴力犯罪的公私协同治理模式》，载《法律科学（西北政法大学学报）》2023 年第 5 期，第 101 页。

履行信息网络安全管理义务罪有关,协助司法义务与证据犯罪有关。由于数据留存义务与协助司法义务的设置都是出于保全刑事证据以便后续刑事司法活动顺利进行这一目的,故可将二者一并考量。据此,网络平台的反网络暴力刑事合规机制主要从以下 3 个方面展开:

(一)网暴信息与活动管控合规

对于管控义务的理解,主要以拒不履行信息网络安全管理义务罪规定的"致使违法信息大量传播"这一危害结果为依据。根据作为义务来源理论,网络服务提供者作为以平台为载体的网络空间的管理者,其对于空间内发生的危险负有阻止义务。就网络暴力信息这一危险而言,平台的刑事作为义务主要表现为阻止网暴信息的大量传播,即需要建立网络暴力信息的处置机制。

《网络暴力信息治理规定》以多个条文要求网络平台及时阻断网络暴力信息的传播,这些具体要求可归纳为如下两大类:一是针对网络暴力信息采取阻断措施。一旦识别出网络暴力信息,网络平台应当立即停止传输相关信息,采取删除、屏蔽、断开链接等处置措施,防止信息扩散。对于防止信息扩散措施的形式,《网络暴力信息治理规定》第 15 条表述为"删除、屏蔽、断开链接等",从上下文来看,这一表述应被理解为原则性规定,网络平台在立法要求的基础上,可以结合自身的内容业务场景与实践需求配备适当的信息处置措施。例如,针对评论采取过滤、屏蔽措施,针对群组话题采取解散、暂停、排查关闭等措施,针对视频类采取删除、下架措施,针对直播类采取关停、封禁措施。[①] 二是针对参与网络暴力的用户采取处置措施。为避免网络暴力在用户推波助澜下愈演愈烈,网络平台需要对制作、复制、发布、传播网络暴力信息的用户采取处置措施,以暂时或永久切断其与网络平台的链接。处置措施种类包括但不限于警示、禁言、限制功能、暂停服务、关闭账号等。由于这些措施的处罚力度存在较大差异,为实现过罚相当,网络平台可以探索建立网络暴力账户的分级制度。例如,有学者提出依据信息内容、危害程度及扩散范围,将网暴信息分为疑似、一般及

① 参见王燃:《论网络暴力的平台技术治理》,载《法律科学(西北政法大学学报)》2024 年第 2 期,第 128 页。

严重3个层级；[①]用户发布、传播的网暴信息严重程度越高，受到的处置便应越重。再比如可将“曾因发布网络暴力信息遭到投诉或被平台处置”作为加重处置的依据。

学界有观点认为，《网络暴力信息治理规定》第三章规定的“预防预警”与第五章规定的“保护机制”，也属于平台在网络暴力治理中如果不妥当履行，便可能引发刑事风险的义务。[②] 就前者来说，诚然，网暴信息之所以大量传播，既有平台没有及时处置信息的原因，也与平台未有效履行事前与事中的积极防控义务有关，[③]后者主要表现为网络暴力信息预警机制的建设与应用。在网络暴力信息的预警阶段，法益面临的危险尚不紧迫，但将预警义务作为刑事义务，就可能导致刑事责任的介入过分提前。就后者来说，虽然用户保护机制在减轻网络暴力对受害人造成的侵害程度这一点上有着重要意义，但其与“违法信息大量传播”这一法益侵害后果之间缺乏直接的因果性。综合上文所述，出于刑法谦抑性的考量，应当将网络暴力的预警机制和用户保护机制作为平台在网暴治理中的前置法义务，而非刑事义务。

（二）个人信息保护合规

拒不履行信息网络安全管理义务罪中的“致使用户信息泄露，造成严重后果”尽管不是网络暴力的典型后果，但常常成为其次生危害。目前许多网络暴力新形态都与侵犯受害者的敏感个人信息有关。例如针对女性群体实施的网络跟踪，就是以获取被害人的个人信息为前提，而后行为人反复使用受害者的个人信息威胁或恐吓受害者，或者通过窃取电子邮件、社交平台账户登录信息，在其他同类网页上发布消息，在线冒充受害者。从某种意义上可以说，个人信息是网络暴力生发的原料。在用户注册及使用网络平台功能的过程中，平台收集了大量的用户个人数据，一旦平台未能落实个人信息保护的规范要求，导致数据泄露或轻易就能够被获取，便可能催生“网络跟踪”“人肉搜索”这些伤害

① 参见刘艳红主编：《网络暴力治理法治化研究》，法律出版社2023年版，第229页。

② 参见田宏杰：《网络暴力刑法治理中的“法不责众”困境及其化解》，载《法学杂志》2024年第1期，第42页。

③ 参见田宏杰：《网络暴力刑法治理中的“法不责众”困境及其化解》，载《法学杂志》2024年第1期，第42页。

性极强的网络暴力,并导致网暴的危害结果由线上向线下传播。

对此,网络平台需要以个人信息合规监管模式保护公民的敏感个人信息,设置专门的个人信息保护负责人等合规师职位,明确《网络安全法》《个人信息保护法》等法律法规规定的网络服务提供者获取、存储、传输与使用数据的合法权限与具体的行为规范,履行合规制度建设义务,制定符合行业特点与企业能力的个人信息合规机制,保障用户的个人信息不被非法获取与公开披露,避免其个人信息被用于实施网暴。①

(三)刑事协助合规

刑事协助作为一项程序性义务,其核心集中在对网络暴力违法犯罪证据的保全方面。为此,首先,网络平台在日常的自主监管中,就需要主动应用数据保全措施,对于算法模型自动检测出的网络暴力信息,使用自动备份技术即时留存。其次,网络平台还需要运用大数据技术对实施网络暴力行为的用户进行基础数据信息的准确抓取,并对其实施例如点赞、评论、转发等一系列制造、传播网络暴力信息的行为全过程进行留痕。② 最后,网络平台应当制定内部的协助取证程序,对数据调取人员的行为加以规范,特别是要注重规范调取涉网暴的敏感个人信息或隐私数据的流程。

值得注意的是,平台在建设刑事协助合规机制时,存在两对潜在的义务冲突:一是协助取证义务与网暴信息删除义务的冲突。对此需要明确的是,删除义务强调的是网暴信息在平台空间内的非可视性,从这一意义上讲,称其为“屏蔽义务”可能更为准确;协助取证义务则强调平台要妥善保存存储在服务器中的数据,这也就是为何有学者将这一义务称为“信息备份留存义务”的原因。在平台具备相应技术能力的情况下,完全可以删除面向用户的前台中的信息而保留面向工作人员的后台中的数据,从而使两项义务并行不悖。二是公安机关要求平台协助取证的过程中,可能会从网络平台处调取与网暴相关的被害人及行

---

① 参见敬力嘉、胡隽:《网络暴力法律规制的完善路径》,载《中国人民公安大学学报(社会科学版)》2021 年第 5 期,第 146 页。

② 参见向春玲、李赟:《数字治理助推中国式现代化的实践策略》,载《治理现代化研究》2023 年第 6 期,第 18 页。

为人信息,但平台又对存储的用户个人信息负有保密、告知合规义务,因此平台可能面临两种义务相冲突的局面。对于这一冲突,通过合理解释《个人信息保护法》第 13 条规定的“为履行法定职责或者法定义务所必需”及其第 18 条规定的“有法律、行政法规规定应当保密或者不需要告知的情形”,可以在刑事协助的情境下有限度地豁免平台的个人信息合规义务。①

通过建立健全以上 3 个方面的合规机制,网络平台能够将网络安全监管义务的相关法律规范设定的刑事义务具体化,在识别刑事风险的基础上制定合规计划,并配套相应的措施避免风险发生。这实际上相当于为自身制定了一份负面清单,有助于确定网络平台预防和管控涉网络暴力活动的责任边界。同时,合规机制的建设也表明了网络平台反对网络暴力的整体意志,有利于网络平台与国家机关在网络暴力治理方面达成公私合作。②

第二节　行刑衔接视角下“责令改正”前置要件的功能定位

承上文所述,在网络平台因网络暴力案件可能构成的犯罪中,拒不履行信息网络安全管理义务罪对平台科以直接的违法犯罪控制义务,并以严厉的刑事责任作为不利法律后果,其规范构造决定了本罪与合规机制之间存在着密切的联系,且《网暴指导意见》第 6 条对本罪再次予以重申,意在以本罪强化平台在网络暴力防范与不良影响消除方面的责任。尽管本罪常常被视为重大的刑事风险诱因,但其罪状中“责令改正”这一独具特色的要件,使得本罪对合规机制的刑事合规与行政合规两个侧面均具有重大意义,值得予以重点论述。

① 参见王仲羊:《网暴犯罪刑事程序法治理的特征、缺陷及其完善》,载《新疆社会科学》2024 年第 1 期,第 125 页。

② 参见敬力嘉:《网络暴力公私合作治理模式的反思与调试》,载《江汉论坛》2023 年第 5 期,第 142 页。

一、"责令改正"要件的功能定位：合规思路下的行政治理

（一）行政治理的发扬与刑事治理的克制

自2015年《刑法修正案（九）》增设拒不履行信息网络安全管理义务罪以来，本罪因其极低的适用率而饱受诟病，甚至被学者称为"僵尸条款"。[①] 这一现象背后的重要原因之一是，立法者为本罪设置了严格的前置行政程序要件，即"经监管部门责令采取改正措施而拒不改正"。于是，为了提高本罪的适用率，便有观点将矛头指向了"责令改正"要件。例如有学者认为，该要件过分提高了网络平台的构罪标准，导致在网络暴力事件中只要网络平台不满足这一要件，就无法以刑事责任加以规制，从而使其逃脱刑法监管，这意味着刑法介入网络暴力治理的力度不足，不利于网络平台真正履行法定监管义务，因此"责令改正而拒不改正"这一前置要件应当被删除。[②]

上述观点背后体现着一种扩张刑法的倾向，实质上则是从严从重的刑事政策立场。就网络暴力的治理而言，不得不说此种分析视角失之片面。网络暴力的应对体系由行政治理与刑事治理共同组成，在这一体系中，二者具有不同的功能，同时又相互补充。这决定了在完善网络暴力治理体系时，需要注意两种治理方式的功能差异，充分发挥各自的优势，同时从整体性的视角考量如何使二者之间形成良性的互动状态。在这一理念指导下，比照刑法与行政法的特点可以发现，单方面强调刑法的提前介入，未必会起到预想之中的良好效果，而且从长远来看反而不利于网络暴力治理体系的整体稳定性。

一方面，行政治理与刑事治理的功能差异，决定了行政治理与刑事治理在体系中理应扮演不同的角色。行政法本质上是管理法，具有灵活、积极与主动的特征。针对复杂的网络环境与网络暴力多变的样态，这些特征使行政治理具有更强的适应性，使其能够有效发挥管控网络暴力、及时恢复良好网络空间秩

---

① 参见陈洪兵：《拒不履行信息网络安全管理义务罪条款"僵尸化"的反思》，载《学术论坛》2022年第3期，第1～12页。

② 参见胡江、李康明：《网络暴力致人自杀刑法规制的理性探讨与路径修正——基于对网络暴力生成与发展机制的思考》，载《山东警察学院学报》2023年第5期，第129页。

序的功能，具有效率上的优势。刑法基于其后盾法属性，则呈现出注重事后惩罚的倾向。就事后惩罚的治理效果，有学者认为，《网暴指导意见》第6条尝试以拒不履行信息网络安全管理义务罪的适用来强化平台在制止网暴、消除不良社会影响方面的责任，但需要明确的是，对网络平台进行刑事追诉惩罚，本身并不足以消除网络暴力对受害人的不利影响，不能成立网络暴力的治本之策。[①]这一论述的依据在于：严厉的刑事责任虽然能够对潜在的网络暴力行为人和不欲履行安全管理义务的平台产生强大的震慑作用，从而实现一般预防的目的，但作为一种事后性评价，其难以也不应该在行为实施过程中就直接介入，这意味着刑法无法对网络暴力作出实时调整，其本身也难以对引发网络暴力的平台制度、管理与技术层面的原因加以矫正。对两种治理方式的特点进行比较后不难发现，行政治理与刑事治理之间具有内在的互补关系。刑法以其严重后果作为刺激，强化行政法的治理功能并放大其优势。刑法的这种刺激效果以设置"责令改正"要件的方式保留了适当的发动可能性，刑罚权的克制并没有减损刑法的保障性，反而是刑法基于自身在治理体系中的应然定位所作出的主动选择。如此一来，这不仅形成了层次性的治理系统，而且能够通过不同治理技术之间的互动对治理结构加以优化，最大限度地激发治理效能。[②] 一言以蔽之，两种治理方式应然的角色定位是，行政治理作为"冲锋在前"的"主力军"，承担网络暴力治理的主要责任，刑事治理则作为谨慎的"殿军"，为前者提供保障与支持。

另一方面，不可忽视的是，扩大刑事惩罚措施的适用可能会带来负面效应。其主要体现在以下方面：一是破坏了行政法与刑法之间的平衡。在行政治理态势良好的情况下，刑事法应当坚持自身作为保障法和结果惩罚法的定位，这是评估一个国家刑事法治是否理性的重要指标。如果刑法过于积极地扩张，则可能会导致法律适用模糊、部门法功能错位，不利于保持对刑事治理的理性需求。且刑法不能替代行政法的功能，否则便可能导致行政法治理机制被消解掉，其

---

① 参见韩旭：《法治化视阈下网络暴力与舆论监督的分野》，载《法学杂志》2024年第1期，第52页。

② 参见王帅：《拒不履行信息网络安全管理义务罪中的"责令采取改正措施"解读——基于行刑联动的思考》，载《法律适用》2022年第8期，第79页。

独特的优势也难以得到发挥。二是会对网络平台的正常经营产生消极影响。在行政治理模式下，监管部门对违反网络安全管理义务的行为通常处以警告、罚款等行政处罚，这对于网络平台而言会形成一定的负面影响，但不至于伤及平台运营的根本。若刑事治理过于积极地介入平台不妥当履行信息网络安全管理义务的情形，则对平台的正常运行和发展十分不利，例如严重影响平台的社会声誉，平台因运营者被施以自由刑而难以正常经营等，最终损害依附于平台的公共利益。归根结底，设立本罪的初衷和首要目的是促使网络服务提供者妥当履行行政法规范施加的各项信息安全管理义务，即使没有妥当履行，也应在行政机关的督促下及时补正，避免因疏于履行义务而致使危害结果的影响扩大。相反，如果删去这一前置行政要件，便会给网络服务提供者带来过于沉重的负担。因此，只有在损害后果扩大且平台的行为显著表明了其与法规范对抗的消极态度时，维护受损害法益的需要超过了平台上的经济、公共等利益，才理应动用刑事责任。

由此可见，期待刑事制裁成为治理网络暴力的“主力军”，不仅缺乏治理效益上的依据，而且不符合行政治理与刑事治理之间的结构关系。详言之，虽然扩张刑法的适用可能在短期内形成强大的威慑效应，但长期来看却会破坏网络暴力治理的体系结构，引发更大的法治风险。因此，拒不履行信息网络安全管理义务罪当前的规定模式在法理基础上并无问题，也符合谦抑的刑事司法理念，发挥本罪网络暴力治理效能的关键并不是扩张刑法的适用，而在于发扬行政治理的优势。

（二）“责令改正”与合规思想的契合性

明确本罪的主要目的在于强化行政治理后就可以对本罪如何实现这种目的的方式进一步探究。实际上，本罪是以行政法治理为手段，贯彻了合规制度的理念。详言之，合规的本质即企业在法定框架内，通过设立一套违法及犯罪行为的预防、发现、应对、报告机制，去除自身的组织文化、组织性质、组织架构等方面存在的可能诱发违法或犯罪的风险因素，从而达到减轻、免除责任甚至正当化的目的。通过这一流程，法律规范中预防违法犯罪的义务就被内化为企业运行规则的一部分。对照本罪的规定不难发现，以刑事责任为保障的“责令改正”,同样是针对平台中推动或放纵的网络暴力的制度因素、管理因素、技术因素等,由行政机关以改正措施的方式为网络平台“治病”。这进一步说明了本罪的目的与合规一样,其目的并不在于惩罚,而在于能使国家机关与网络平台达成公私合作,共同强化对网络暴力的治理效果。

综合上文所述,通过揭示网络暴力治理中行政治理与刑事治理的关系,我们可以得出如下结论:尽管刑事责任因其严厉性而引人瞩目,但平台在构建网络暴力合规治理体系的过程中,仍应将行政合规作为建设重点。行政合规在免责体系中发挥着双重阻却作用,事前的有效行政合规能够阻却行政责任,“责令改正”要件的设置为平台提供了二次行政合规的空间,若平台充分利用这一缓冲空间及时完善行政合规体系,便能够阻却刑事责任的发动。

二、“责令改正”要件的含义厘清

刑法对拒不履行信息网络安全管理义务罪的规定,与一般的行政规范前置性刑事立法并不相同。本罪以具体的行政责令而非抽象的行政规范作为行政不法的判断依据,故有学者将此种模式称为“责令前置型阻却责任立法模式”。[①] 在此种立法模式下,行政监管部门的实际执法活动直接影响着刑事司法程序能否启动,行政主体的参与更加实质化,在行政执法与刑事司法之间,立法者选择更加倚重前者的治理。进一步来讲,将“责令改正”要件置于如此突出的位置,可以看出立法者对改正措施赋予了高度的功能期待。实际上可以说,责令改正的适用是否科学,将直接影响着行政法治理功能的发挥,进而影响到本罪对网络暴力的治理效果。因此,需要对“责令改正”的内涵作出准确界定,以便平台企业准确有效地在行政机关指引下及时完善行政合规体系,减免自身责任。

(一)适格的责令主体

网络信息内容监管领域一向以“九龙治水”式的多监管主体共生而著称[②],

---

① 王帅:《拒不履行信息网络安全管理义务罪中的“责令采取改正措施”解读——基于行刑联动的思考》,载《法律适用》2022 年第 8 期,第 76 页。

② 参见李怀胜:《网络犯罪治理的刑行衔接:基本价值与运作模式》,载《南京师大学报(社会科学版)》2023 年第 3 期,第 100 页。

尽管《非法利用信息网络、帮信犯罪解释》规定网络信息内容监管部门包括“网信、电信、公安等机构依照法律、行政法规的规定承担信息网络安全监管职责的部门”，但这一概括性规定仍然较为模糊，特别是其没有交代这些承担信息网络安全监管职责的部门横向之间的具体、细化分工，这对于明确网络暴力治理中的监管部门缺乏足够的指导意义。监管部门职责不清，就可能不作为、乱作为，进而导致“责令改正”适用不当，既无法准确地改正平台存在的问题，影响网络暴力治理效果，又可能阻碍刑事司法程序的发动。为了避免此种情形，需要明确适格的责令主体。

《网络暴力信息治理规定》第 4 条规定，网信部门是负责统筹协调相应行政区域内的网络暴力信息治理和相关监督管理工作的主体。这一规定与《网络安全法》《个人信息保护法》等法律具有一致性，可以确定网信部门是网络暴力信息治理的主要监管主体，其负责网络暴力信息内容管理与网络暴力事件中的个人信息保护。该条同时还指出，公安机关、文化和旅游部门、广播电视部门等有关部门，对网络暴力信息负有监督管理职责。其中公安机关负责处置涉嫌网络暴力的违法犯罪活动，同时有权监管平台的刑事协助义务履行情况；文化部门与广播电视部门对网络信息发布空间的环境建设进行监管。此外有学者指出，教育部门也是适格的监管部门[①]，其对防范涉未成年人网络暴力负有一定管理职责。以上主体基于相应的网络信息监管职权，可以成为适格的责令主体。

在此基础上，相关立法有必要制定网络暴力治理部门的权力清单和责任清单，避免网络暴力治理出现监管交叉或监管真空的情形。从司法解释对监管部门的规定来看，以多主体联动方式治理本罪具有合理性，由于责令改正行为机动灵活，多个主体都可以在自己职权范围内确定调整方案。但是必须要注意的是，多主体联动的关键不在“多”，而在“联”。《网络暴力信息治理规定》第 29 条要求网信部门会同公安、文化和旅游、广播电视等有关部门建立健全信息共享、会商通报、取证调证、案件督办等工作机制，协同治理网络暴力信息。这意味着具有监管权限的各部门之间需要强化相互联系，既要避免责令改正的内容

---

① 参见刘艳红：《网络暴力治理的法治化转型及立法体系建构》，载《法学研究》2023 年第 5 期，第 92 页。

过于单一以至于功能发挥不畅，也要避免围绕某一义务的责令改正适用叠加过分加重网络服务提供者的负担，更要避免责令改正之间出现冲突影响执法的权威性。而明晰监管主体的责任范围，也能够为可能的行刑衔接程序提供便利。

（二）“责令改正”符合比例原则

责令改正是我国《行政处罚法》第28条规定的一类行政命令，行政机关适用责令改正，将会直接影响网络平台这一相对人的权利义务，因此该行为同样需要受到作为行政法基本原则的比例原则约束。以比例原则的3项子原则对监管部门提出的改正措施进行检验，既能够避免监管部门乱作为导致行政权过分扩张，也有利于提高平台的接受度，使改正措施真正落到实处。具体来说：

其一，根据适当性原则，监管部门提出的改正措施，必须有助于网络平台消除或减轻自身所具有的促进网络暴力的因素。需要特别注意的是，原则上只有网络平台的管控违法信息或活动义务、保护用户信息义务、数据留存义务、协助执法义务能够上升为拒不履行信息网络安全管理义务罪对应的刑事义务。这并不意味着监管部门不能针对平台履行其他义务的情况提出符合适当性原则的改正措施，但其性质上仅对应于一般的行政行为。

其二，根据必要性原则，监管部门提出的改正措施，应当在能够实现目的的前提下，选择对平台施加最小负担的那种。这意味着在一次改正措施足以实现目的时，监管部门不得滥用权力反复多次责令改正。否则就可能使“责令改正”溢出为行政处罚。[①]

其三，根据相称性原则，监管部门提出的改正措施对于平台而言应当具有可期待性，平台为落实改正措施所放弃的利益与所保护的利益总体上要相对平衡，不能过分悬殊。因此，监管部门不能持单一的结果导向，认为只要平台内发生网络暴力改正措施就没有生效，过分甚至无限制地提高改正措施的强度，而要切实考察平台所拥有的技术能力、资金实力，提出平台客观上能够予以落实的措施。若不满足比例原则，导致改正措施的内容不适当、不必要、不可期待的，平台可以此提出免除刑事责任的抗辩。

① 参见解志勇、唐安然：《“责令罚”及其适用研究》，载《江汉论坛》2022年第7期，第119～120页。

第三节　特殊人群保护机制的构建

2023年中央网信办《关于进一步加强网络侵权信息举报工作的指导意见》第10条指出，要加强特殊群体网络合法权益保护，依法严厉打击涉未成年人网络欺凌行为，依法保护残疾人、老年人等其他特殊群体网络合法权益。该意见将未成年人、残疾人、老年人界定为特殊群体，对其利益予以特殊关怀，[①]主要是考虑到上述群体在网络环境下处于相对弱势地位，难以独立应对网络暴力言论，且相关网络暴力事件一旦进入发展演变期，往往会对其身心造成十分严重且可能是不可逆的伤害，并引发广泛的社会影响。

一、未成年人网络暴力保护机制

欧洲委员会针对网络暴力的研究显示，未成年人是受网络暴力影响最大的群体之一。[②] 这一结论在我国的社会现实中同样得到了印证，近年来发生的多起网络暴力事件中，未成年人频频成为被害对象，以“寻亲男孩被网暴自杀案”为代表的一系列针对未成年人的网暴案件引起广泛关注。网络暴力对未成年人身心健康的严重危害，在一定程度上促使我国立法机关将保护未成年人群体免受网络暴力侵袭作为网络暴力治理工作长期关注的重点。目前，以《未成年人保护法》“网络保护”专章为指引，从中央到地方各个层级的网络治理规范均对防范未成年人网络暴力事件有所规定，相关规范体系已初步形成。在这一规范体系中，网络平台所承担的未成年人保护义务日益受到重视，特别是《未成年人网络保护条例》针对未成年人用户数量巨大或者对未成年人群体具有显著影响的网络平台设定了“建立健全未成年人网络保护合规制度体系”的义务。“合规制度体系”的表述意味着平台需要以系统性的视角认识和开展平台的未成年

① 参见刘德良、陈莉：《网络暴力法律界定的问题审视及治理进路》，载《南都学坛》2023年第2期，第56~57页。

② 参见戴铭：《欧洲委员会对网络暴力问题的研究与治理》，载《现代世界警察》2023年第7期，第48页。

人网络暴力预防、监管工作。

(一)以“最有利于未成年人原则”为指导思想

《未成年人保护法》在与未成年人利益相关的一切活动中确立了“最有利于未成年人”这一基本准则,《未成年人网络保护条例》第2条将其引入未成年人网络保护领域,意味着该原则对平台建立未成年人网络保护合规机制同样具有重大的指导意义,具体而言主要包括以下方面:

一是强调未成年人网络保护的优先性。未成年人利益的优先性是“最有利于未成年人原则”的首要要求。一方面,这意味着要将未成年人的利益置于优先的地位,平台不得出于追逐流量、热点炒作等自身利益的考量,或者是以“保护网络表达自由”为名,不对网络信息内容采取必要的规制措施[①],放任危害未成年人身心健康的网络暴力信息在网络空间中传播;另一方面,平台需优先处置网络空间中针对未成年人的侵害,一旦网络暴力发生,平台应针对未成年人用户及其监护人发起的网络暴力救济请求予以最优先级响应,落实《网络暴力治理通知》中“坚持最有利于未成年人的原则,优先处理涉未成年人网暴举报”的要求。

二是注重未成年人网络保护的特殊性。未成年人处于认识世界的初级阶段,其心智水平尚未发育成熟,这使得其在数字社会中处于弱势地位,并且容易受到网络暴力信息的不良影响。平台在开展未成年人网络保护工作时,需要考虑未成年人心智和世界观不成熟的特点,从有利于未成年人身心健康成长的角度出发,对成年人与未成年人采取适当的区别对待。例如,建立未成年人模式,着力保护其免受网络暴力侵扰。通过此种方式,平台向未成年人提供倾斜性的保护机制,实现数字社会中的实质正义,落实对数字弱势群体的特殊关怀。

三是提倡未成年人网络保护的主动性。当面对充满恶意的评论、言语偏激的私信等不友好的网络暴力行为时,未成年人对网络信息的认识与判断能力往往不足以支持其妥善应对,且即便是父母等监护人也可能缺乏展开自我救济的必要的信息素养。由此可见,在数字社会中,依靠未成年人及其自然亲权难以

---

① 参见李红勃、张玉芳:《未成年人保护视野下网络信息内容规范管理的制度设置与优化建议》,载《中国青年社会科学》2024年第1期,第113页。

保护未成年人免于网络暴力的侵害,这就需要国家亲权在未成年人网络保护方面更加积极地作为。现有的未成年人网络保护法律体系事实上将网络平台定位为落实国家亲权的核心抓手,因此平台不能以相对消极、被动的状态响应未成年人网络暴力事件,而是要更为积极、主动,[①]甚至要采取适度的"家长主义"立场,对未成年人履行更高的注意义务,建立有效的权益保护机制,主动协助救济未成年的网络暴力受害人。[②]

(二)未成年人反网络暴力合规机制的展开

未成年人网络保护合规已经得到了一些平台企业的重视,例如,头部互联网企业字节跳动在旗下的短视频等平台针对未成年人保护开展了颇具规模的合规工作。[③] 但总体而言,未成年人保护义务还没有被上升到企业专项合规制度的高度来讨论[④],体系性的未成年人反网络暴力合规机制更是付之阙如。《未成年人网络保护条例》着重督促网络平台承担防范网络暴力的合规义务,反映了立法者加快推进形成未成年人网络保护合规制度的立场。为此,有必要研究并细化该条例规定的合规义务,从而为平台建构未成年人反网络暴力合规机制提供参考。以系统性的思维来看,可以将相关合规义务按照事前、事中两个阶段予以归纳:

1. 网络暴力事前常态化管控义务

(1)建立健全未成年人模式

《未成年人网络保护条例》第 20 条第 1 款第 2 项规定,未成年人用户数量巨大或者对未成年人群体具有显著影响的网络平台服务提供者,应当提供未成年人模式。对此可关联 2023 年 8 月发布的《国家网信办模式建设指南(征求意

---

① 参见何波:《论中国未成年人网络保护法律制度体系的改进》,载《法律科学(西北政法大学学报)》2024 年第 2 期,第 97、103 页。

② 参见朱笑延:《走向媒介正义:网络暴力信息治理的平台角色与法治实现》,载《中南大学学报(社会科学版)》2024 年第 1 期,第 56 页。

③ 据统计,抖音 2022 年日均拦截诈骗未成年人等高风险行为的数量为 10.8 万次。参见《2023 抖音未成年人网络保护社会责任报告》,载巨量算数网,https://trendinsight.oceanengine.com/arithmetic-report/detail/950,最后访问时间:2024 年 7 月 1 日。

④ 参见邵聪:《未成年人网络保护中的企业合规实践与制度完善》,载《中国青年社会科学》2024 年第 1 期,第 117 页。

见稿)》,根据该指南,未成年人模式将是对青少年模式的全面升级,平台在建设未成年人模式时,应落实内容安全、社交管理等方面的要求,保障未成年人接触的信息内容安全。因此,未成年人模式的基本目标之一是形成区别于成年人社交的未成年人社交场景,鼓励良性的社交氛围,降低未成年人遭受网络暴力的风险。

为了进一步激活未成年人模式的网络暴力预防功能,网络平台可以在未成年人模式中采取特定的预防性设置,以规避或限制未成年人在使用平台服务的过程中可能引发的网暴风险,其包括但不限于:限制未成年人用户资料的公开范围(例如不可搜索查找);禁止公开未成年人的位置信息;默认以匿名或假名发表评论。平台可以在启动未成年人模式时提供相关选项或者将以上内容设置为默认选项,除非未成年人及其监护人表示明确不同意。

(2)在平台规则中明示针对网络暴力的禁止性规定

根据《未成年人网络保护条例》第 20 条第 1 款第 4 项,网络平台需要以专门的规则,在平台空间内明示相关未成年人网络保护义务,其中就应当包括对网络暴力的禁止性规定。作为网络平台内主体共同遵循的活动准则,平台规则就是平台空间这一虚拟社会的软法,其为平台行使"私权力"提供了依据,平台应当将网络暴力的定义、要件、责任等在平台规则中予以明示,还可列举典型案例作为补充,从而提升平台内用户与服务提供者对防范网络暴力的注意义务,并对潜在的网络暴力发起者、参与者形成警示作用。至于平台规则的形式则较为多样,可以表现为用户协议、平台公约、社区规则等。

(3)强化对网络暴力信息的识别、监测

《网络暴力信息治理规定》第 12 条与第 13 条对平台建立网络暴力信息的识别与预警机制提出了一般性要求。在此基础上,根据《未成年人网络保护条例》的要求,网络平台应结合涉未成年人网络暴力的特征,强化网络暴力信息识别与预警机制的专门性,主要体现在如下两个方面:

首先,技术方面。一是建立健全网络欺凌信息特征库,相较于一般性的网络暴力信息特征库与典型案例样本库,网络欺凌信息特征库的建设应以提炼欺凌信息的发布用户特征、评论特征、语言特征与表现模式为重点,在此过程中还需注意未成年人群体中流行的亚文化元素对网络欺凌语言的影响,最终形成的网络欺凌信息特征库能够为进一步发展欺凌信息的过滤、屏蔽机制提供基础。① 二是人工智能、大数据技术的运用要与未成年人网络活动的特征相符。大数据技术使过往经验驱动式的舆论管理决策向数据驱动式演进,增强了舆论管理措施的精确性与可检验性。特别是在防范针对未成年人的网络暴力时,由于青少年使用网络的脉络复杂程度较低,更容易精准定位。而人工智能技术在网络暴力治理领域的应用使得全天候监测网络暴力成为可能,借助人工智能技术,平台可以做到快速分析网络信息数据并识别网络暴力威胁,且随着算力的提高,还有助于降低平台投入的治理成本。二者可综合作用于涉未成年人网络暴力的防治。例如,运用大数据技术强化对未成年用户的信息监测,统计网络暴力高发的会话场景、话题类型,进而由算法工程师在 AI 识别模型中对高发场景设置高识别权重,从而形成技术联动效应。

其次,识别、监测形式方面。在识别、监测形式方面,《未成年人网络保护条例》着重强调了技术手段与人工审核的结合。在网络平台内的信息量爆炸式增长的现实背景下,单纯的人工审核已无法胜任网络暴力信息的识别工作,使用人工智能技术自动检测已成为遏制网络暴力的必然选择。但这并不意味着人工审核不再被需要,基于未成年人遭受网络暴力问题的特殊性与敏感性,有必要专门人员对自动检测出的疑似网络暴力内容进行兜底式审查和判断,以便采取更具针对性及更人性化的应对措施。为此,平台需要有意识地吸纳了解青少年文化流行趋势的年轻一代组建专项审核团队,同时完善人工审核准则,划分不同的网络暴力风险层级并设置对应的平台响应机制。

2. 网络暴力事中保护性合规义务

网络平台内每分每秒都在产生不计其数的信息,这意味着在当前的技术发展水平下,平台所能采取的识别、监测手段客观上不可能覆盖所有的网络暴力信息,网络暴力行为的发生从某种意义上来看是无法杜绝的。因此,平台还需要履行事中的保护性合规义务,构筑起网络暴力的"第二道防线",其主要内容如下:

---

① 参见李红勃、张玉芳:《未成年人保护视野下网络信息内容规范管理的制度设置与优化建议》,载《中国青年社会科学》2024 年第 1 期,第 112 页。

(1)提供网络暴力信息防护选项

实证研究显示,在我国网络暴力行为大部分来源于陌生人。[①] 网络暴力出现端倪之时,若受害人曝光于网络平台公众的视野,很可能引起陌生人的跟风、盲从式施暴,这将会导致网络暴力的烈度遽然上升。因此平台需要赋予受害者"自我封闭"的权利,保障受攻击的未成年人最低限度的数字生存权。结合《网络暴力信息治理规定》的要求,网络平台应当为受到侵害的未成年人用户提供网络暴力信息防护指导和保护救助服务,协助启动防护措施,具体来说包括屏蔽陌生用户、设置本人发布信息可见范围、禁止转载或者评论本人发布信息、禁止向本人发送信息等在内的网络暴力信息防护选项。考虑到未成年人的认识能力,网络平台应在技术允许的范围内,尽可能主动协助面临网络暴力的用户开启防护选项,采取防护措施。

(2)提供未成年人及其监护人保存遭受网络暴力记录、行使通知权利的功能、渠道

前述网络信息防护选项本质上是一种消极的被动防御。若遭受网络暴力的未成年人及其监护人希望采取更为积极的手段保卫自身权利,网络平台同样有义务为其提供相应支持。

一是提供保存遭受网络暴力记录的功能。由于网络技术的匿名性、群体性、即时性特征,被害人很难依靠自身力量锁定暴力实施者以及查找到相关数据,因此《网络暴力信息治理规定》的指出,网络平台应当设置快捷取证功能,依法依约为用户维权提供便利。在此基础上,考虑到网络暴力未成年人案件的特殊性,平台应为其取证提供更多的便利,在未成年人或其监护人发起请求时,取证的范围不仅限于现存、公开的网络暴力信息,还需将被平台删除、屏蔽等被害人难以收集的信息一并提供。

二是提供行使通知权利的功能、渠道。所谓通知权利可以被视为避风港规则在网络暴力领域的应用,平台应当明确告知受到网络暴力攻击的被害人需要提交的材料,同时设置专门的通道接收发起的请求,并将相关内容转送给被举

① 参见吴炜华、姜俣:《网络欺凌中的群体动力与身份异化》,载《南京邮电大学学报(社会科学版)》2021 年第 1 期,第 34～35 页。

报的侵权用户，及时向被害人反馈处理情况。

需要注意的是，根据《未成年人网络保护条例》第20条的规定内容，上述两类面向用户的功能应以显著方式提示，例如可以在未成年人模式的操作教程中予以说明，从而为法律专业知识和信息素养较为欠缺的未成年人及其监护人提供便利。

(3)立即停止传输网络暴力信息并采取处置措施

为用户提供工具以帮助其切断与网络暴力信息的连接，这毕竟只是紧急状态下的权宜之策，网络平台更重要的义务是针对网暴信息及其发布、传播者采取措施，以阻断网暴信息在平台内的传播。本项义务与平台的一般性网络暴力信息处置义务较为相似，但值得注意的一点是，《未成年人网络保护条例》第29条要求平台应当在主动保护原则的指导下，及时响应未成年人用户发起的投诉或举报，并且要主动积极地利用技术手段识别网暴信息，及时予以处置。

(4)保存网络暴力有关记录，向网信、公安等部门报告

针对未成年人的网络暴力存在构成行政违法的可能性，甚至可能出现从线上发展到线下引发更为严重的后果，从而涉嫌犯罪的情形，[①]仅在平台内对网络暴力信息的事后处置，难以周全地保护未成年人，且存在放纵行为人的可能。为此，根据《未成年人保护法》与《未成年人网络保护条例》的规定，网络平台一旦发现网络暴力信息后，就应当立即主动向对应的执法部门报告。

就报告程序而言，平台需与主管机关共同建立暴力信息报告程序，提高报告效率，便于主管部门尽早介入，及时制止侵害。同时，网络暴力案件往往涉及未成年人的敏感信息，因此要重视报告程序的规范，对未成年人隐私进行严格保护。

就报告对象而言，对于涉嫌侵犯未成年人信息的案件，应向网信部门报告；对于涉嫌侮辱、诽谤、威胁未成年人或恶意损害未成年人形象的案件，应向公安机关报告。

综合上文所述，通过梳理以上合规义务，可以看出立法者有意督促网络平

---

① 参见庄永廉、宋英辉、史卫忠：《侵害未成年人强制报告制度的功能及推进》，载《人民检察》2021年第7期，第39页。

台加大未成年人反网络暴力刑事合规建设的力度，并且相较于一般情形而言，对平台提出了更高的技术要求、设置了更多的措施类型，这意味着立法者要求网络平台不能对网络暴力事件持中立乃至消极的态度，而必须积极作为，落实网络监督和保护未成年人的主体责任。因此，平台需要以上述合规义务为线索，在一般反网络暴力合规机制的基础上，以涉未成年人网络暴力的特征为根据，建构起针对性的未成年人网络暴力预防合规制度，在平台运营的各环节、各流程形成可量化、可评估的网络暴力风险预防、风险监测和风险消除机制。

二、残疾人网络暴力保护机制

受身体条件的客观限制，残疾人在获取数字资源、使用数字工具时面临一定障碍，其在融入数字社会的过程中需要得到更多的包容与支持。然而，钢腿女孩牛某[①]、唱歌主播张某春奶奶[②]等残疾人遭受网暴的事件，却揭露出数字社会中仍然潜藏着对残疾人群体的恶意和歧视。作为“数字弱势群体”[③]，残疾人群体在目前的数字社会环境中容易受到暴力言论的伤害，[④]且由于长期以来被建构为社会的边缘角色，大多数残疾者在数字社会中发声的机会和途径较为匮乏，其往往无力也不愿对网络语言暴力进行回击和抗争。[⑤] 这种无奈的沉默导致网络暴力治理中残疾人群体的声音和诉求容易被忽略，因此网络平台应当适当采取倾斜性的措施保障其权益。

一是重视对残疾性暴力言论的定义和识别。将针对残疾人群体的攻击性言论界定为特殊的网络暴力并予以规制，这不仅是一种学理上的主张[⑥]，而且已

① 参见王明平、胡玲玲：《汶川地震“钢腿女孩”：直面网暴是为残障人士发声》，载央视网，https://people.cctv.com/2023/03/28/ARTIe2obVdXM1waJnI2fNL8d230328.shtml，最后访问时间：2024 年 7 月 1 日。

② 参见孙小婷：《光明时评：网络霸凌残疾老人，如此戾气不应该》，载光明网，https://politics.gmw.cn/2021-06/24/content_34947969.htm，最后访问时间：2024 年 7 月 1 日。

③ 参见高一飞：《智慧社会中的“数字弱势群体”权利保障》，载《江海学刊》2019 年第 5 期，第 164 页。

④ 参见王文华：《论反仇恨言论视阈下网络暴力的法律治理》，载《中国应用法学》2023 年第 5 期，第 72 页。

⑤ 参见关文军、颜廷睿、邓猛：《社会建构论视域下残疾污名的形成及消解》，载《中国特殊教育》2017 年第 10 期，第 15 页。

⑥ 参见张冬瑜、卢俊宇、闵昶荣：《网络暴力言论检测的技术和实践》，载《语言战略研究》2024 年第 1 期，第 66 页。

被落实到多家全球知名互联网公司的运维规范中。例如,某知名社交媒体平台在其规则手册中明确指出,基于残疾特征而对他人的直接攻击,被定义为仇恨言论,平台将为受攻击者提供相应的保护。[①] 另一国外大型社会网络公司则在其用户协议中规定,"个人禁止推送任何基于……残疾以及严重疾病相关的具有暴力、攻击性、威胁性的言论。任何与此相关的内容将会被立即删除"。[②] 我国互联网公司同样禁止用户发布基于某些特征的攻击性言论。例如,抖音 App 要求用户承诺不发布"煽动地域歧视"的内容,但其目前尚未将残疾特征包含在内。因此,网络平台应以《网络暴力治理通知》中关于"建立网暴信息分类标准"的规定为依据,将针对残疾性言论的定义和禁止性规定纳入平台网暴信息分类标准,进而运用关键词监测等技术手段,对残疾人群体构建监测保护网络,及时遏止残疾性网暴言论的发布与传播。

二是对以残疾人为对象的网络暴力行为人从重处罚。在世界范围内,多国在规制骚扰的法律中,将"针对残疾人实施"作为加重处罚的情节。例如,《法国刑法典》规定严重的精神骚扰行为构成犯罪,在对"由于残疾而造成的易受伤害之人"实施本罪时,则加重处罚;[③]新加坡《2014 年骚扰保护法》规定,若网暴行为的受害者属于"精神或身体虚弱、残疾、丧失行为能力,无法保护自己免受虐待、忽视或自我忽视的个人",则可对网暴者处双倍刑罚。[④] 无独有偶,我国《网暴指导意见》第 8 条规定了 5 种从重处罚网络暴力违法犯罪的情形,其中第 1 项即是"针对未成年人、残疾人实施的"。尽管上述规定主要是就司法层面而言,但其反映出的"从严惩治"精神对于平台采取处置措施同样具有指导意义,平台对以残疾人群体为对象的网络暴力行为人,可在相应的幅度内从重处罚。

三是建立权利修复机制。残疾人群体因身体上的缺陷,本就容易陷入自我

---

① 参见卞清、陈迪:《"易碎"的智能与"撕裂"的世界——西方主要社交媒体"仇恨言论"的界定、规制与算法困境》,载《中国图书评论》2021 年第 9 期,第 18～19 页。

② 参见刘瑞生、孙萍:《海外社交媒体的内容过滤机制对我国互联网管理的启示》,载《世界社会主义研究》2018 年第 4 期,第 51 页。

③ 参见付琴雯:《法国网络暴力的现状及其打击规制》,载《现代世界警察》2023 年第 7 期,第 59 页。

④ 参见王彩玉、曾铉:《新加坡网络暴力防治的立法审视与实践考察》,载《现代警察世界》2023 年第 7 期,第 78 页。

否定和较低自我认同的心理状态，在遭受网络暴力的情况下其更可能形成心理创伤。因此，《网络暴力信息治理规定》要求平台在发现针对残疾人的网络暴力后，应当提供保护救助服务，对遭受网暴的残疾用户给予持续的关怀。一方面，从网络平台自身来说，可以通过个性化的权利修复途径为遭受网暴的残疾者提供倾斜性保护，例如与其协商通过一定的平台奖励机制实现填补损伤。① 另一方面，平台应当及时向网信、公安等有关部门报告针对残疾人的网络暴力，使公权力及时参与救济。此外，平台还可以与残疾人联合会加强沟通，向残联及时通报网暴事件情况，以便残联提供专业支持，从而进一步健全残疾人权益维护应急机制。

三、老年人网络暴力保护机制

当前我国正处于数字化与老龄化两大浪潮交汇的进程中。② 国家"十四五"规划与2035年远景目标纲要指出，要加快信息无障碍建设，帮助老年人共享数字生活。然而研究表明，网络暴力正在成为阻碍老年群体融入数字化生活的无形障碍：一方面，网络暴力现象构成老年群体使用社交媒体的非技术类障碍，媒体对网络暴力的报道，增强了老年人对于互联网的畏惧和不信任心理。③ 另一方面，针对老年网络参与者的网络暴力，例如"银发网红"在直播中遭到谩骂、诋毁④以及爷爷和孙女合拍婚纱照片被造谣"老夫少妻"引发网络舆情等⑤，形成了对老年群体的污名化，对其造成尊严受损和情感伤害的双重压力。⑥ 有鉴于此，网络平台需要积极作为，尽量减轻网络暴力对老年群体的影响，保障其在数字社会中的权益。

---

① 参见刘艳红主编：《网络暴力治理法治化研究》，法律出版社2023年版，第240页。

② 参见陆杰华、韦晓丹：《老年数字鸿沟治理的分析框架、理念及其路径选择——基于数字鸿沟与知沟理论视角》，载《人口研究》2021年第3期，第28页。

③ 参见赵姝、押男、白浩：《基于移动社交媒体的老年人学习适应性分析》，载《电化教育研究》2020年第11期，第76页。

④ 参见杜鹏、马琦峰：《银发网红：缘起、机遇与挑战》，载《社会建设》2023年第2期，第22页。

⑤ 参见吴某某诽谤案，最高人民法院"依法惩治网络暴力违法犯罪典型案例"(2023)。

⑥ 参见武文颖、王鑫：《长者数字包容的承认意蕴与伦理反思》，载《哈尔滨工业大学学报(社会科学版)》2023年第6期，第66页。

一是为老年用户提供便利的一键防护功能。面对网络中恶评人的侮辱、斥责和谩骂,老年人过往在现实生活中积累的经验与阅历难以有效地帮助他们抵御暴力,且受制于网络语言表达与数字设备使用方面的不足,老年人的自我保护意识及能力都比较弱。正是基于以上考量,《网络暴力信息治理规定》第24条规定,网络信息服务提供者发现网络暴力侵害老年人合法权益的,应当为其提供网络暴力信息防护指导和保护救助服务,协助启动防护措施,并向网信、公安等有关部门报告。由于老年人学习能力相对较弱,平台防护功能的设置应当足够醒目且尽可能便于启动。

二是尽可能营造对老年人友好的平台氛围,消除数字社会对老年群体的刻板印象。而偏见是网络暴力的重要诱因。长期以来,网络舆论对长者缺乏足够的包容,一系列关于对老年群体的负面报道塑造出"倚老卖老""素质低下"等刻板印象,老年群体面临网络暴力的威胁。① 对此,网络平台可以通过采取一些技术手段推动形成"长者包容型"的言论氛围。例如,通过删除老年歧视性评论并对发评用户采取处置措施以起到警示作用,而对展现积极态度的评论与作品,则在推送算法层面适当提高权重以鼓励其传播。②

对于网络平台而言,如何落实法律法规的要求,保护特殊群体免受网络暴力的侵袭,这是网络暴力治理的重点问题,也是易发生治理失灵的"高危"领域。为此,平台有必要针对未成年人、残疾人、老年人群体的特征、需求以及可能面临的网络暴力类型,在履行前述合规义务的基础上,进一步建立和完善专门的预防与应对机制,③以便"防患于未然"。

---

① 参见武文颖、朱金德:《网络适老化的伦理反思与规制》,载《学术交流》2021年第10期,第121页。

② 参见沈原燕杭等:《短视频平台上的"银发网红":研究机会与相关政策》,载《北京理工大学学报(社会科学版)》2022年第6期,第141页。

③ 刘艳红:《理念、逻辑与路径:网络暴力法治化治理研究》,载《江淮论坛》2022年第6期,第27页。